Holger Kuntze
**Das Leben ist einfach, wenn du verstehst,
warum es so schwierig ist**

Holger Kuntze

Das Leben ist einfach,
wenn du verstehst, warum es so schwierig ist

Persönliche Krisen überwinden, innere Freiheit gewinnen

Kösel

Sollte diese Publikation Links auf Webseiten Dritter enthalten, so übernehmen wir für deren Inhalte keine Haftung, da wir uns diese nicht zu eigen machen, sondern lediglich auf deren Stand zum Zeitpunkt der Erstveröffentlichung verweisen.

Penguin Random House Verlagsgruppe FSC® N001967

Copyright © 2021 Kösel-Verlag, München,
in der Penguin Random House Verlagsgruppe GmbH,
Neumarkter Str. 28, 81673 München
Umschlag: Weiss Werkstatt München
Umschlagmotiv: © Unitone Vector/Shutterstock.com
Redaktion: Ralf Lay, Mönchengladbach
Druck und Bindung: CPI books GmbH, Leck
Printed in Germany
ISBN 978-3-466-34765-0
www.koesel.de

Dieses Buch ist auch als E-Book erhältlich.

Inhalt

Vorwort
Wie es weitergeht, wenn nichts mehr geht
Warum im Leben zuerst die Prüfungen kommen
und danach erst der Unterricht beginnt   9

Vor der Geburt war es doch am schönsten ...
oder
Der Webfehler des Menschseins
Wie alles beginnt, warum wir deshalb alle eine Macke haben,
wir uns auf das Gedächtnis des Körpers verlassen können
und dadurch leider nichts besser wird   27

Hör mal, wer da hämmert
oder
Wie viele Gehirne sind da eigentlich in meinem Kopf?
Warum wir in einer Krise immer eine emotionale Reise
in die Steinzeit machen und die Evolution uns dadurch
gehörig in die Irre führt   40

Warum ein Leben in der Moderne immer ein Leben in der Krise ist
Eine zarte Zivilisationskritik und wie Sie mit dem, was ist,
trotzdem bestmöglich umgehen   59

Wieso? Weshalb? Warum? Wer nicht fühlt, bleibt dumm?
Warum Sie Ihre Gefühle und Gedanken wahnsinnig ernst
nehmen sollten und gleichzeitig ignorieren können   70

**Warnung: Die weitere Lektüre dieses Buches soll Ihr
Leben verändern!**
Ein Weckruf – denn das Leben wartet nicht,
und diese Krise ist keine Chance, sondern Verpflichtung   77

**Wie Sie Ihre Ohnmacht und Hilflosigkeit austricksen,
indem Sie Geschirr spülen und Ihre Bücher
nach Farben sortieren**
Ein paar hilfreiche Verhaltensempfehlungen,
die nicht im Zentrum der kommenden Kapitel stehen
und doch enorm wichtig sind   82

Kleine Notfallintervention
Zehn kurze Unterbrechungen, die Ihr Leben immer wieder
ein klein wenig besser machen, inklusive kurzer
Erläuterungen, warum das so ist   87

Eine Art Vokabeltest
Zwanzig Begriffspaare, die Sie nie wieder verwechseln,
vermischen oder vergessen sollten und mit deren Hilfe
Ihr Leben von jetzt an leichter wird   100

Ich ist ein Feigling – aber nicht mehr lange!
Innere Freiheit und äußere Flexibilität
durch kontraintuitives, aber lebenskluges Verhalten   146

Ich ist ein Anderer – und am besten immer öfter!
Wie Ihre Fantasie und Ihr Leben Flügel bekommen durch die
Bewusstheit und die Aktivierung der drei Ich-Zustände   158

Die Krise unter dem Brennglas: Nimm Abschied und gesunde!
Warum Sie jetzt noch ein letztes Mal ganz genau auf Ihren Verlust, Ihren Schmerz und Ihre Trauer schauen sollten, um dann neu zu beginnen   194

Ein Hoch auf das Gestern und Morgen
Warum ein Leben im Hier und Jetzt nicht falsch, aber gänzlich sinnlos ist   205

Banal, aber zentral: Zwei einfache Listen, die Ihr Leben von nun an begleiten und verändern
Die Magie von Ressourcen und Dankbarkeit   218

Auch in der größten Krise ist nicht *alles immer* und *total* katastrophal
Werden Sie wieder zukunftshungrig, da ohne konkrete Ziele das Leben einfach so vor sich hin plätschert und das Zufriedenheit und Zuversicht verhindert   228

Wertearbeit
Warum am Ende nur zählt, was Ihnen von Anfang an wichtig ist   243

Schlusswort
Das Leben bleibt anstrengend, bleiben Sie zuversichtlich   272

Weiterführende Literatur   276

Anmerkungen   282

Vorwort
Wie es weitergeht, wenn nichts mehr geht
Warum im Leben zuerst die Prüfungen kommen und danach erst der Unterricht beginnt

Es gibt Momente im Leben eines jeden Menschen, die anstrengend sind, Momente, die uns verzweifeln lassen, Momente, die uns Angst machen, Erlebnisse, die uns in tiefe Trauer stürzen, Erfahrungen, auf die wir gern verzichtet hätten. Es gibt Tage oder Wochen, in denen sich das Leben sinnlos, eng, leer und belastend anfühlt.

Wir Menschen sind oftmals überfordert von den Herausforderungen des Daseins. Wir müssen mit Verlusten und Enttäuschungen umgehen oder mit dem Umstand, dass vieles Erreichte auch wieder vergehen kann. Wir müssen erfahren, dass das einmal Erreichte, um es zu halten, permanent belebt werden muss und sich daraus neue Herausforderungen ergeben, deren Schwierigkeiten wir nicht vor Augen hatten.

Einer von vielen Webfehlern des Menschseins ist, dass uns niemand auf den Schmerz von Krisen, diese Phasen des Lebens, oder das Leben selbst vorbereiten kann. Vielleicht hat auch nie jemand mit uns darüber gesprochen, dass es diese

Krisen überhaupt gibt, ja, dass der Schmerz, die Unsicherheit, die Sie gerade erfahren, eine Realität des Lebens sind. Ganz bestimmt hat Sie niemand in der Theorie so gut darauf vorbereitet, dass Sie jetzt, wo es Ihnen schlecht geht, sofort mit besten Gedanken und hilfreichen Werkzeugen vor Ihren neuen Aufgaben stehen und sich zuversichtlich und frohen Mutes ans Werk machen.

Diese Einsicht findet in der Überschrift dieses Vorworts ihren Ausdruck. Keine Schule oder Ausbildungsstätte könnte sich erlauben, was sich das Leben erlaubt: Bevor wir etwas über uns oder das Leben lernen können, werden wir mit dem Schmerz, der Trauer, der Verzweiflung konfrontiert. Ohne Vorwarnung stehen wir plötzlich am Abgrund, wissen nicht mehr weiter, werden aus Zusammenhängen gerissen, von denen wir glaubten, dass sie dauerhaft sind, entpuppt sich etwas, was wir immer angestrebt und nun erreicht haben, als grundlegend falsch, verlassen uns Menschen, die wir lieben, sterben Freunde, mit denen wir noch so viel Zeit verbringen wollten, stehen wir beruflich vor dem Nichts, wuchert in unserem Körper eine Krankheit, von der wir Tage zuvor noch nichts wussten, verschließen sich Türen, durch die wir hindurchgehen wollten, werden wir mit traumatischen Erinnerungen konfrontiert, die wir längst vergessen oder verarbeitet geglaubt hatten, bemächtigt sich unser plötzlich ein Gefühl von Endlichkeit, das wir bislang nicht kannten, gerät unser Körper in Stress, den wir nicht mehr regulieren können. Die Krise hat viele Gesichter.

Ich entsinne mich, wie ich als junger Erwachsener Rat bei meinem Schwiegervater suchte, da ich die ersten Jahre im Berufsleben nach Schule, Ausbildung, Studium extrem belastend, herausfordernd, ja überfordernd fand und ich dadurch in eine ernste Lebenskrise geriet. Ich fragte meinen Schwiegervater: »Wann hört das auf?« Und er, damals ein Mann von Mitte fünfzig, schaute mich ernst an und sagte: »Es hört nie auf, es wird immer so weitergehen, solange du lebst.« Damit hatte ich nicht gerechnet. Das war für mich eine schockierende Wahrheit, auf die ich gern verzichtet hätte. Heute weiß ich, dass er recht hatte.

So herausfordernd das vielleicht für Sie aktuell klingt: Die Krise ist ein ständiger Begleiter des menschlichen Daseins. Ein Leben ohne Krise ist nicht vorstellbar, vielleicht sogar nicht sinnvoll. In der Krise halten wir inne, in der Krise lernen wir etwas über das Leben und viel über uns, in der Krise verändern wir uns, in der Krise gewinnen wir Übersicht, gewinnen wir Einsicht. Die Krise hat, so schmerzhaft sie ist, einen hohen Grad an Normalität. Jeder Mensch hat Krisen, kennt Krisen. Wer die Krise nicht kennt, kennt das Leben nicht.

Ein Wesen der Krise ist aber auch: Die meisten vergehen. Menschen überwinden Krisen und finden zurück ins Leben, in die Zuversicht, in den Alltag, die Freude, die Zufriedenheit und blicken auf die Krise als etwas Vergangenes zurück, aus dem sie im besten Fall etwas mitgenommen haben, was sie zukünftig besser schützt vor dem dunklen Wald, dem tiefen Tal, dem schreienden Schmerz, der Angst, der Panik, der Schlaflosigkeit, den bitteren Tränen der Krise.

Seien Sie gewiss: Ich kenne Ihren Schmerz. Ich kenne Ihre Verzweiflung. Ich kenne Ihr Gefühl der Leere, Ihr Gefühl der Sinnlosigkeit. Ich kenne all das aus meinem Leben, aus dem Leben meiner Klienten, und ich weiß, es gibt einen Weg aus der Krise. Vertrauen Sie in einem ersten Schritt für die Zeit der Lektüre dieses Buches dieser Erfahrung, und seien Sie zuversichtlich, dass dadurch Veränderung in Ihr Leben kommt, die Ihnen hilft, anders mit der Krise umzugehen als bisher, anders auf die Krise zu schauen, andere Umgangs- und Verhaltensmuster, andere Denkmuster, andere Erklärungsmuster zu finden, die Sie darin unterstützen, wieder am Leben teilzuhaben, Veränderungen zu initiieren, Freude zu empfinden, Handlungen zu initiieren, zuversichtlich zu sein, Entscheidungen zu fällen, ruhig und gelassen zu agieren.

Das Leben ist einfach, wenn du verstehst, warum es so schwierig ist spricht Sie ganz persönlich an. Und zwar dann, wenn Sie an der Last des Lebens gerade schwer tragen, wenn Sie gerade hadern, nicht weiterkommen oder verzweifeln, wenn Sie aktuell unzufrieden mit Ihrem Leben sind, nicht mehr weiterwissen, traurig sind, wenn Ihnen das Leben sinnlos erscheint oder Sie vom Leid gelähmt und niedergeschlagen sind.

Die Wahrheit der menschlichen Existenz bleibt: Menschen kämpfen, Menschen leiden, Menschen verzweifeln. Nicht alle, nicht immer, aber viele und immer wieder, und diesen vielen will ich mit diesem Buch eine Hilfe und Unterstützung an die Hand geben.

Ich glaube nicht an die Macht von bloßen Wünschen. Ich glaube auch nicht daran, dass in unserem irdischen Leben auf diesem Planeten jeder alles erreichen kann. Es gibt Talente, Fähigkeiten, Zeitfenster, Bedingungen im Außen, die wir nicht außer Acht lassen dürfen und die uns in unseren Möglichkeiten begrenzen. Was ich entsprechend nicht habe, ist ein Patentrezept zur Erreichung all Ihrer Wünsche oder einen Zaubertrick, der Ihnen den Schmerz augenblicklich nimmt und all Ihre momentanen Ziele spontan in die Erfüllung führt.

Vielmehr möchte ich Ihnen verschiedene Möglichkeiten zeigen, wie Sie wieder handlungsfähig und aktiv werden und gleichzeitig in der angebrachten Ruhe und Zuversicht auf die Herausforderungen und Zumutungen des Lebens blicken können. Denn nur in stetigen Handlungen der Selbstfürsorge wie auch in zielgerichteten Handlungen der sozialen Interaktionen besteht überhaupt die Chance, die Krise zu überwinden und in Ihrem Leben das zu erreichen, was Ihnen wichtig und zentral ist. Und gleichzeitig weiß ich und werde Ihnen das auch nicht ersparen, dass das Leben in Summe eine anstrengende Sache ist oder sein kann, an der Sie auch mal verzweifeln dürfen, und dass das Leben auch Limitierungen im Außen hat, die wir nicht ignorieren können. Sie müssen also keine Sorge haben, dass ich Sie hier mit Glücksimperativen oder naivem Möglichkeitsterror quäle. Nichts liegt mir ferner.

Mir geht es zentral darum, Ihnen das Wesen der Krise so zu beschreiben, dass Sie aus dem klareren Verständnis der Krise ruhiger und besser mit ihr umgehen können und dadurch ganz konkret alternatives Verhalten zu Ihren bisherigen Umgangsstrategien entwickeln.

Zu diesem Zweck werde ich Sie an die Hand und auf eine Reise nehmen, um moderne Konzepte der Verhaltenstherapie (primär der Akzeptanz- und Commitment Therapie [ACT]), neueste Erkenntnisse der Kognitions- und der Neurowissenschaften oder der Evolutionsforschung zur Bewältigung aktueller Lebenskrisen zu erläutern. Ich werde Ihnen den bestmöglichen Zugang zu modernen therapeutischen Ansätzen und Forschungen geben, Werkzeuge, Modelle und Erzählungen vorstellen, mit denen ich seit Jahren erfolgreich in meiner Praxis mit Klienten in Lebenskrisen arbeite.

Wenn Sie mein paartherapeutisches Buch *Lieben heißt wollen* gelesen haben, werden Sie Denkfiguren, Analogien oder auch Übungen finden, die Sie von dort schon kennen, und Ihnen wird vielleicht die Struktur dieses Vorworts vertraut vorkommen. Dies ist dem Umstand geschuldet, dass ich der tiefen Überzeugung bin, dass diese Begrifflichkeiten oder Übungen auch bei der Überwindung von Lebenskrisen sinnvoll, hilfreich, unverzichtbar sind und genau deshalb hier Erwähnung und Anwendung finden müssen. Darüber hinaus werden Sie aber sehr vieles Neues und hoffentlich auch Überraschendes, Mutmachendes finden, was sich sowohl aus der therapeutischen als auch lebenspraktischen Beschäftigung mit akuten Lebenskrisen folgerichtig ergibt und womit ich über Jahre Klienten unterstützte, ihren eigenen guten Weg wiederzufinden.

Die Botschaft von *Das Leben ist einfach, wenn du verstehst, warum es so schwierig ist* ist leicht zu formulieren und schwer in der Umsetzung:

Die Chancen für ein Leben in Zufriedenheit, Ruhe und Zuversicht steigen, wenn Sie verstehen, warum wir fühlen, wie wir fühlen, denken, wie wir denken, reagieren, wie wir reagieren. Und wenn Sie begreifen, dass dies in der Unbewusstheit unseres Lebens für die meisten Menschen ein Automatismus ist, der viel Leid und Unglück verursacht, dass dies jedoch nicht so bleiben muss. Vielmehr können Sie Ihre eigenen inneren Freiheitsräume des Denkens, des Fühlens und des Handelns erweitern und sich diesbezüglich immer wieder überprüfen, öffnen und auf neue Wege einlassen.

Das bedeutet, dass Sie sich Ihre eigenen inneren Freiheitsräume nehmen, sich selbst in Ihren Wünschen, spontanen

Reaktionen und Haltungen zu beobachten und zu hinterfragen. Es bedeutet, dass Sie sich von Ihrem eigenen Reaktions-Autopiloten befreien, der zum Beispiel auf jede Veränderung mit dem Versuch der Verhinderung oder auf jede Zumutung mit Verzweiflung reagiert. Es bedeutet, dass Sie sich die Freiheit nehmen, gelassen und offen zuzuhören, und nicht immer gleich in Abwehr gehen, sobald das Leben wieder mit einer neuen Belastung oder Herausforderung um die Ecke kommt.

In der Psychologie sind dies primär verhaltenstherapeutische Konzepte der psychologischen Flexibilität, der Differenzierung, der Selbstfürsorge, der Selbstregulierung und der Selbststeuerung, die ich hier konzentriert auf Themen und Varianten der Lebenskrise anwende. Diese Ansätze gehen alle davon aus, dass viele unserer inneren Probleme und Krisengefühle auch dadurch entstehen und verstärkt werden, dass wir uns zu schnell unserem kurzfristigen Denken, unseren Affekten oder unseren spontanen, unmittelbaren Reaktionen anvertrauen, ohne innezuhalten, nachzufühlen, nachzudenken, zu reflektieren und einen inneren Abstand zu unseren unmittelbaren Reaktionen aufzubauen. Hinzu kommt unsere menschliche Tendenz, eine Überwindung jeder Krise primär in sogenannten Außenregulationen zu suchen.

Warum das so ist und welche Alternativen es dazu gibt, erläutere ich in den ersten Kapiteln dieses Buches, und viele der dann folgenden Kapitel zeigen aus unterschiedlichen therapeutischen Schulen ganz praktische Varianten und Aneignungen sowohl einer angewandten psychologischen Flexibilität als auch einer höheren Kompetenz der sogenannten Binnenregulation zum besseren Umgang und zur Überwindung unmittelbarer Krisensymptome.

Die Grundideen der psychologischen Flexibilität, Selbstfürsorge, Selbststeuerung oder Binnenregulation werden Ihnen durch das ganze Buch immer wieder begegnen, und Sie werden nach der Lektüre in der Lage sein, offener, variantenreicher, konstruktiver, gelassener, friedlicher, freudvoller und erfüllender mit Ihrem eigenen Erleben, Ihren eigenen Gefühlen, Haltungen, Werten, Positionierungen, Vorstellungen und Wünschen wie auch mit den Gefühlen, Haltungen, Werten, Positionierungen, Vorstellungen und Wünschen, Wahrheiten anderer Menschen oder aktueller Lebensumstände umzugehen, und dabei erleben, wie sich die Qualität Ihres Lebens verbessert.

Psychologische Flexibilität oder Selbststeuerung heißt nicht strenge Rationalisierung oder geistige Disziplinierung. Psychologische Flexibilität kann sich auch dadurch zeigen, dass Sie ein Gefühl zulassen, ihm nachgehen und merken, wie der Schmerz, der Ärger oder der Widerstand nach einigen Sekunden oder Minuten auch wieder vergeht und Sie mit der Situation, die ursprünglich Ihren Schmerz, Widerstand, Ärger ausgelöst hat, besser umgehen können. Das merken Sie aber nur, wenn Sie nicht sofort Ihrem Ärger, Ihrer Wut, Ihrem Schmerz die Kontrolle über die Situation übergeben. Psychologische Flexibilität und innere Freiheit können sich auch dadurch zeigen, dass Sie Ihrem unmittelbaren Erleben Ihre grundsätzlichen Werte und Überzeugungen gegenüberstellen und dadurch ein alternatives Verhalten vor Ihrem inneren Auge auftaucht.

Die schlechte Nachricht bei all diesen Variationen von Selbststeuerung und psychologischer Flexibilität: Die Zeit allein heilt keine Wunden. Nur innere Krisenarbeit führt zu Veränderung und Verbesserung. Lebenszufriedenheit hängt deshalb zentral von dieser inneren Arbeit und Erfahrung ab. Und nicht – wie wir meist glauben – primär von äußeren Veränderungen oder einer schnellen klugen Erkenntnis, die alles verändert. Die gute Nachricht ist, dass wir heute empirisch verlässlich wissen, dass solche Veränderungen möglich sind, dass wir bis ins hohe Alter wandelbare und flexible Wesen sind und sich unser Charakter, unser Denken und Fühlen permanent ändern kann, wenn wir das wollen und zulassen.

Eine Veränderung oder eine Überwindung der Krise bleibt anstrengend und passiert nicht spontan. Wir müssen uns und unsere Überzeugungen infrage stellen, denn diese haben uns genau in die Situation geführt, die uns jetzt belastet oder überfordert. Und die Arbeit beginnt immer bei uns und nicht im Außen.

Lebenszufriedenheit zeigt sich eben genau darin, wie Sie es schaffen, sich den Realitäten, Anforderungen und Zumutungen des Lebens zu stellen und damit umzugehen. Fragen Sie sich zum Beispiel in einem ersten Schritt: Was will das Leben von mir? Und nicht: Was will ich vom Leben? Sie werden erstaunt sein, wie plötzlich ein ganz neuer Antwortenhorizont auftaucht, mit dem Sie vielleicht Ihre aktuellen Herausforderungen und Belastungen besser, konstruktiver bewältigen können. Veränderung braucht Disziplin, Wiederholungen und Routinen. Das ist für die meisten von uns ein harter, steiniger Weg. Aber er lohnt sich. Das verspreche ich Ihnen.

In einem zentralen Kapitel (»Ich ist ein Anderer – und am besten immer öfter!«) führe ich die Begriffe »Kinder-Ich«, »Eltern-Ich« sowie »Erwachsenen-Ich« ein und zeige, welches lebensveränderndes Potenzial in der Arbeit mit diesen Begriffen steckt. Vielleicht sind Sie schon mit Innerer-Kind-Arbeit vertraut, dann finden Sie hier etwas, mit dem Sie noch einmal neu und anders arbeiten können und was sich sehr gut mit klassischer Innerer-Kind-Arbeit verbinden, aber auch unabhängig davon, einzig durch die Lektüre des Kapitels, gut in Ihr Leben adaptieren lässt.

Das Leben ist einfach, wenn du verstehst, warum es so schwierig ist ist eine Reise zu uns selbst, eine Reise nach innen, um unsere Fähigkeit zu stärken, uns besser zu verstehen und mit den Zumutungen des Lebens besser umgehen zu können. Um als Mensch eine höhere Differenzierung, Krisenkompetenz und damit Lebenskompetenz zu erlangen.

Zur Struktur des Buches

Die ersten fünf Kapitel des Buches haben primär erzählenden Charakter. Ich will Ihnen eine kurzweilige, überraschende und erhellende Geschichte mit Erkenntnissen aus der Evolutionsforschung, der Biologie, der Anthropologie, der Neurologie, der Bindungsforschung und der Soziologie erzählen. Eine Geschichte, durch die Sie besser verstehen, wer Sie sind, wie Sie leben, wie Sie fühlen, wie Sie denken, wie Sie funktionieren und warum es Ihnen gerade schlecht geht.

Vertrauen Sie mir. Auch wenn Sie sich während der Lektüre dieser Kapitel vielleicht fragen, warum Sie das jetzt lesen sollen, wo es Ihnen doch gerade schlecht geht und Sie eigentlich Sofortmaßnahmen bräuchten, damit Ihr Schmerz vergeht: Die Lektüre dieser ersten Kapitel wird Ihren Blick auf Ihre Situation, Ihre Gefühle und Gedanken verändern und Sie wesentlich darin unterstützen, die späteren Modelle, Begrifflichkeiten und Übungen mit innerer Motivation und mit größerem Gewinn zu lesen und zu machen. Viele der Übungen erhalten gerade durch den Kontext der ersten Kapitel ihren tiefen Sinn und ihre eigentliche Kraft.

In den Kapiteln sechs bis zehn von *Das Leben ist einfach, wenn du verstehst, warum es so schwierig ist* stehen starke therapeutische Interventionen und Erkenntnisse im Vordergrund, die Ihr Krisenerleben unmittelbar abschwächen und Ihnen Ruhe und Halt bieten. Diese fünf Kapitel sind nur hilfreich, wenn Sie die Inhalte auch in Ihre Routinen und Ihr Aktivwissen packen. Sie müssen also bei diesen Kapiteln mehr tun, als sie zu lesen. Sie müssen sich das Wissen und die entsprechenden lebenspraktischen Ableitungen einverleiben und danach handeln.

In Kapitel elf bis fünfzehn geht es dann fast nur noch um Ihre Mitarbeit. Sie finden dort primär Übungen, die Sie sich aneignen, mit denen Sie aktiv etwas machen müssen, und zwar von da an ein Leben lang.

Während das erste Drittel des Buches primär auf Erkenntnis setzt und Ihr Blick auf Ihre aktuelle Situation sich schon durch die Lektüre verändert, geht es in den beiden anderen Dritteln des Buches stärker um Erfahrung, und zwar Ihre Erfahrung, während Sie die Denkfiguren, Haltungen und Positionen integrieren und die Übungen machen.

Viele Motive und Ideen kehren in den Kapiteln in unterschiedlichster oder auch in gleicher Formulierung immer wieder. Das ist beabsichtigt und nicht Produkt meiner intellektuellen Schlampigkeit. Das gilt auch für eventuelle Widersprüche. Sie werden lesen, wie ich Sie einlade, Ihre Gefühle und Gedanken ernst zu nehmen, und dann wieder, wie ich Sie einlade, Ihre

Gefühle und Gedanken nicht ernst zu nehmen. Beide Wege können richtig sein. Ich kenne Ihr Leben nicht. Ich weiß nur: Aktuell sind Sie in einer Krise. Und ich weiß: Es gibt nicht den einen, verlässlichen, TÜV-geprüften Weg aus der Krise. Wir müssen viele Wege ausprobieren, und Sie müssen Ihren Weg finden. Deshalb biete ich Ihnen ganz viele Wege an, und Sie werden in diesem Angebot die Hilfen finden, die genau zu Ihnen passen.

Und es ging mir nicht darum, ein möglichst dünnes und konzises Buch zu schreiben, sondern darum, eine Atmosphäre in und mit diesem Buch zu schaffen, von der Sie maximal profitieren, die Sie in diesen schweren Zeiten unterstützt, tröstet und zuversichtlich stimmt. Und deshalb wiederhole oder erinnere ich immer wieder an ähnliche Dinge an verschiedenen Orten, damit Sie sich daran erinnern und die wichtigsten Grundideen bei Ihnen haften bleiben. Ich biete Ihnen zu ähnlichen Ideen meist alternative Metaphern, Modelle, Denkfiguren oder ergänzende Gedanken, da ich nicht weiß, welches Bild, welche Modelle für Sie hilfreich sind. Ich biete Ihnen grundsätzlich nur das an, was sich in meiner Arbeit als Therapeut bewährt hat. Ich weiß aber auch, dass bei einem Klienten die Idee oder die Denkfigur X mehr fruchtet als bei einem anderen, der die Idee oder die Denkfigur Y als hilfreicher empfindet. Entsprechend bekommen Sie in diesem Buch ähnliche Ideen in unterschiedlichen Begriffen und Erklärungen dargestellt und erläutert, und Sie entscheiden dann selbst, welche Idee oder welcher Begriff Ihnen am besten hilft, auf Ihrem richtigen Weg zu bleiben, Selbstfürsorge, Stabilität und positive Veränderungen in Ihrem Leben zu initiieren.

Sie finden in dem Buch neben den Ideen, Konzepten, Darlegungen auch immer wieder Beispielantworten zu dieser oder jener Frage, zu dieser oder jener Übung. Ich habe mich entschieden, diese Antworten aus meiner klinischen Arbeit in das Buch aufzunehmen, da ich in der psychotherapeutischen Praxis oft gemerkt habe, dass eine Unterstützung nicht funktioniert, wenn man als Therapeut nicht intensiv Beispiele erwähnt, die andere Klienten bereits genannt haben. Die Antwortbeispiele dienen dazu, Sie besser in Ihre eigenen Antworten zu führen, und nicht dazu, Ihnen die »richtigen« Antworten schon vorzuformulieren.

Natürlich können Sie das Buch »nur« durchlesen. Ich rate allerdings sehr davon ab. Schaufeln Sie sich das Wissen der Kapitel wirklich in Ihr Langzeitgedächtnis, sodass Sie jederzeit Zugriff auf die Begriffe, Erzählungen und Modelle haben. Und machen Sie bitte die Übungen. Nur wenn Sie die Übungen durchführen und in Ihr Leben integrieren, haben Sie den größtmöglichen Gewinn aus der Lektüre dieses Buches.

Sehr vieles im Leben ist Erfahrung und nicht primär Erkenntnis. Leider ticken wir als Menschen genau umgekehrt. Wir erwarten zu viel von reiner Erkenntnis oder reinem Wissen und trauen dem Erleben in der Erfahrung zu wenig zu. Ich kann Sie entsprechend nur ermutigen, sich auch auf die Übungen und Rituale einzulassen, die ich in diesem Buch anbiete. Sie werden dadurch in ein intensiveres, besseres Erleben, in höhere Ruhe und Zuversicht, in einen deutlich besseren Umgang mit der Krise kommen als durch die bloße Lektüre.

Sollte Ihr kritischer Verstand bei der Lektüre der Übungen sagen: »Das ist doch lächerlicher Budenzauber. Was soll das denn bringen?«, dann sagen Sie Ihrem Verstand: »Lieber Verstand, ob es hilft oder nicht, können wir erst beurteilen, wenn wir es mehrmals gemacht haben. Wenn wir es vorher schon ablehnen, dann wissen wir nämlich nur, dass durch das Nicht-Tun verlässlich keine Veränderung eintritt.«

Ich biete Ihnen vordergründig nichts revolutionär Neues, keine neue wissenschaftliche Erkenntnis über das Leben und den Umgang mit Krisen. Ich bin kein Forscher, sondern Therapeut. Was neu und anders an meinem Ansatz ist, ist die aufeinander aufbauende Gesamtheit der Erzählung wie auch die Richtung, die wir einschlagen, nachdem wir uns die Forschungsergebnisse oder Fakten vor Augen geführt haben. Und natürlich nutze ich hierzu sowohl aktuelle naturwissenschaftliche Erkenntnisse als auch die meiner Meinung nach besten Methoden, Denkfiguren und Übungen moderner therapeutischer Schulen.

Wenn ich einen Wunsch äußern darf, dann folgenden: Lesen Sie das Buch von vorn. Die Kapitel bauen aufeinander auf. Vieles in den weiterführenden Kapiteln verstehen Sie besser, wenn Sie die Einstiegskapitel gelesen haben. Einiges erschließt sich in seiner Wichtigkeit, Konsequenz oder Wirkmächtigkeit erst, wenn Sie auch das vorhergehende Kapitel gelesen haben. Deshalb meine Empfehlung und Bitte, mit der Lektüre vorn zu beginnen.

Und noch etwas: Lassen Sie sich Zeit mit der Lektüre. Es gibt keine Medaillen für die schnellsten Leser. Misstrauen Sie Ihrem Verstand, der Ihnen sagt: »Je schneller, desto besser.« Vieles braucht Zeit, um in uns anzukommen. Manches braucht Wiederholung, alles braucht Erfahrung. Geben Sie sich die Zeit, seien Sie liebevoll und nachsichtig mit sich, auch wenn es Ihnen gerade nicht gut geht. Bleiben Sie zuversichtlich.

Ich weiß, Sie werden gute Antworten auf Ihre aktuellen Herausforderungen finden. Vielleicht nicht gleich, aber in absehbarer Zeit. Meine Erfahrung als Therapeut und Mensch ist: Innezuhalten und nachzudenken wie auch nachzufühlen ist oftmals besser, als schnell weiterzulesen und damit vielleicht Ihr Eigentliches zu verpassen.

Oder um einen Leitspruch des Dalai Lama zu variieren: Denken Sie immer daran: Wenn Sie etwas sagen oder denken, dann wiederholen Sie nur das, was Sie ohnehin schon kennen. Wenn Sie aber ruhig zuhören, lesen, offen sind, können Sie Neues erfahren und lernen.

Die Tatsache, dass Sie sich mit diesem Buch beschäftigen, sagt mir: Sie haben eine Herausforderung, etwas in Ihrem Leben läuft nicht rund, es geht Ihnen aktuell nicht gut. Sie haben Leidensdruck, Ängste, Sorgen, Unsicherheiten. Und ich weiß: Ihre bisherigen Veränderungsstrategien haben nicht funktioniert. Ihre Werkzeuge greifen nicht, denn sonst hätten Sie dieses Buch gerade nicht in Händen. Es wäre entsprechend nicht sonderlich klug, wenn Sie dieses Buch defensiv und skeptisch lesen würden. Und es wäre reine Zeitvergeudung.

Und denken Sie bitte bei der Lektüre des Buches immer daran, dass ich aus einem verhaltenstherapeutischen Kontext mit Ihnen spreche. Das bedeutet: Ja, wir akzeptieren, dass es Prägungen und Traumata gibt; und nein, das heißt nicht, dass wir dadurch lebenslange Opfer dieser Prägungen und Traumata werden müssen. Ja, wir akzeptieren, dass es Krisen, Niederlagen Verletzungen und Herausforderungen des menschlichen Daseins gibt. Wir akzeptieren, dass wir Krisen und Niederlagen nicht verhindern und ihre äußeren Effekte vielleicht nicht rückgängig machen können. Wir akzeptieren, dass es

Grenzen im Außen gibt, dass Chancen vergehen, dass nicht all unsere Wünsche und Hoffnungen in Erfüllung gehen. Wir sind diesen Krisen allerdings nicht hilf- und wehrlos ausgesetzt, und es liegt in unserer spezifisch menschlichen Freiheit, wie wir, und in unserer menschlichen Verpflichtung, dass wir darauf reagieren.

Wir sind als Menschen immer in der Lage und in der Verantwortung, unserem Denken, Fühlen und Handeln gegen die Macht der Krise, gegen die Macht der Prägungen, gegen die Macht unserer Muster etwas entgegenzusetzen und andere neue Richtungen anzusteuern, die uns helfen, besseren Umgang, bessere Entscheidungen, Reaktionen und Antworten auf die gegenwärtige Herausforderung zu finden.

Veränderung geschieht nicht anstrengungslos, spontan oder durch einen externen Zauberspruch. Veränderung braucht Wissen, Willen, Disziplin, Offenheit und Wiederholung. Dies gelingt uns nicht verlässlich zu jeder Zeit, aber wenn wir uns bewusst entscheiden, die Weichen in eine andere Richtung, einen anderen Umgang, eine andere Reaktion zu stellen, so wird der anhaltende Versuch uns mittel- und langfristig belohnen, und wir werden in die von uns geplante innere Veränderung kommen, innerlich etwas Anderes, Besseres, Beruhigenderes, Zuversichtlicheres erleben und damit im Außen auch bessere Entscheidungen und Handlungen ausführen können.

Ich wünsche mir, dass es Ihnen gut und bestmöglich geht, dass Sie in Ihrem Leben Veränderungen initiieren, dadurch Verbesserungen erleben und in höherer Gelassenheit, Zufriedenheit, Motivation und Erfüllung leben. Das erreichen Sie nur durch Offenheit, durch neue Erkenntnisse, durch neues Wissen, durch Strategiewechsel, durch neue Werkzeuge, durch neues

Verhalten. Durch die Entscheidung, Neues auszuprobieren. Lassen Sie sich darauf ein, lesen Sie dieses Buch in größtmöglicher Offenheit, machen Sie einen Unterschied, denken Sie neu, handeln Sie anders, und erleben Sie sich und Ihr Leben wieder zuversichtlicher, lebenswerter, neu und anders.

Ziel des Buches ist es, Ihnen
1. mehr Kenntnis über das Leben, das Wesen und die Muster des Menschseins und den Umgang von Menschen mit Krisen zu vermitteln, um
2. dadurch Ihre Selbstkenntnis und Ihre Krisenkompetenz zu erhöhen, sodass Sie
3. Alternativen zu bisherigem Verhalten und Erleben entwickeln und in Ihr Leben integrieren, um auf die Herausforderungen Ihres Lebens gute Antworten zu finden und zu leben.

Die drei Leitfragen, die Sie anhaltend im Kopf haben sollten, lauten:
1. Was lerne ich dadurch für oder über mich, die Krise und das Leben?
2. Was kann ich dadurch Neues in mein Leben integrieren oder anders machen als bisher?
3. Womit kann ich heute beginnen?

Wenn Sie diese Fragen während der Lektüre vor Ihrem inneren Auge präsent haben, werden Sie dieses Buch mit allerhöchstem Gewinn lesen, aktiv die Fähigkeit entwickeln, Ihren Blick auf Ihr Erleben und Ihr Verhalten zu verändern, sich selbst besser verstehen, das Leben und die Mechanismen von Gedanken, Emotionen, Handlungen besser verstehen und für Ihr Leben die Veränderungen erzielen, die Sie sich wünschen.

Viel Erfolg, viel Erkenntnis und viel Veränderungsfreude wünscht Ihnen dabei

Ihr Holger Kuntze

PS: Das vorliegende Buch ist in erster Linie für die praktische Lektüre geschrieben. Ich habe entsprechend darauf verzichtet, meine Haltung, Interventionen und Intentionen immer jeweils in einen wissenschaftlichen Diskurs oder in therapeutische Schulen einzuordnen. Falls Sie vertiefend Interesse daran haben, auf welche Ansätze, therapeutische Schulen oder Ideen ich mich stütze: Sie finden am Ende des Buches ein Literaturverzeichnis und sehen dort sehr schnell, wessen Denken und Werke mich in meinen Überzeugungen und meiner Arbeit geprägt haben.

PPS: Wenn Sie unter einer Depression, einer Angst- oder Panikstörung, einer posttraumatischen Belastungsstörung, einem Burn-out-Syndrom oder einer anderen psychischen Krankheit leiden: Suchen Sie bitte einen Therapeuten und einen Arzt auf. Ein Buch ersetzt keine therapeutische Begleitung. Therapie erster Wahl bei psychischen Erkrankungen muss immer eine ärztliche und therapeutische Begleitung sein. Erst wenn Sie diese Versorgung sichergestellt haben, ist die ergänzende Lektüre dieses Buches sinnvoll.

Vor der Geburt war es doch am schönsten ...
oder
Der Webfehler des Menschseins
Wie alles beginnt, warum wir deshalb alle eine Macke haben, wir uns auf das Gedächtnis des Körpers verlassen können und dadurch leider nichts besser wird

Beginnen möchte ich bei Ihrer Geburt und auch schon vor Ihrer Geburt. Warum? Weil Sie zu diesem Zeitpunkt Erfahrungen machen, die Ihr gesamtes Leben prägen und Sie begleiten, auch wenn Sie keinerlei bewusste Erinnerung daran haben. Und auch wenn das vielleicht fürs Erste etwas seltsam für Sie klingt: Sie können Ihre aktuelle Krise nicht verstehen, wenn Sie nicht Ihre Geburt verstehen und ein klares Bewusstsein davon entwickeln, was es für uns Menschen bedeutet, auf diese Welt zu kommen und in dieser Welt zu sein.

Im Bauch unserer Mütter geht es uns meist gut. Wir sind in Sicherheit. In einem wunderbaren Fruchtwassermilieu von etwas über 37 Grad entwickeln wir uns über viele Wochen. Um uns schummrige Halbdunkelheit, die Geräusche gedämpft oder in beruhigender Stille, die uns den Herzschlag unserer Mutter hören lässt. Über die Nabelschnur werden wir mit allen wichtigen Nährstoffen und Botenstoffen versorgt: Die Freude der Mutter erleben wir durch einen ersten Kontakt mit Dopamin, die Liebe der Mutter erfahren wir durch das Bindungshormon Oxytocin. Allerdings können auch diese ersten Wochen und Monate unserer Existenz schon davon geprägt sein, dass unsere Mutter voller Angst, Unsicherheit, Wut, Verzweiflung ist, da sie mit der Schwangerschaft nicht gerechnet hatte, unsicher ist, ob sie eine gute Mutter sein wird, ängstlich ist, ob die Schwangerschaft Bestand hat, ob sie ein Kind gut beschützen kann, oder frustriert, weil sich der Partner oder die Eltern nicht über den Nachwuchs freuen. Auch in einer solchen Konstellation wird das Ungeborene durch die Nabelschnur einen Cocktail von Botenstoffen erhalten, der es unruhig, unsicher, ängstlich sein lässt. In Summe bleibt diese Zeit jedoch eine der Sicherheit, des Aufgehoben- und Versorgtseins.

Was dann mit der Geburt und dem Beginn unseres Daseins außerhalb des Mutterleibs beginnt, ändert allerdings alles: Der Geburtsvorgang lässt das Ungeborene ungeahnten stundenlangen Stress erleben. Die Geborgenheit der Fruchtblase verschwindet, alles wird eng, Kopf, Schultern, Körper werden gequetscht und gepresst, der weiche Schädel macht eine Verformung durch, das noch kleine Gehirn kommt mächtig unter Druck, die Herzfrequenz steigt und wird mehr zu einem Rasen als zu einem Pochen. Die Qualen scheinen endlos, sowohl für die Mutter wie auch für das Kind. Doch während die Mutter ein Ziel verfolgt, nämlich die Geburt, und sich immer wieder sagen kann, dass diese irgendwann vorbei sein wird, fehlt uns Noch-nicht-Geborenen jedes Bewusstsein von Einordnung oder Zeitperspektive. Alles ist neu, alles ist jetzt, alles ist Schmerz, alles ist Untergang. Was die Eltern voller Freude als Beginn sehen, erleben das Ungeborene und auch das Neugeborene voller Schmerz und Überforderung als Ende. Nämlich als das Ende der großartigen Zeit im Mutterleib und als Ende seiner Existenz.

Auch nach der Geburt halten die Verwirrung und die Überforderung erst einmal an: Statt des Wassermilieus befinden wir uns ohne Vorwarnung in einem Luftmilieu, es ist kalt, es ist hell, es ist laut, und unsere einzige Verbindung zu Nährstoffen, die Nabelschnur, wird wenige Minuten nach der Geburt durchtrennt. Spätestens in diesem Moment spüren wir ganz sicher: Es ist vorbei. Ich werde sterben. – Sekunden später entdecken wir die Kraft unserer Lungen, liegen auf dem Busen unserer Mutter, hören den vertrauten Herzschlag, finden den Busen und merken: Es wird weitergehen, noch ist nicht alles verloren.

Doch wie geht es weiter? Der Mensch ist in der Sprache der Biologen ein sogenannter sekundärer Nesthocker; das heißt, er braucht nachgeburtlich intensive Betreuung. Das kommt uns normal vor. Wir sind damit aber unter den hoch entwickelten Säugetieren eine absolute Ausnahme. Denn die meisten Säugetiere kommen viel höher entwickelt auf die Welt. Eine Giraffe, ein Affenbaby, ein Fohlen: Sie alle können schon relativ früh nach der Geburt viel besser für sich selbst sorgen, laufen, greifen, sich verteidigen, Nahrung zu sich nehmen. Der Mensch hingegen kommt in völliger Hilflosigkeit auf die Welt und benötigt unabdingbar Hilfe durch ein Außen. Dies können die Eltern sein, die Großeltern, Geschwister, später Kindergärtner, Lehrer und so weiter. Von Anfang an ist der Mensch darauf gepolt, in einem Kontext mit Erwachsenen, Ausgewachsenen, Eltern, Kompetenteren zu stehen und durch diese versorgt zu werden.

Warum kommen wir so unfertig auf die Welt? Hierzu gibt es zwei Theorien, die für unseren Zweck auch gern nebeneinanderstehen dürfen. Nach der ersten Erklärung liegt das frühe Geburtsalter des Menschen an den schmaler gewordenen Becken der Frauen, seit unsere Vorfahren aus dem Vierfüßlerdasein in den zweifüßigen aufrechten Gang gewechselt sind. Nach der zweiten Theorie ist eine werdende Mutter nach neun Monaten nicht mehr in der Lage, genügend Nährstoffe für das wachsende Ungeborene zur Verfügung zu stellen, egal, wie viel Nahrung sie zu sich nehmen würde. Im Zentrum beider Erklärungen steht die Gehirngröße des modernen Menschen. Nach der ersten Erklärung wäre der Kopf irgendwann zu groß, um durch das Becken der Frau zu kommen und beim Geburtsvorgang nicht überproportional häufig das Leben von Kind wie auch Mutter zu gefährden. Nach der zweiten Erklärung würde eine längere Tragzeit das Wachstum des Gehirns gefährden. Denn auch das unterscheidet uns von anderen Säugetieren: Der Mensch kommt mit einem für seine Verhältnisse sehr niedrig entwickelten Gehirn auf die Welt, und wesentliche Reifungsprozesse des menschlichen Gehirns geschehen erst nach der Geburt und nicht im Mutterleib, wie bei vielen anderen Lebewesen.

Das führt bei allen Menschen in den ersten achtzehn Monaten nach ihrer Geburt zu einem ausgeprägten Gefühl der Ohnmacht, der Hilflosigkeit, des Abhängigseins, des Ausgeliefertseins. Jede Nahrung, jede Flüssigkeit, jeder Windelwechsel, jedes Zwicken, jedes Unwohlsein, jedes störende Kälte- oder Wärmegefühl kann in dieser Zeit nur durch die Regulation eines Außen veranlasst oder verändert werden. Das Neugeborene erlebt nur das Außen als kompetent, sich selbst hingegen als defizitär, hilflos, überfordert und permanent dem Tode geweiht.

Und wir lernen dabei eine sehr effektive Erfolgsstrategie. Wir schnalzen nicht lässig mit der Zunge, zwinkern nicht seelenruhig mit dem Auge, heben nicht unauffällig den linken kleinen Finger oder neigen sanft den Kopf nach vorn, nein, wir brüllen, wir schreien, wir strampeln wie wild, wir gehen in jeder Situation, die uns Unwohlsein bereitet, in eine Eskalation – nicht, weil wir unsere Umwelt ärgern wollen, nein, weil wir kein Bewusstsein davon haben, dass Rettung, Nahrung und so weiter nahe sind. Für uns ist jedes Unwohlsein immer absolutes und totales Unwohlsein, wir wissen nicht, dass unsere Mutter einen Meter neben uns sitzt, wenn wir in der Wiege liegen. Wir wissen nicht, dass umgekehrt unsere Eltern in einer hohen Fokussierung auf uns ihr neues Leben gestalten und genau wissen, dass sie uns in den ersten Monaten nicht allein lassen dürfen, uns nicht unbeobachtet auf dem Wickeltisch liegen lassen können, sich um unsere Ernährung, um unser Wohlempfinden kümmern müssen. Wir wissen nur: »Jetzt habe ich Hunger, jetzt scheint niemand da zu sein, weil ich in meinem Umfeld von 50 Zentimetern niemanden sehe oder spüre«, »Jetzt ist mir zu warm, und ich bin allein damit«, »Jetzt brauche ich Wasser, weil ich zu wenig getrunken habe« … Und wir schreien, denn unsere Systeme sind in Alarmbereitschaft, wenn wir jetzt nicht bekommen, was wir brauchen, werden wir sterben, so glauben wir.

Wie schon bei unserer Geburt folgen wir unseren überlebenssichernden Stammhirnreizen und übergeben die Kontrolle über unseren Körper an die Adrenalinausschüttung. Und der Erfolg gibt uns recht: Immer wenn wir schreien, erreichen und bekommen wir, was wir wollten. Wir lernen: »Den eigenen Alarmsystemen kann und muss ich vertrauen. Diese Strategie führt zum Erfolg und zur Befriedigung meiner unmittelbaren Bedürfnisse.« Wir lernen auch: »Die Regulation meines Gefühls und die Erfüllung meiner Bedürfnisse liegen im Außen, Mama, Papa, Geschwister, Betreuer und so weiter können einzig sowohl mich beruhigen als auch meine Bedürfnisse erfüllen.«

Dieses Muster, diese Prägung, diese Erfahrung gilt für uns alle. Auch für die, deren Eltern oder Bezugspersonen sich diesbezüglich bestmöglich verhalten, die das Kind nicht lange schreien lassen, die sich auf die Geburt und den neuen Menschen freuen und ihn willkommen heißen, die ihn bei sich im Bett schlafen lassen und die viel Körperkontakt initiieren und bestmöglich die Einsamkeit und Verlassenheit, das Drama des Neugeborenen überwinden, die da sind oder eine gute und kompetente Betreuung veranlassen, wenn sie nicht da sind.

Und natürlich erleben die Neugeborenen die Angst, das Drama, die Hilflosigkeit intensiver, frustrierender, deren Eltern sich weniger gut kümmern, das Kind lange schreien lassen, das Kind allein lassen, kaum körperliche Zuwendung initiieren, die den neuen Menschen nicht bei sich positiv willkommen heißen, negativ und ablehnend dem Neugeborenen oder Kleinkind gegenüberstehen.

Die Grunderfahrung der Angst, Überforderung, Hilflosigkeit ist und bleibt die gleiche. Das nenne ich den Webfehler des Menschseins. Gäbe es diese Grunderfahrung und die dabei entwickelte Überwindungsstrategie nicht in uns, gäbe es viele Herausforderungen und Missverständnisse im Leben eines Menschen, im Leben zwischen den Menschen nicht. Leider gibt es keinen Weg, diesen Webfehler in seiner Entstehung zu verhindern. Unsere lebenslange Aufgabe bleibt es dann, diesen Fehler bestmöglich zu regulieren und trotz des Webfehlers ein erfülltes und selbstbestimmtes Leben zu führen.

Selbstverständlich erleben wir in dieser frühen Phase unseres Seins auch die andere Seite der Emotion: Freude, Zufriedenheit, Sattheit, Geborgenheit, Liebe, Bindung, Ankunft, Wunschlosigkeit, Einheit, Heimat, Dasein im Moment, in der Umarmung, im Augenblick. Und vielleicht sind diese Momente zahlreicher als die Momente der Angst und der Hilflosigkeit. Worauf ich nur zentral hinauswill: Falls wir ein Bedürfnis haben nach Nahrung, Zuwendung, Wärme, Trost oder Gehaltenwerden, schalten wir in diesen ersten Jahren nach unserer Geburt eben immer und radikal in den Angst-, Panik- und Gefahrenmodus. Wir erleben ein Gefühl der absoluten Hilflosigkeit, da wir in diesem Lebensalter eigenständig keine Überwindung unserer Situation initiieren können. Und wir verinnerlichen dieses Muster intensiver als jedes andere Verhaltensmuster, da es in dieser Lebensphase unsere einzige und gleichzeitig absolut evident perfekte Erfolgsstrategie ist. Immerhin sichert sie jedes Mal unser Überleben. Und genau weil wir dieses Muster verinnerlicht und ausgelebt haben, sind wir heute und hier auf dieser Welt und am Leben. Provokant kann man auch sagen: Unbewusst lieben wir unsere Angst, unsere Hilflosigkeit, unsere Panik, weil wir ihr alles verdanken – und weil sie ein Außen kreiert, das uns vermeintlich immer retten kann.

Wie ist es möglich, dass diese Grunderfahrung des Menschen so lange in uns wirkt und auch noch Jahrzehnte nach seiner Entstehung in jedem von uns lebendig ist und zur Verfügung steht? Weil wir über ein vorbewusstes und unbewusstes Erinnerungssystem verfügen, das in maximaler Präzision arbeitet und von dem wir meist gar nicht wissen, dass es vorhanden ist. Unser normales Erlebnis- und Bildergedächtnis kann es nicht sein, dazu ist alles Gespeicherte in uns, alles, worauf wir bewusst Zugriff haben, zu unzuverlässig, zu selektiv und zu zufällig. Hinzu kommt, dass der Mensch erst ab dem dritten Lebensjahr in der Lage ist, Erlebtes auch bewusst und bildhaft zu speichern und sich dessen zu erinnern. Aber denken Sie nur einmal kurz daran, wie präzise wir uns an Geschmack und Geruch erinnern können und davon meist im Alltag nichts wissen, da nichts davon bewusst abrufbar ist, sondern spontan in uns aufsteigt, wenn wir mit einem Geschmack oder einem Geruch konfrontiert werden, den wir vielleicht über Jahrzehnte nicht mehr gerochen oder geschmeckt haben.

Marcel Prousts Roman *Auf der Suche der verlorenen Zeit* findet seinen Anfang genau in dieser Beobachtung, als alles mit dem Geschmack einer in Lindenblütentee getauchten Madeleine beginnt, der den Autor tief in die Erinnerungen seiner Kindheit führt. Ohne die Weltliteratur bemühen zu müssen, finden Sie in dem populären Pixar-Zeichentrickfilm *Ratatouille* eine zentrale Geruchsszene, die den Verlauf des Filmes komplett verändert: Die kochende Ratte bereitet dem feindlichen Restaurantkritiker Ego ein Ratatouille zu, das zufällig aus den gleichen Zutaten besteht wie das Ratatouille, das Egos Mutter fünfzig Jahre zuvor immer für den damals kleinen Jungen gekocht hat. In der Sekunde, in der der Duft dieser Speise dem Kritiker in die Nase zieht, ist alle Feindschaft und erwachsene Verbohrtheit dahin, ist er wieder der kleine schutzbedürftige und liebevolle Sohn seiner Mutter.

Wir alle machen solche Erfahrungen, wenn wir plötzlich in Schulräumen stehen und es nach Kreide und Schwamm riecht, wenn wir an Pflanzen riechen, die wir aus dem Garten unserer Großeltern kennen. In den Bruchteilen einer Sekunde und ohne bewusste Kontrolle ziehen die inneren Bilder und Gefühle in uns auf. – Was ich damit zeigen möchte: Auch wenn die meisten von uns sich immer nur auf ihr bewusstes Erlebnis- und Bildergedächtnis beziehen, wenn wir von Erinnerungen sprechen, haben wir Erfahrungen mit einem sehr viel präziseren Erinnerungssystem, das sich uns über Geschmack und Geruch offenbart.

Ein drittes, noch präziseres Erinnerungssystem, das die wenigsten allerdings benennen und die wenigsten von uns einordnen können, wenn es sich zeigt, ist unser Körpergedächtnis. Was ist das Körpergedächtnis? Die Summe all unserer inneren physiologischen Vorgänge, der Verlauf unserer Atmung, der Herzrhythmus, unser Muskeltonus, unsere Botenstoffaktivitäten als Reaktion auf einen Außenreiz oder ein inneres Bedürfnis wie Hunger oder Durst. Die Summe all dieser Vorgänge nennt sich »Körpergedächtnis«, und die Medizin, die Neurologie, die Biologie weiß mittlerweile sehr genau, dass ein Mensch, der in Freude, in Angst, in Panik ist, sich körperphysiologisch immer in gleichen bis sehr ähnlichen Zuständen befindet. Von Mensch zu Mensch kann sich Freude oder Angst natürlich unterschiedlich zeigen, aber jeder als Einzelner geht sehr verlässlich immer in den gleichen körperphysiologischen Zustand seiner Angst oder seiner Freude. Und da das so ist, können wir auch sagen, dass wir im Zustand der Angst immer in den Zustand unserer ersten Angst oder einer hohen Ähnlichkeit zu unserer ersten Angst gehen, da wir von unseren Körperzuständen verlässlich gleich bis sehr ähnlich reagieren. Und diese Erinnerung, dieses Wissen ist in unserem Gehirn, in unseren Nervenzellen, in unseren Muskelzellen präzise gespeichert und sorgt dafür, dass bei der geringsten Ähnlichkeit jede Zelle unseres Körpers eine Gleichheit vermutet und sich bereit macht, in die Angst zu gehen.

Unser Körpergedächtnis ist ein unbewusstes Langzeitgedächtnis. Und alles, was wir über das bewusste Langzeitgedächtnis unseres Gehirns wissen, gilt auch für das unbewusste Langzeitgedächtnis des Körpers: Wiederholungen, Aufmerksamkeit und Assoziationen bewirken die Haftung. Und da in den ersten achtzehn Monaten nach unserer Geburt alles permanent in der Wiederholung geschieht, unsere gesamte Aufmerksamkeit bekommt und durch konkretes Erleben tief assoziativ in uns verankert ist, gibt es kein zuverlässigeres Langzeitgedächtnis als unser Körpergedächtnis.

Das bedeutet: Unsere wiederkehrende strukturierende, prägende negative Grunderfahrung als Mensch während und nach unserer Geburt ist primär Angst, Verzweiflung, Hilflosigkeit, *und* wir haben ein verlässliches präzises Körpergedächtnis an diese Angst, Verzweiflung und Hilflosigkeit, da jedes Organ, jeder Muskel, jede Nervenzelle, jeder Herzschlag, jede Schweißdrüsentätigkeit, jede Atmung, jede Botenstofftätigkeit in der Angst, der Verzweiflung, der Hilflosigkeit immer gleich ist oder sie einander hochverwandt sind. Von Anbeginn unserer Existenz bis zu unserem Tod. Je nach naturwissenschaftlicher Schule finden Sie für das Körpergedächtnis auch Begriffe wie »somatische Muster«, »prozedurales Gedächtnis« oder »Signaturen des Körpers«.

Es gibt in unserem Erwachsenenleben allerdings einen entscheidenden Unterschied zu unserer Säuglings- und Kleinkindexistenz: Anders als nach unserer Geburt und den folgenden eineinhalb Jahren sind wir als Erwachsene in den allermeisten Situationen nicht hilflos, nicht in Todesgefahr und dem Erleben ohne aktive Reaktionsmöglichkeiten ausgesetzt. Eigentlich sind wir in der Lage, auf die meisten Herausforderungen verantwortlich, ruhig, überlegt, logisch, strategisch, überblickend, abwägend zu reagieren. Auch ohne die Gewissheit, damit Erfolg zu haben, können wir verantwortlich und bestmöglich handeln. Unser Körper jedoch spielt das Drama der Hilflosigkeit unserer Kindheit nach, und wir fallen darauf herein. Mit dem Effekt, dass wir auch in unserer körperlichen Erwachsenheit das Reaktionsmuster unserer frühesten Kindheit wiederholen. Unser Körper lässt uns glauben, dass wir in Lebensgefahr sind, wenn ein geliebter Mensch stirbt, wenn uns ein Partner verlässt, unsere Karrierepläne scheitern, ein Unfall unser Leben verändert, eine dunkle Wolke der Sinnlosigkeit und der Perspektivlosigkeit sich unsereins bemächtigt, eine Tagesplanung anders verläuft als gedacht, ein Gespräch im Streit endet, wir finanziell nicht mehr weiterwissen. Immer ist die erste Reaktion unseres Körpers, in den Panikmodus des Säuglings zu verfallen, der wir einmal waren. In solchen Momenten übergeben wir die Kontrolle unseres Lebens unserem Körpergedächtnis, dem Angst- und Panikbotenstoff Adrenalin und dem Stressbotenstoff Cortisol. Einfach aus alter Gewohnheit.

Verurteilen Sie Ihren Körper und sein Gedächtnis nicht dafür: Für den Körper und das Körpergedächtnis gibt es kein Gestern und Morgen, es gibt immer nur den Augenblick, und es macht keinen Unterschied, ob Sie drei Monate alt sind, 35 oder 65 Jahre. Ihr Körpergedächtnis will Sie beschützen. Kämpfen Sie nicht wütend gegen den Vorschlag Ihres Körpers, in den Panikmodus umzustellen und in Kampf, Erstarren oder Flucht zu gehen. Danken sie ihm vielmehr für den Vorschlag, und bemühen Sie sich, im inneren Dialog mit Ihrem Körper Ihrem Körpergedächtnis zu erläutern, dass kein Grund zur Panik besteht. Ja, dass die Situation nicht angenehm ist, dass es wehtut, dass Sie verzweifelt sind, dass Sie vielleicht aktuell wirklich nicht wissen, wie es weitergeht, aber dass Sie mittlerweile selbst der Erwachsene sind, den Sie nach Ihrer Geburt so dringend brauchten, um überhaupt überleben zu können.

Beruhigen Sie in einem ersten Schritt in der Krise erst einmal Ihren Körper, weil Ihnen Ihr Körper nur radikale Dinge vorschlägt. Weil der Körper es so gelernt hat, damit ja auch in den ersten Jahren sehr erfolgreich war, Ihr damaliges Überleben gesichert hat und nur genau das kann. Bedenken Sie aber dabei: Ihr Körper ist in diesem Moment der Krise und der Herausforderung nicht nur nicht der beste Berater, sondern ein wirklich schlechter Berater, um einen Weg aus der Krise zu finden. Sich in diesem Moment seinem Körper anzuvertrauen macht nichts besser und das meiste schlimmer. (Vertiefend und sehr konkret erläutere ich Ihnen das im Kapitel »Ich ist ein Feigling – aber nicht mehr lange!«.)

Und bedenken Sie bitte ebenfalls: Durch die von mir in diesem Kapitel geschilderte spezifische individuelle Entwicklungsgeschichte jedes einzelnen Menschen, seiner Geburt und der ersten Lebensjahre hat es einen hohen Grad an Normalität, dass wir uns auch als Erwachsene immer wieder defizitär, klein, hilflos, ängstlich fühlen und oft glauben, dass nur das Außen uns retten, stabilisieren, trösten kann. Und vielleicht hilft Ihnen die Anerkennung dieser Wahrheit in Ihrer aktuellen Situation schon ein klein wenig, um sich nicht weiter in den Strudel Ihrer Krise ziehen zu lassen.

Während ich Ihnen in diesem Kapitel die wenig erbauliche Nachricht übermittelt habe, dass wir oft ewig hilfloser Säugling bleiben und unser Körpergedächtnis dies nicht vergisst, werden Sie im folgenden Kapitel lernen, warum die evolutionäre Grundfunktion unseres Gehirns ebenfalls dazu führt, dass wir uns permanent Sorgen machen und Angst spüren, und warum Ihr Gehirn und Ihre Gedanken diesbezüglich ihren ganz normalen und von der Evolution so vorgesehenen bestmöglichen Job machen.

Was leider dazu führt, dass wir mit unserem Steinzeitgehirn im 21. Jahrhundert völlig falsch ausgerüstet sind, um den Herausforderungen des modernen Lebens bestmöglich begegnen zu können. Und natürlich liegt dies auch daran, dass das Leben in der Moderne grundlegende Bedürfnisse des bestmöglichen Menschseins nicht mehr erfüllt oder erlaubt.

Der Webfehler des Menschseins bekommt dadurch eine zweite Dimension: Nicht nur werden wir physiologisch durch das Reaktionsmuster unserer gesamten Körperchemie und Körperphysiologie in die Angst, Lähmung oder Hilflosigkeit gezogen, auch unsere Gedanken und unser Gehirn sind nur allzu gern bereit, sich von den äußeren Erscheinungen wie auch den ersten Körperreaktionen verführen zu lassen und in den Alarm- und Gefahrenmodus umzustellen.

Unser Menschsein in der Erwachsenheit ist dadurch anhaltend in der Verpflichtung, sich in Krisensituationen diesen beiden starken Kräfte nicht hinzugeben. Es gibt Wege und Techniken, mit diesen universalen menschlichen Herausforderungen besser umzugehen, als Sie das vielleicht aktuell tun; und davon handeln die Begriffe, Übungen und Denkfiguren der Kapitel sechs bis fünfzehn dieses Buches. Bleiben Sie entsprechend neugierig und zuversichtlich. Ihr Leben wird es Ihnen danken.

Hör mal, wer da hämmert
oder
Wie viele Gehirne sind da eigentlich in meinem Kopf?
Warum wir in einer Krise immer eine emotionale Reise in die Steinzeit machen und die Evolution uns dadurch gehörig in die Irre führt

Die Neurowissenschaften haben sich mit Beginn des 21. Jahrhunderts zu einer Art erster Erklärungswissenschaften fast aller Denk- und Handlungsprozesse des Menschen aufgeschwungen. Teilweise sah es so aus, als müssten sich zukünftig alle Natur-, Sozial- und Geisteswissenschaften inklusive der Philosophie den Erkenntnissen dieser Wissenschaft unterordnen. Auch wenn die große Euphorie vorbei ist, so hat die Hirnforschung doch unser Bild vom Menschen, von der Evolution, von Hirn-, Denk- und Handlungsprozessen maßgeblich verändert, und wir tun gut daran, deren Wissen zu nutzen.

Und auch auf die Gefahr hin, Sie zu langweilen, da Sie schon eine Bibliothek von Gehirnbüchern gelesen haben: Erlauben Sie mir bitte ein paar wenige Seiten über Erkenntnisse der Neurowissenschaften, da ich Ihnen diese natürlich in Fokussierung und in Bezug zu einer Lebenskrise, zu Angst, Unzufriedenheit präsentiere und Sie dadurch ein tieferes und besseres Verständnis Ihrer Krise und Ihrer gegenwärtigen Herausforderung bekommen, selbst wenn Sie aktuell schon mit den grundlegenden neurologischen Fakten vertraut sind. Bei allen, die sich spezifischer mit dem Hirn beschäftigen, bitte ich um Entschuldigung für die grobe Vereinfachung in diesem Kapitel. Und falls Sie sich bislang noch nie mit dem Gehirn und dem aktuellen Wissensstand zu Ihrem Gehirn beschäftigt haben: Keine Sorge, Sie benötigen kein Vorwissen.

Warum sollten wir uns in einem Buch über Lebenskrisen überhaupt mit der Rolle und der Funktion unseres Gehirns beschäftigen? Weil es wichtig ist zu verstehen, was in unserem Kopf passiert, wenn wir unzufrieden, verzweifelt, traurig, im Schock, im Trauma, in Trauer sind. Weil wir hier teilweise in ein voll automatisiertes biochemisches Krisenprogramm reinrutschen, dessen Code vor mehr als 100 000 Jahren geschrieben wurde. Weil uns dieses Wissen hilft, Strategien zu entwickeln, um nicht mehr hilflos dem biochemischen Hirn- und Körpercocktail ausgesetzt zu sein, den Gerald Hüther in seinem bekannten Buch *Biologie der Angst* genannt hat. Und weil ich daran glaube, dass ein Mehr an Wissen oder Kenntnissen darüber uns meist höhere Freiheiten schenkt, uns anders zu verhalten oder entscheiden zu können.

Für den Kontext dieses Buches genügt es vollkommen, wenn wir uns auf ein sehr einfaches Gehirnmodell beschränken und auch ein paar Hirnteile oder Differenzierungen außer Acht lassen. Jeder Hirnforscher wird Sie darauf hinweisen, dass all diese Strukturen letztendlich miteinander verbunden sind und hochkomplex ineinandergreifen. Das ist richtig, aber für unsere Beschäftigung mit Lebenskrisen nicht zentral.

Die Bereiche, die für unseren Kontext wichtig sind, sind das Stammhirn, das limbische System und das Großhirn.

Der Stammhirnbereich ist das älteste Teil unseres Gehirns, folgt dem Rückenmark und sorgt mit enormer Verlässlichkeit und ohne bewusste Steuerung für all unsere vitalen Funktionen wie Herzschlag, Motorik, Atmung et cetera. In diesem Bereich finden Sie bei genauerem Blick Kleinhirn, Brücke oder Nachhirn. Ich nenne diesen Bereich »Stammhirnbereich«.

Das limbische System, bei dem bis heute unter Forschern Uneinigkeit darüber herrscht, welche Hirnareale verbindlich dazuzuzählen sind, stellt eine Art Filterareal zur Verarbeitung und Weiterleitung von Information dar. Über den Hippocampus, Thalamus und Hypothalamus werden Außenreize verarbeitet und einerseits an unser Großhirn gesendet, um dort rational verarbeitet zu werden, und andererseits an unsere Furcht- und Angstzentrale, die Amygdala (oder Mandelkern), die dann eventuell notwendige Stammhirnreize aktiviert, um auf Gefahr adäquat zu reagieren. Im limbischen System findet sich aber auch der Nucleus accumbens, der für Freude und Zufriedenheit zuständig ist. Und leider ist dieser Teil unseres Gehirns sehr viel kleiner als die Angst- und Furchtzentren. In seiner Gesamtheit sitzt das limbische System wie ein Scharnier- oder Gelenkstück zwischen Stammhirnareal und Großhirn.

Das Großhirn ist der modernste, neueste Teil unseres Gehirns. Hier finden sich die berühmten linken und rechten Gehirnhälften mit Stirn- und Schläfenlappen und der Hirnrinde (dem Neocortex). Unser Großhirn ist neben Hören oder Sehen zuständig für Sprache, logisches Denken, Kreativität und Gedächtnis. Spezifisch den vorderen Stirnlappen (präfrontaler

Cortex) wird unsere Fähigkeit zur Sprache, für das soziale Miteinander, der Fürsorge, der Zuwendung, der Empathie, des Sozialverhaltens und unser Bewusstsein zugeschrieben. Diese Hirnareale erlauben es uns, unser Erleben zu reflektieren, einzuordnen, abzuwägen, ein Gestern und Heute zu denken, ein Besser oder Schlechter, Werte oder Ziele zu entwerfen und in uns zu verankern. Hier ist der Ort des Bewusstseins oder unser Ort des Selbst, das sich dabei beobachtet, wie es etwas tut oder lässt (auf die wesentliche und wichtige Unterscheidung zwischen Ich und Selbst komme ich noch einmal im Kapitel »Eine Art Vokabeltest« zurück).

Unser Gehirn ist wie ein Baum gewachsen. Aus dem Rückenmark, einer Art Wurzelgeflecht, folgt die Stammhirnregion wie der Stamm eines Baumes, dem folgt das Kleinhirn, Zwischenhirn, das limbische System als Astwerk und Großhirn als komplexes Zweigsystem mit linker und rechter Hemisphäre und der Großhirnrinde, die das äußere Blattwerk oder die Krone eines Baumes ist. Oder wie ein Haus. Erst kommt das Fundament mit den Kellerräumen und der Heizungsanlage, den Rohrabflüssen und so fort (Stammhirn), dann die Wohnräume mit der Küche (limbisches System) und schließlich das Dachgeschoss mit dem Aussichtsturm (Großhirn) und den Stauräumen der Erinnerung und des Erlebten. Oder wie ein klassisches vordigitales Unternehmen strukturiert: In den frühen Teilen des Gehirns herrscht wie in den Werkshallen einer Fabrik reges, routiniertes, automatisiertes Treiben, sind unsere hochkomplexen Lebensfunktionen koordiniert gesteuert, all dies geschieht unbewusst, das limbische System inklusive der Amygdala agiert wie die Controlling-Abteilung als eine Art Türwächter oder Schleusenwart zwischen Stamm- und Großhirnareal. Und das Großhirn ist einerseits die Kreativ- und Entwicklungsabteilung und hat mit dem Vorderhirnbereich eine Art Vorstand oder Aufsichtsrat, der über Strategie, Anpassung, angemessene und angebrachte Reaktion sowie die Produkterneuerung entscheidet. In der Sprache der Neurologen hat das Vorderhirn eine Art Vetorecht oder Exekutivfunktion über all unsere Emotionen und Handlungen, solange wir nicht im Krisenmodus sind, der für das Gehirn immer ein Gefahren- oder Überlebensmodus ist. Und natürlich ist unser Gehirn weder ein Baum noch ein Haus noch ein Unternehmen, sondern weitaus komplexer.

Die drei Gehirnbereiche spiegeln darüber hinaus die Geschichte der Evolution des menschlichen Gehirns: Auf das Stammhirn, auch »Reptilienhirn« genannt, folgte der Mittelhirnbereich mit dem limbischen System, das sogenannte Säugerhirnareal, und später dann das Großhirn: das Primatengehirn mit der Besonderheit des Menschen, eine extrem leistungsstarke Großhirnrinde und einen ausgeprägten Vorder-Stirnhirn-Bereich zu besitzen. Wir können auch sagen: Wir benötigen unser Stammhirn, um zu leben, unser limbisches System, um in Gefahr zu überleben, und unser Großhirn, um zu wachsen und ein Bewusstsein von uns und unseren Handlungen zu haben.

Unser Gehirn ist ein Energiesauger. Obwohl es nur etwa zwei Prozent unserer Körpermasse ausmacht, verbraucht es circa zwanzig Prozent unserer gesamten Energie. Bei der Komplexität unseres Gehirns ist dies kein Wunder, die unscheinbar wirkende weiße Masse besteht aus hundert Milliarden Gehirnzellen, die jeweils mit bis zu 15 000 anderen Zellen in Verbindung stehen, und jeder Mensch besitzt zwischen siebzig und hundert Billionen Verbindungsstellen (Synapsen). Es ist damit immer das aktivste aller menschlichen Organe und benötigt unerlässlich Energie in Form von Sauerstoff und

Glukose. Im Schlaf zum Beispiel so viel, dass Teile des Großhirns auf »Pause« gestellt werden, damit genügend Energie da ist, um den Körper im Schlaf durch die Stammhirnaktivitäten überleben zu lassen. Und zusätzlich können dadurch im Schlaf sowohl Daten im Langzeitgedächtnis konsolidiert werden als auch eine Art Hirnmüllabfuhr ihre Arbeit machen, um überflüssige Proteine oder Giftstoffe zu entsorgen.

Was macht ein System, das viel Energie verbraucht? Es versucht permanent, Energien zu sparen. Zum Beispiel durch Automatismen, durch vereinfachte Reaktionen, durch vermeintliche Mustererkennung, durch Zuordnung von Ähnlichkeiten, dadurch, dass sich unser Gehirn nicht mehr jede Situation isoliert anschaut, sondern auf vertraute, alte, bewährte Muster zurückgreift, um eine Abkürzung zu finden, die das bestmögliche Resultat bringt und gleichzeitig den Energieverbrauch reduziert oder kleinhält. Sie kennen das alle beim Lesen: Oftmals wissen wir nach zwei Silben, wie das Wort zu Ende geht, oder wir sehen Vokale, die dort nicht **sthn**, unser Hirn füllt einfach die Lücken, weil es das **Mustr erknnt**. Eine andere Variante des Energiesparens ist zum Beispiel der Autopilot. Kennen Sie die Situation, wenn Sie in ein Auto steigen und wie in Trance 500 Kilometer fahren und erst wieder eine bewusste Erinnerung haben, wenn die Fahrt beendet ist? Der Körper ist mit dem Autofahren so vertraut, dass alles automatisch läuft. Schreiben, Sprechen sind alles Akte des Autopiloten. Unser Gehirn sucht permanent nach Ähnlichem und Vertrautem und glaubt es zu erkennen, um dann darauf mit einer alten Antwort einer alten Reaktion aus dem Fundus der Muster von damals zu reagieren (zum Beispiel unserer Zeit als Kleinkind).

Ähnlich wie bei den Erläuterungen zum Körpergedächtnis hat das Hirn, und zwar jedes einzelne Areal wie auch jede einzelne Hirnzelle, über Synapsenaktivität und -verbindung ein eigenes Gedächtnis durch die spezifischen Erfahrungen und den daraus resultierenden entsprechenden, real vorhandenen Vernetzungen, Verdrahtungen im Gehirn. Aber das Gehirn ist faul. Warum eine neue Synapsenverbindung eingehen, wenn es schon eine alte gibt? Die Begriffe, die Sie in der Literatur finden und dies beschreiben, lauten zum Beispiel »neuronale Autobahnen«, »neuronaler Autopilot«, »neuronale Automatismen«, »neuronale Netze«; und diese dienen nur dem Ziel, den Aufwand gering zu halten und Energie zu sparen.

All diese Energiespartechniken sind praktisch, komfortabel, schnell, verlässlich und in vielen Fällen auch hilfreich. In Situationen von Angst, Krise, Verzweiflung aber nicht immer die bestmögliche Hilfe, die uns unser Gehirn zur Verfügung stellen kann, um die Krise einzuschätzen, mit ihr umzugehen oder sie zu überwinden. Unser Hirn nutzt automatisch lieber erst mal alte schlechte Wege, als neue, bessere zu initiieren. Denn der Autopilot Ihrer Amygdala schlägt als Reaktion auf einen Außenreiz meist Gegenangriff, Aggression, Verzweiflung, Verteidigung, Abwehr, Flucht, Kontaktabbruch, Wut, Trauer, Angst, Panik, Autoaggression, Erlebnisvermeidung, Panik vor. Mehr hat er nicht im Repertoire.

Besonders das limbische System ist anfällig für diese Muster, da es uns beschützen will. Es ist Türsteher und Leibwächter zugleich. Es ist der schnellste Teil unseres Gehirns, arbeitet mit reduzierten Daten, und alles, was auch nur Ähnlichkeit mit etwas Altem hat, führt zur immer gleichen Reaktion. Da das limbische System primär Gefahr oder Freude, Gut oder Schlecht kennt, versucht es, alles Erleben in dieses Schwarz-

Weiß-Muster zu drängen. Oder zu der weit verbreiteten, sehr unterkomplexen und sehr leidbringenden Denkfigur »Wenn nicht alles gut ist, muss alles schlecht sein«.

Es gibt einen schönen Satz: »Wenn dein einziges Werkzeug ein Hammer ist, sieht jedes Problem wie ein Nagel aus.« Auf das Gehirn übertragen, lässt er sich folgendermaßen umformulieren: »Wenn für dein Gehirn die einzige Reaktionsmöglichkeit/Unterscheidungsmöglichkeit Sicherheit/Freude oder Furcht/Angst/Panik/Ohnmacht ist, ordnet dein Gehirn alles, was nicht Sicherheit/Freude ist, der Furcht/Angst/Panik/Ohnmacht zu.«

In der Krise stellt das limbische System den internen Hirnschalter auf Gefahr. Gefahr bedeutet Stress. Stress bedeutet eine schnellstmögliche und vermeintlich bestmögliche Initiierung von Überlebenstricks nach einem automatisierten evolutionär fixen Plan: Es kommt zu einer Adrenalin- und Cortisolausschüttung durch die Hypophyse, das Stammhirn aktiviert eine höhere Herzfrequenz, eine schnelle Lungenatmung (und keine tiefe Bauchatmung mehr), die Schweißdrüsenaktivität wird gesteigert, Blutdruckerhöhung, Muskeltonusanspannung, Unterbrechung oder Verlangsamung der bewussten und reflexiven Großhirnaktivitäten, Zittern, Weinen, Schreien, Aggression, schnellere Pupillentätigkeit, Nervosität, Schlaflosigkeit folgen oder werden etabliert.

Das limbische System ist, wie schon erwähnt, sehr schnell, viel schneller als unser Großhirn. Dadurch folgen wir spontan immer zuerst dem Vorschlag unseres limbischen Systems.

Das limbische System und hier speziell die Amygdala, der Mandelkern, kennt bei Gefahr, Angst, Unsicherheit und

Furcht zudem lediglich drei Reaktionen: Kampf, Flucht oder Erstarrung. Die Evolution kannte ja allein die wirklich physische Existenzbedrohung. Nur für diesen Fall haben sich die Alarmsysteme des Menschen entwickelt. Und diese Reaktionen sind sehr stark, intensiv, präsent, laut, sowohl in uns deutlich spürbar als auch für unsere Umwelt deutlich sichtbar. Das war und ist auch heute wichtig, um bestmöglich in einer wirklichen Gefahrensituation zu reagieren. Der Nebeneffekt ist aber, dass uns dies über längere Zeiträume gar keinen Zugriff mehr auf unsere reflexiven Großhirn- und Cortex-Areale ermöglicht. In der Krise haben wir dadurch die innere oder neuronale Verbindung zu unserem eigentlichen Menschsein gekappt. Wir können auch sagen, wir sind aus dem Selbst-Modus (mit der komplexen Fähigkeit der Ein- und Zuordnung) in den Ich-Modus (mit der nur noch reduzierten Fähigkeit zu unmittelbarer emotionaler Reaktion) gekippt.

So gesehen gibt es unser Gehirn im Wachzustand eigentlich zweimal: einmal im Normalmodus (und voller Betriebsbereitschaft aller Gehirnareale) und einmal im Krisenmodus (mit radikal eingeschränkter Funktionstüchtigkeit der Groß- und Vorderhirnareale). Nehmen Sie diesen Gedanken bitte sehr ernst. Wir tappen sonst nur allzu leicht in die Falle unserer eigenen Krisenlösungsversuche, wenn wir glauben, es handle sich dabei um dasselbe Gehirn wie im Normalmodus, und wir könnten deshalb den Ideen und Vorschlägen unseres Krisengehirns vertrauen. Und es macht dabei keinen Unterschied, ob die Krise fünf Minuten oder fünf Monate dauert. Falls Ihnen dieser Gedanke schwerfällt, denken Sie bitte an Ihr Gehirn im Schlafzustand: Es scheint uns völlig plausibel, dass unser Gehirn völlig anders arbeitet, während wir schlafen. Genauso unterschiedlich arbeitet es während des Wachzustands im

Wechsel zwischen Normalmodus und Gefahrenmodus. Misstrauen Sie sich und Ihren inneren Stimmen bitte immer in der Krise. Wichtige Teile Ihres Gehirns sind nicht aktiv. Sie sind in der Krise nicht in Ihrem besten Selbst. Das sollten Sie aber, um bestmöglich auf die Herausforderungen der Krise reagieren zu können.

Beobachten Sie sich in der Krise: Werde ich vornehmlich wütend, aggressiv (Kampfmodus), entziehe ich mich Konflikten, agiere ich passiv-aggressiv, verlasse ich Orte, breche ich Beziehungen ab (Fluchtmodus), oder bin ich frustriert, will das Bett nicht mehr verlassen, bin hoffnungslos, traurig (Lähmung/ Erstarrungsmodus). Immer agieren wir ausschließlich in den Möglichkeiten unserer alten evolutionären Muster.

All das ist sinnvoll, wenn wir wirklich in Gefahr sind. Wenn wir auf einem Berg in den Abgrund blicken, wenn uns ein Hund angreift, wenn wir einem Auto ausweichen, wenn wir in der Wildnis auf einen Bären treffen oder eine Schlange, wenn unser Kind stolpert und wir es auffangen, wenn eine Leiter umstürzt und wir zur Seite springen, wenn wir in der Dunkelheit nicht durch den Park laufen oder vor einer Horde Betrunkener auf die andere Straßenseite wechseln.

Und all das war wichtig, um das Überleben der Menschen als Spezies über viele Jahrtausende zu sichern. Denn nur diejenigen, die vorsichtig und umsichtig waren, die sich Sorgen machten, haben überlebt. Wir sind mehrheitlich die Nachkommen von Angsthasen und Sorgenmachern. In jedem von uns sitzt ein großer Radar, der permanent nach Gefahr sucht, um uns dabei zu helfen, eine gute Überlebensstrategie anzuwenden. Bestandteile dieser Alarm- und Gefahrenanlage inklusive der entsprechenden Reaktionsmuster sind uns angeboren, manche erlernen wir sehr schnell schon nach einmaliger Erfahrung, und wieder andere erlernen wir über komplexe mehrstufige Lernprozesse, weil wir zum Beispiel mehrmals in unserem Vertrauen zu Menschen enttäuscht wurden oder in einer gewöhnlich ungefährlichen Situation plötzlich Gefahren- oder Gewalterfahrungen machen, die zukünftig diese Situation als eindeutige Alarmsituation in uns verankert.

Wir müssen dieser Angst- und Gefahrenreaktion also auch jeden Tag dankbar sein, weil sie uns beschützt und unser Überleben sichert. Und auch weil sie uns vielleicht schon einmal emotional geholfen hat, uns aus einer lieblosen Beziehung zu lösen, umzuziehen, wenn wir uns an unserem aktuellen Wohnort nicht wohlfühlten, uns beruflich neu zu orientieren, weil unsere aktuelle Tätigkeit uns psychisch krank machte. Fragwürdiger wird ihr Nutzen allerdings, wenn wir uns dabei ertappen, wie wir uns permanent Gedanken darüber machen, was andere Menschen über uns denken, über uns sprechen, wie und warum sie sich uns gegenüber so oder so verhalten, wie ihr Gesichtsausdruck zu deuten ist und so fort. In solchen Momenten sind Sie ebenfalls im Angst- und Gefahrenmodus Ihres Gehirns gefangen; und die inneren Fragen, die Ihnen Ihr Gehirn vorschlägt, enden meist in sinnlosen Grübelschleifen, die Ihr Leben mehr behindern als befördern. Und ganz sicher ist: Der Gefahrenmodus ist nicht immer der beste Reaktionszustand, um in einer Lebenskrise mittel- und langfristig bestmöglich zu agieren und bestmögliche Antworten zu finden. Denn ein Streit, eine Arbeitslosigkeit, eine Krankheitsdiagnose, mangelnde Perspektiven, Geldnot, Trennungsschmerz, die Verrentung, der Tod eines Angehörigen, Einsamkeit, eine Scheidung, der Auszug der erwachsenen Kinder, eine Jobabsage oder Kündigung, verlorenes Vermögen, eine misslungene Prüfung, Traurigkeit, Blockaden, Langeweile, Überdruss sind eben etwas anderes als akute Überlebensgefahr, auch wenn uns unser Körper und unser Gehirn vorspielt, es sei dasselbe, das Gleiche oder etwas Ähnliches.

Würde ein Gott, die Evolution oder Elon Musk heute den bestmöglichen Menschen für das Überleben in einer globalisierten, technisierten, digitalisierten, kapitalisierten Gesellschaft entwickeln, sähen wir wahrscheinlich anders aus und würden anders funktionieren. Der Heißhunger auf alles Fette und Zuckrige würde verschwinden, und der Mensch wäre idealerweise ein Vegetarier. Unsere Sensorik und Optik könnten mehr Bilder in der Sekunde verarbeiten, um besser auf schnelle Objekte reagieren zu können. Eine digitale Schnittstelle wäre sehr praktisch. Die Fähigkeit des Körpers, todbringenden Krebs oder Alzheimer zu entwickeln, würde man verhindern, und manch einem würde man wunschgemäß auch noch das ewige Leben gewähren und den Alterungsprozess der Zellen ausschalten.

Was ich Ihnen mit diesem Gedankenspiel näherbringen möchte: Der Mensch ist grundsätzlich für das Leben, das wir heute leben, nicht gemacht; und dennoch versuchen wir, maximal adaptiv klarzukommen mit all dem, was Zivilisation, Gesellschaft, Technik, Medizin, IT, Forschung in den letzten Jahrhunderten und Jahrzehnten an neuen Lebenswirklichkeiten kreiert hat. Das gilt auch und besonders für unser Gehirn und seine festgeschriebenen Reaktionsabläufe in der Krise. Würden wir heute ein »besseres« Gehirn für den Menschen des 21. Jahrhundert entwickeln, dann hätten wir einen deutlich anderen Mechanismus entwickelt oder zumindest in Ergänzung zur Verfügung als den, den ich Ihnen auf den vorangegangenen Seiten beschrieben habe:

In einer zwischenmenschlichen oder lebensbiografischen Stress- oder Angstsituation, die uns unser Gehirn signalisiert, würden wir dafür sorgen, dass der uralte Überlebensstressapparat ausgeschaltet würde oder zumindest nicht die komplette Kontrolle übernähme, und unser Groß-/Vorderhirnbereich würde aktiv bleiben, vielleicht sogar noch aktiver werden als zuvor. Weil nur dieser Gehirnteil uns hilft, sinnvolle Lösungen zu finden. Weil nur dieser zuordnen kann, dass es jetzt vielleicht ein paar Wochen oder Monate schwierig, es dann aber wieder besser wird. Weil nur dieser die Fähigkeit hat einzuordnen, dass mein Gegenüber gerade »nur« kritisch, wütend oder enttäuscht ist. Diese Kritik, Wut oder Enttäuschung für mich aber keine wirkliche existenzielle Bedrohung darstellt, auch wenn die Kritik, Wut oder Enttäuschung – und damit die Gesamtsituation, in der ich mich befinde – natürlich nicht angenehm ist.

Verstehen Sie dieses Kapitel bitte nicht falsch. Ich will Ihnen nicht Ihre Krise klein- oder schönreden. Oder sagen: »Stell dich nicht so an.« Ich will aber sehr deutlich darauf hinweisen, dass Sie sich bestmöglich dabei beobachten sollten, wie Sie auf die Krise reagieren. Und ich will Sie darauf hinweisen, dass Sie in der Krise weniger in der Kontrolle Ihrer Reaktionen sind, als Sie glauben, und uralte, evolutionäre Muster und Hirnreaktionsprogramme ablaufen, die umgekehrt die Kontrolle über Sie übernehmen.

Und ich will sehr deutlich darauf hinweisen, dass es einen wesentlichen Unterschied macht, ob Sie selbst sagen: »So bin ich halt. Ich bin diese Verzweiflung. Ich bin meine Wut. Ich bin meine Traurigkeit«, oder ob Sie sagen: »Ich verstehe, dass ein Teil von mir als Reaktion auf die Zumutungen des Lebens gerade Wut, Verzweiflung, Trauer (und damit Variationen von

Kampf, Flucht und Erstarrung) vorschlägt, um mich zu schützen. Und ich verstehe auch, dass dieser Teil ein uraltes evolutionäres Gehirnprogramm ist, das mein limbisches System initiiert. Und ich verstehe, dass ich mehr bin als dieses alte Reaktionsmuster und dass es sinnvoll ist, meine anderen Gehirnaktivitäten aktiv zu halten, um auf die aktuelle Krise die bestmöglichen Antworten zu finden. Und ich weiß auch, dass ich nicht im bestmöglichen Zustand meiner selbst bin, wenn ich meinen Ängsten und Sorgen die Kontrolle über mich überlasse. Und ich weiß, dass ich, um gute Antworten auf die Herausforderungen zu finden, im bestmöglichen Zustand meiner selbst sein sollte. Das bin ich mir und meinem Leben schuldig und auch denen, die ich liebe, und denen, die mich lieben. Und dass ich das tun kann, indem ich mich selbst beruhige, liebevoll und gut zu mir bin und meinem Groß- und Vorderhirnbereich wieder mehr Raum und Einfluss gebe.« (Eine lebenspraktische Vertiefung dieses Ansatzes finden Sie im Kapitel »Ich ist ein Anderer – und am besten immer öfter!«.)

Machen Sie also aktiv eine Unterscheidung zwischen Ihrer Reaktion und der Beobachtung und Beurteilung Ihrer Reaktion. Ich bin als Therapeut der festen Überzeugung, dass ein Bewusstsein dieser Unterscheidung Sie aktiv unterstützt, die eigene Ohnmacht und Verzweiflung in einem anderen Licht zu sehen. Ich erlebe die Kraft dieser Unterscheidung immer wieder in der klinischen Arbeit. Machen Sie einen Unterschied, indem Sie zwischen sich und Ihrem Erleben diese Differenzierung setzen und sagen können: »Ich beobachte mich dabei, wie ein Teil von mir (mein limbisches System oder mein Körpergedächtnis) mir vorschlägt, komplett in Angst, Panik, Trauer, Kontrollverlust zu gehen.« Das ist eine andere Selbstaussage und ein anderes Selbsterleben als »Ich bin nichts weiter als Angst, Panik, Trauer und Kontrollverlust«.

Wir alle konnten diese positive Unterscheidung schon erfahren: Bei kleineren Krisen haben wir nach ein paar Tagen wieder Zugang zu unseren Groß- und Vorderhirnbereichen geschaffen, wir führten Gespräche, fanden gute Lösungen, entschuldigten uns, veränderten Verhaltensweisen, variierten Reaktionen. Nach ein paar Tagen der Schlaflosigkeit konnten wir wieder schlafen, weil wir uns sagten, dass die Schlaflosigkeit jetzt die Probleme auch nicht besser machen würde. Jeder von uns hat Erfahrungen damit, wie auch unser Gehirn und unser Körper die Verwechslung bemerkt und aus dem Gefahren-/Angstmodus wieder in einen aktiveren Normalmodus zurückschaltet, auch wenn die eigentliche Herausforderung, die die Krise ausgelöst hat, weiterhin besteht. Erinnern Sie sich aktiv an dieses Erleben.

Ja, ich weiß, was Sie jetzt sagen wollen: »Diesmal ist die Krise anders. Diesmal ist sie absolut. Diesmal gibt es keine Alternative mehr. Jetzt bin ich zu alt, um noch mal eine Chance, einen Neustart zu gestalten. Dieser Schmerz ist größer als alles zuvor. Diesmal fehlt mir die Kraft. Diesmal werde ich scheitern. Diesmal wird die Krankheit siegen. Diesmal werde ich bankrottgehen. Diesmal bleibt nur noch der Abstieg.« Auch wenn ich es bezweifle, kann das natürlich so sein. Ich kenne Ihr Leben nicht. Aber ich sage Ihnen: Selbst wenn das so ist, tun Sie besser daran, wenn Sie trotzdem aus dem Gefahren-/Angstmodus Ihres Gehirns aussteigen und ausgeprägter im Normalmodus aktiv sind. Ihr Krisengehirn verstärkt die Krise nämlich nur noch und sorgt nicht für die bestmögliche Reaktion auf Ihre aktuelle Herausforderung. Geben Sie den besten Anteilen Ihres Gehirns die Kontrolle über Ihr Denken und Ihr Fühlen zurück!

Und auch wenn Sie das Buch gerade lesen und nicht in einer existenziellen Lebenskrise sind, aber in kleinen Interaktionen mit Ihren Mitmenschen immer in gleiche Rollen fallen oder die gleichen Abwehrkämpfe führen, denn eine Krise kann ja auch nur fünf Minuten dauern: Was ich Ihnen hier beschreibe, gilt auch für Kommunikation, Affektkontrolle und Streit. Vielleicht reagieren Sie auf Kritik immer mit Gegenangriff, Kommunikationsabbruch oder Verstummen. Herzlich willkommen in den klassischen Reaktionsmustern von Kampf, Flucht und Erstarren, die sich die Evolution vor vielen Hunderttausend Jahren ausgedacht hat, um Ihr Überleben zu sichern – ganz sicher jedoch nicht für die Gesprächssituation mit Ihrem Mitarbeiter, Ihrem Kollegen, Ihrem Vorgesetzten, Ihrer Frau, Ihrem Mann, Ihren Kindern, Ihrem Vater, Ihrer Mutter, Ihrer Schwester, Ihrem Bruder, Ihrem bestem Freund oder Ihrer besten Freundin.

Was ich Ihnen durch die beiden bisherigen Kapitel zentral näherbringen möchte: Seien Sie sich in einem ersten Schritt darüber im Klaren, dass Ihre inneren Reaktionen auf die gegenwärtige äußere Belastung einen hohen Grad von Krisen-Normalität haben. So reagieren Menschen. Es ist also eher ein Gradmesser dafür, dass eigentlich alles mit Ihnen in Ordnung ist, auch wenn gerade alles aus der Ordnung zu fallen droht. Erinnern Sie sich in einem zweiten Schritt bitte immer daran, dass es neben Ihrer lebensbiografischen individuellen (ontogenetischen) Prädisposition für Ihre Krisenreaktion stets auch eine stammesgeschichtlich evolutionär notwendige (phylogenetische) gibt.

Durch unser Körpergedächtnis der absoluten Hilflosigkeit in den ersten Monaten nach unserer Geburt neigen wir beständig zu Alarm oder Gefahr und glauben, dass nur das Außen uns retten kann. Durch die evolutionär notwendig zentrale Hirnfunktion, Gefahr schnellstmöglich zu erkennen und mit einem energiesparenden neurologischen Standardreaktionsplan darauf zu antworten, sehen wir leider viel zu häufig Gefahr, wo eigentlich nur Schwierigkeiten sind. Oder schalten wir zu intensiv in den Krisenmodus und verlieren uns darin, obwohl eine reflektierende, analysierende, abwägende Vorderhirnaktivität uns bessere Antworten auf die Herausforderungen geben könnte.

Hinzu kommt, dass wir Körpergedächtnis und Hirn-Gefahrenmodus nicht voneinander trennen können. Ihre Amygdala fällt auf die Reize Ihres Körpergedächtnisses herein und schaltet konsequent auf Alarm. Und gleichzeitig fällt Ihr Körper auf die neuronalen Überlebensmuster Ihrer Amygdala herein und schaltet ebenso gern und bereitwillig auf Alarm. Das sind sich selbst verstärkende Reiz-Reaktions-Netzwerke und eine Art Teufelskreis. Und Sie werden auch Forscher finden, die sagen, es gebe eigentlich gar keinen Unterschied zwischen diesen beiden Systemen, da die Interaktionen zwischen neurologischen und physiologischen Impulsen so eng miteinander verwoben seien.

Die gute Nachricht lautet: In der Erklärung und Bewusstmachung dieser Prozesse, wie in diesen Kapiteln geschehen, entsteht schon Veränderung. Entsteht ein von jetzt an stetig wachsendes Potenzial in Ihnen, sich diesen Automatismen zukünftig nicht mehr mit Haut und Haar zu unterwerfen.

Und die noch bessere Nachricht: Unser Körpergedächtnis kann sich verändern, ebenso wie unser Gehirn sich verändern kann. Was ich im Vorwort aus therapeutischer Sicht »psychologische Flexibilität« genannt habe, wird in der Hirnforschung unter dem Begriff »Neuroplastizität« oder »neuronale Plastizität« zusammengefasst. Das erforschte Wissen und die allgemeine Akzeptanz dieser Fähigkeit unseres Gehirns hat sich erst am Anfang des 21. Jahrhunderts durchgesetzt und wird als eine der großen Revolutionen des Geistes gesehen. Neuroplastizität bedeutet, dass unser Gehirn anhaltend in einem Veränderungsprozess ist und wir darauf Einfluss haben, wie sich Nervenzellen, Synapsen und ganze Hirnareale anhaltend miteinander neu oder komplexer verbinden. Dass wir neue Erfahrungsnetze anlegen können und diese uns helfen, besser durch Krisen zu gehen. Wir können positiv, beschützend, fürsorglich und beruhigend auf unser Denken und Fühlen einwirken. Wir können aus dem Selbst heraus mit unserem Hirn und unserem Körper kommunizieren und dadurch sinnvolle Veränderung bewirken. Primär dadurch, dass wir neues Verhalten zulassen und initiieren und damit gute Erfahrungen machen. Ihr Gehirn will dann als Belohnung die Wiederholung dieser guten Erfahrung.

Das braucht Begriffe, innere Bilder, physiologische und kognitiv psychologische Unterbrecher und Alternativen, und davon handeln die Kapitel sechs bis zehn dieses Buches. Das sind keine platten Überschreibungsprogramme, an deren Wirksamkeit viele in der Verhaltenstherapie noch vor ein paar Jahrzehnten glaubten, und das hat nichts mit positivem Denken, Affirmationen oder »Wünschen an das Universum« zu tun. Das sind kognitive, psychologische und physiologische Hilfestellungen, Differenzierungs- und Beruhigungsübungen, Ansteuerungen von Selbst-Zuständen, die als ersten Schritt eine Beruhigung, Fokussierung und Orientierung zum Ziel haben und Sie jetzt und zukünftig neues und besseres Verhalten, Fühlen und Denken in der Krise praktizieren lassen.

Vertrauen Sie mir. Die kommenden Kapitel werden konkrete Handlungsräume zeigen, wie Sie solche Techniken in Ihr

Leben integrieren können. Übungen, um Muster zu durchbrechen. Begriffe, Erkenntnisformate und Rituale, die Ihnen Stabilität und Zuversicht geben.

Zuvor wollen wir uns aber noch kurz mit einem weiteren Aspekt der Normalität von Krisen beschäftigen: unseren sozial-gesellschaftlichen Ist-Zuständen.

**Warum ein Leben in der Moderne immer
ein Leben in der Krise ist**
Eine zarte Zivilisationskritik und wie Sie mit dem,
was ist, trotzdem bestmöglich umgehen

Akzeptieren Sie die Krise bitte auch als gesellschaftsimmanent. Wir sind in unserer modernen Zivilisation latent immer mit einem Schritt in der Krise. Warum? Weil wir mit der Aufklärung, der Französischen Revolution, der industriellen Revolution, der mobilen Revolution, der totalen Kapitalisierung aller Lebensbereiche, der Digitalisierung eine gesellschaftliche Wirklichkeit geschaffen haben, die uns tagtäglich an und über die Grenzen unserer eigentlichen menschlichen Bestimmung und unserer Fähigkeiten beziehungsweise Möglichkeiten führt. Weil uns all die Errungenschaften dieser Epochen oder Entwicklungen nicht in die Option, sondern in die Verpflichtung geführt haben, sie anzunehmen und uns ihnen anzupassen.

In einer Welt, in der Arbeit zur zentralen Kategorie der Selbstdefinition wird, ist eine Verrentung oder eine aktuelle Arbeitslosigkeit purer Stress. In einer Welt, in der anonymes Nebeneinander zur Regel wird, ist Alltag für viele Menschen in der Erfahrung von Einsamkeit purer Stress. In einer Welt, in der mich eine Scheidung an den Rand des materiellen Ruins führen kann, ist der Blick in diesen Abgrund purer Stress. In einer Welt, in der die Sinnhaftigkeit meines Tuns nur noch selten erfahrbar ist, ist eine sinnlose, öde Arbeit purer Stress. In einer Welt, in der alles immer mehr von Geld abhängig wird, ist ein Mangel an Geld purer Stress. In einer Welt, in der ich in meinem Job nicht selbstwirksam Verbesserung, Impulse, Veränderungen initiieren kann, ist das purer Stress, der mich im schlimmsten Fall in den Burn-out treibt. In einer Welt, in der nur noch Perfektion oder oberflächliche Schönheitsideale gelten, ist die Erfahrung von Versehrtheit oder Anderssein purer Stress. In einer Welt, in der meine Fähigkeiten von vor fünf Jahren heute keinen Wert mehr haben, ist diese Erfahrung purer Stress. In einer Welt, in der das Neue, die Abwechslung, die Freiheit zum Götzen erhoben wird, ich aber das tiefe menschliche Bedürfnis nach Dauer und Vertiefung erleben möchte, ist eine Trennung, eine Veränderung purer Stress, der vielleicht auch nach Jahren nicht vergeht, da mein Leben dadurch gefühlt für immer an maßgeblicher Qualität verloren hat. In einer Welt, in der nur noch das Besondere, Einzigartige, das Individuelle zählt und verwertbar ist, ist es purer Stress festzustellen, dass man gar nicht so einzigartig, talentiert oder besonders ist, sondern einfach nur durchschnittlich und berechenbar. Hinzu kommt: Ihre Durchschnittlichkeit ist immer nur einen Mausklick entfernt, da Sie im Internet innerhalb weniger Sekunden all die Menschen finden, die talentierter, reicher, schöner und erfolgreicher sind als Sie. Oder nehmen Sie unser Lebensalter: Allein die Unendlichkeit unserer mittlerweile durchschnittlich über achtzigjährigen Existenz in Europa stellt uns lebensbiografisch vor enorme Probleme, die die meisten Generationen vor uns nicht hatten. Wir können mit vierzig viele unserer äußeren Ziele wie Beruf, Vermögen, Bindung, Reisen erreicht haben und uns dann weitere vierzig Jahre langweilen, weil wir nicht wissen, was uns in diesem Leben noch wichtig ist. Das klingt nicht verlockend und ist purer Stress.

Und beachten Sie bitte: Stress und Krise sind nicht gleichzusetzen mit Belastung an sich. Es gibt viele Belastungen, die wir als angenehm empfinden, auf die wir uns freuen, da wir am Ende der Belastung ein Ergebnis, einen Lohn, eine Veränderung sehen, da wir uns vielleicht auch die Belastung selbst gewählt haben, um etwas Neues, anderes zu erreichen. Stress und Krise sind eine Belastung, die wir uns nicht gewünscht haben. Die kein positives Ziel hat, außer daran nicht zu zerbrechen. Mit der ich nicht umgehen kann, für die ich keine Strategie habe, die mich zu überfordern droht, der ich hilflos ausgesetzt scheine. Ich also keine inneren Ressourcen habe, um darauf zu reagieren.

Oder schauen Sie auf diese unvollständige Sammlung von Überzeugungssätzen, mit denen wir seit Jahrzehnten gequält werden, und ergänzen Sie diese bitte gern: Geld macht glücklich. Geld ist wichtig. Erfolg ist alles. Ein neues Produkt macht dich glücklich. Du musst mobil und flexibel sein. Leistung lohnt sich. Wenn es dich überfordert, musst du stärker werden. Freiheit ist das größte Glück der Menschheit. Das Leben ist zu lange, um immer nur das Gleiche zu tun. Ohne Risiko keine Chance auf Gewinn. Chancen muss man kreieren, ergreifen, nutzen. Stillstand ist Rückschritt. Nicht kritisiert ist Lob genug. Du bist der Erschaffer deiner Welt. Mach dich frei von der Vergangenheit und beginne heute mit dem Rest deines Lebens. Nutze den Tag. Du musst immer positiv denken. Du musst dich zuerst selbst lieben. Du musst glücklich sein. Dein Job muss dich glücklich machen. Ein Job muss Spaß machen. Glück kann man lernen. Erfolg ist planbar. Du darfst hinfallen, aber nicht liegen bleiben. Schau immer nach vorn. Leb nur im

Hier und Jetzt. Freiheit ist ein Geschenk. Veränderungen sind notwendig. Allein sein können ist Ausdruck von Autonomie und Stärke. Krise ist Ausdruck von Schwäche. Irgendwann muss man sich auch wieder einkriegen. Stell dich nicht so an, das haben schon andere überstanden. – Hinter diesen Sätzen steckt pure Ideologie, viel kapitalistisches Interesse und eine menschenverachtende Logik. Denn wer sich nicht in diesen Sätzen wiederfinde, sei schwach, dumm oder nicht bereit, Verantwortung für sich zu übernehmen, und habe kein Recht, sich zu beschweren.

Über Jahrzehnte hinweg glaubten viele psychotherapeutische Schulen, Menschen helfen zu können oder helfen zu müssen, indem sie ihren Klienten halfen, stärker, individualistischer, egoistischer, selbstzufriedener zu sein. Heute gehen Forschung und Therapie einen anderen Weg, da wir anders auf den Mensch und seine Bedürfnisse schauen. Entsprechend muss Ziel und Sinn einer therapeutischen Begleitung in der Krise auch sein, die Normalität der Krise zu betonen, die durch den gesellschaftlichen Ist-Zustand und die Behauptung kultureller Notwendigkeit oder sozialer Maßstäbe beschleunigt wird.

Machen Sie auch eine klare Unterscheidung zwischen zum Beispiel der Resilienzforschung und der Bindungs-, Einsamkeits- oder Burn-out-Forschung. Die Resilienzforschung möchte Sie stärken. Das ist gut. Auch mein Ansinnen in diesem Buch ist es ja, Sie in der Krise zu unterstützen und einen bestmöglichen Weg durch diese Phase zu zeigen, sodass Sie zwei Dinge gleichzeitig tun: lernen, in der Krise besser klarzukommen, und bestmöglich dafür zu sorgen, aus der Krise herauszufinden.

Vergessen Sie dabei aber nie, was Burn-out-, Bindungs- und Einsamkeitsforschung immer klarer herausarbeiten: dass die Bedingungen, unter denen wir im 21. Jahrhundert auch in Friedenszeiten, mit Supermärkten, einer Heizung, einer Arbeitslosenversicherung, einer Krankenversicherung leben, mentalitätsgeschichtlich dunkle Zeiten sind, weil sie einen Angriff auf unsere Psyche und die Grundbedürfnisse des Menschen darstellen wie selten eine Zeit zuvor.

Mag sein, dass die Menschen in Europa im Jahr 1580 oder 1720 deutlich früher starben, mehr körperliche Schmerzen und Unbill ertragen mussten – psychisch waren sie besser aufgestellt, da es ein ausgeprägtes soziales Leben, familiäre, verwandtschaftliche Netzwerke, Zugehörigkeiten, Routinen, Klarheiten, Begrenzungen, Sicherheiten, Naturerfahrungen, Eindeutigkeiten gab, die heute nicht mehr existieren und die der menschlichen Natur und der menschlichen Psyche guttaten. Und wenn es nur der untrügliche Glaube an ein arbeitsfreies und sorgenfreies Paradies im Jenseits war.

Und: Wir dürfen das Bedürfnis der Menschen nach Freiheit und Selbstgestaltung nicht mit ihrer Fähigkeit verwechseln, diese Freiheit auch auszuhalten oder die Selbstgestaltung erfolgreich durchzuführen. Wir bezahlen für diese Freiheit einen Preis. Ich will diese Freiheit nicht missen. Ich will nur darauf hinweisen, dass das menschheitsgeschichtlich ein Novum ist, ein Experiment, dem wir uns so erst seit ein paar wenigen Hundert Jahren verschrieben haben. Da mit dieser inneren Verantwortung, seine Freiheit zu nutzen, auch die Freiheit des Scheiterns verbunden ist, ist es kein Zufall, dass dadurch die psychische Belastung für jeden von uns enorm zugenommen hat.

Was ich Ihnen in diesem Kapitel näherbringen möchte: Es gibt objektive gesellschaftliche Gründe für das Erleben von Krisen. Weil der Mensch nicht dafür gemacht ist, anhaltend in Unsicherheit, Wirkungslosigkeit, Einsamkeit, Unsicherheit, Sinnlosigkeit, Unverbundenheit zu leben. Viele Menschen aber anhaltend genau so leben und unser Gesellschaftssystem dies permanent vorantreibt. So finden sich also auch im Blick nach außen, in die sozialen Systeme, in den sozialen Raum, in unsere Kultur und Gesellschaft genug Gründe, warum die Krise einen hohen Grad von Normalität hat. Die Krise ist die folgerichtige Reaktion darauf, dass wir ein Leben leben, für das wir ursprünglich nicht gemacht worden sind.

Weil wir in einer sicheren Gemeinschaft leben wollen, weil wir einer sinnvollen Tätigkeit nachgehen wollen, weil wir eine Vorstellung einer sicheren Zukunft haben wollen, weil wir in tiefen Bindungen mit Liebespartnern, Freunden oder Familienmitgliedern stehen wollen, weil wir innerhalb einer Gemeinschaft gehört, anerkannt, respektiert und gesehen werden wollen, weil wir etwas beitragen wollen, weil wir auch in der Selbstbestimmtheit und Entwicklung spüren wollen, weil wir mit der Natur in Verbindung sein wollen, weil wir einer Ethik und sinnvollen Werten verbunden sein wollen, nach denen wir auch täglich leben können, weil wir Selbstwirksamkeit spüren wollen und nicht Ohnmacht. Und weil all das in unserer Gesellschaft kaum noch möglich ist oder permanent in Gefahr ist, kann auch ein stabiles Selbst durch solche Lebenserfahrungen zu einem instabilen Selbst werden. Nicht mit uns stimmt etwas nicht, sondern mit der Gesellschaft, in der wir leben. Vielleicht beruhigt Sie ja diese Erkenntnis ein wenig.

Natürlich gibt es Menschen in Ihrem Umfeld, die mit den Herausforderungen der Moderne gut umgehen. Die ohne Partner, ohne Familie, ohne Gespräch, ohne Ersparnisse, ohne festen Arbeitsplatz, ohne Erfüllung am Arbeitsplatz, ohne die Vorstellung einer Sinnhaftigkeit gut im Hier und Jetzt leben. Dies liegt jedoch nicht daran, dass diese Menschen bessere Strategien haben, um mit diesem Mangel umgehen zu können, sondern primär daran, dass diese Menschen diesen Mangel gar nicht wahrnehmen, da sie das Bedürfnis, in solchen Zusammenhängen zu leben, nicht haben. Und natürlich gibt es auch Menschen, die ein höheres Interesse an neuen Impulsen, an Abwechslung oder an oberflächlichen Begegnungen in ihrem Leben haben, als in bestehenden Strukturen Tiefe zu erleben oder anzusteuern, und denen eine Trennung, ein Umzug, eine Veränderung, die Verrentung deshalb leichtfallen.

In die Falle tappen Sie, wenn Sie diese Menschen als Vorbild nehmen und glauben, es gäbe Techniken und Tricks, die Ihnen helfen, ebenfalls glücklich und zufrieden zu sein, auch wenn Sie gerade über die Perspektivlosigkeit Ihrer Existenz, der Trauer eines Verlustes oder den Mangel an Liebe oder Freundschaft verzweifeln. Diese Tricks gibt es nicht. Was es gibt, sind Techniken und Strukturen, die Ihnen helfen, mit dieser Sehnsucht, mit dem krisenhaften Erleben der Nichterfüllung, besser und stabiler umzugehen. Achten Sie bitte immer genau auf diese Unterscheidung.

Und zu Ihrer Beruhigung: Die allermeisten Menschen sehnen sich nach Ankunft, Heimat, Bindung, Hafen, Verlässlichkeit, Sicherheit, Austausch, Sinn und Verbindlichkeit. Wir sind nämlich nicht nur die Nachkommen von Angsthasen (weil wie gesagt nur diese vorsichtig genug waren, um vor 40 000 Jahren sich selbst und ihren Nachkommen das Überleben zu sichern), wir sind auch primär die Nachkommen derjenigen, die ein ausgeprägtes Bedürfnis nach Kooperation und sozialer Interaktion haben (weil der Mensch über Zehntausende von Jahren nur in der Gruppe und im Miteinander überleben konnte). Daran ist nichts falsch, daran ist alles richtig. Die gesellschaftlichen Verhältnisse allerdings machen es schwer, solche Ziele dauerhaft zu leben. Dessen müssen wir uns bewusst sein.

Für viele von uns besteht deshalb das Leben als Erwachsener aus einer Abfolge von Krisenerfahrungen, Krisenmanagement und Krisenstrategien. Falls wir Glück hatten, bestand unser Leben bis zum Ende unserer Schulzeit aus einem festen Familienverbund, positiven Routinen, Sicherheit und Aufgehobensein. Falls es weniger gut lief, erlebten wir auch schon in unserer Kindheit Unsicherheit, das Gefühl von Wertlosigkeit, Gewalt, Verlust, die Trennung der Eltern oder den Tod eines Elternteils. In den Jahrzehnten des Erwachsenenlebens gibt es dann aber für die Mehrheit von uns ein wiederkehrendes Nacheinander von Anfängen, Scheitern, Entscheidungen, Fehlentscheidungen, Versuchen, Enden, Neubeginnen und so fort. Diese Kreisläufe sind purer Stress für alle Menschen. Oftmals geraten sie dadurch in jahrelange Stressroutinen, die irgendwann in eine Lebenskrise, in Hoffnungs-, Perspektivlosigkeit, Zusammenbruch münden und vielleicht aus der isolierten Betrachtung der aktuellen Belastung kaum erklärlich, nur mit dem Blick auf jahrelangen Dauerstress verständlich sind. Deshalb kollabieren Menschen vier Jahre nach ihrer Scheidung, komme ich mit zwei Phasen der Arbeitslosigkeit klar, mit der dritten aber nicht mehr, beginnt für viele junge Mütter oder Väter die Krise ihres Daseins, wenn die Kinder aus dem Gröbsten raus sind, haben Arbeitnehmer einen Zusammenbruch oder eine Sinnkrise im Urlaub oder nach der Pensionierung.

All das weiß die medizinische Forschung im Bereich der sozialen Gesundheit heute und kommt deshalb auch zu dem Schluss, dass sozialer und gesellschaftlicher Stress unserer psychischen und physischen Gesundheit mehr zusetzt als Rauchen oder Alkohol. Besonders soziale Isolation gilt als einer der relevantesten Krankmacher unserer Zeit, und umgekehrt sorgen intensive positive soziale Beziehungen und die Erfahrung von Selbstwirksamkeit für mentale Gesundheit.

Aus der Schmerzforschung wissen wir zudem seit einigen Jahren, dass das Gehirn keinen Unterschied macht zwischen psychischem und physischem Schmerz, denn das Schmerzzentrum im Hirn für sozialen oder körperlichen Schmerz ist dasselbe. Ein Schlag auf den Brustkorb oder mangelnde Sozialkontakte sorgen für dasselbe innere Schmerzerleben – mit dem Unterschied, dass der physische Schlag im Schmerzempfinden bald wieder vergeht, während der psychische Schlag im Schmerzerleben eine deutlich längere Verweildauer hat.

Wir sind verletzliche, schwache Wesen, wir sind von Natur aus vorsichtig, kooperativ und verletzbar, kein Wunder also, dass viele von uns in der Summe der Zumutungen des Lebens an die Grenzen ihrer Belastbarkeit oder immer wieder darüber hinaus geraten und Phasen der Krise, der Trauer, der Überforderung erleben.

Nicht zuletzt auch deshalb, weil die gesellschaftlichen Großerzählungen der vergangenen zwanzig Jahre aus dem Erleben eines Hoffnungs- oder Zukunftsüberschusses (wie in den Sechziger- und Siebzigerjahren des letzten Jahrhunderts oder in den Jahren nach dem Ende des Kalten Krieges) heute einem gesellschaftlichen Erleben im Angst-, Krisen- oder Sorgenüberschuss gewichen ist. Wir haben aktuell keine konkrete Vorstellung einer besseren Zukunft zur Hand. Nicht nur der

Einzelne fühlt sich überfordert, sondern auch die Gesellschaft in Summe. Ihre Repräsentanten, Eliten, Funktionsträger finden kein überzeugendes und anschlussfähiges Narrativ mehr, um einander und uns eine attraktive, erstrebenswerte Zukunft zu entwerfen. Aktuelle gesellschaftliche Herausforderungen gelten dem Ziel, unsere bisherige Lebensform beizubehalten (auch wenn wir wissen, dass diese eigentlich das Problem erst hervorgebracht hat). Wir kämpfen somit seit einigen Jahrzehnten darum, etwas Altes zu erhalten, und nicht darum, etwas Neues zu gestalten. Diesen Umstand erleben wir als gesellschaftliche Krise. Nicht als gesellschaftliche Belastung (die gibt es immer), denn hier gilt analog, was ich Ihnen vor einigen Seiten schon über das Individuum erzählt habe: Krise und Belastung sind unterschiedliche Dinge. Eine Belastung lässt sich nicht vermeiden. Zur Krise wird etwas, wenn wir daran kein positives Ziel knüpfen, keine Idee eines besseren Lebens, einer besseren Welt, einer besseren, lebenswerteren Zukunft.

Bei diesen kurzen Ausführungen will ich es belassen. Ich wollte mit diesen Zeilen nur Ihre Sinne schärfen und Sie einladen zu akzeptieren, dass ein Krisenerleben natürlich auch durch den gesellschaftlichen Ist-Zustand erzeugt wird.

Nehmen Sie zentral aus den vergangenen drei Kapiteln bitte Folgendes mit:

Wir haben
1. eine innerliche Disposition für die Krise durch unser Körpergedächtnis, das uns tendenziell vorspielt, dass wir weiterhin klein und hilflos sind und Rettung nur durch ein Außen erfolgen kann. Und wir besitzen genau diese Inhalte des Körpergedächtnisses, weil wir Hilflosigkeit und Überforde-

rung in den ersten Jahren nach unserer Geburt auch wirklich erfahren haben.
2. eine innerliche Disposition für die Krise durch die spezifische – in der Gegenwart nicht mehr ideale – Funktionalität unseres Gehirns, das darauf geschult ist, alles Erleben auf Gefahr zu überprüfen, im Zweifelsfall sich für Gefahr zu entscheiden und dann auf einen Gefahrenmodus umzuschalten, der uns nicht mehr in unserem bestmöglichen Selbst agieren lässt.
3. eine äußere Disposition für Krise, da wir in einem gesellschaftlichen Jetzt leben, in dem, obwohl wir in Europa im Frieden leben, die Summe der sozialen Einsamkeits-, Unsicherheits-, Überforderungs-, Scheiterns- oder Verlusterfahrungen deutlich das Leben prägen und belasten.

Wir sind auf diese vielfältige Weise krisensensible und krisenaffine Individuen in einer krisenfrustrierten Gesellschaft. Das sind leider sich gegenseitig verstärkende Faktoren und Effekte. Kein Wunder also, dass die kommende Krise schon immer an der nächsten Ecke lauert.

Wieso? Weshalb? Warum?
Wer nicht fühlt, bleibt dumm?
Warum Sie Ihre Gefühle und Gedanken wahnsinnig ernst nehmen sollten und gleichzeitig ignorieren können

In Ergänzung zu den vorangegangenen drei Kapiteln bezüglich Ihrer Geburt, der Neurowissenschaft und den herausfordernden Bedingungen eines Lebens in der Moderne will ich in diesem kurzen Abschnitt noch einmal einen konzentrierten Blick auf Gedanken und Gefühle und deren Funktion werfen. Einige der Ausführungen schimmerten in den vorhergehenden Seiten an der ein oder anderen Stelle schon einmal durch. Sie können dann entscheiden, ob alle vier Erzählungen oder nur eine Erzählung für Sie hilfreich ist. Ich arbeite am liebsten mit allen vier Variationen gemeinsam.

In therapeutischen Schulen und in der Forschung wird oft eine Unterscheidung zwischen Emotionen, Gefühlen und Gedanken vorgenommen. Emotionen gelten als unmittelbare Basisreaktionen wie Ärger, Freude, Angst, Wut. Gefühle dann als die Zuordnung dieser Emotionen durch Gedanken an eine positive oder negative innere Bewertung, die von Mensch zu Mensch variiert. Andere unterscheiden zwischen Primärgefühlen (Emotionen) und Sekundärgefühlen (Gefühle), wieder andere zwischen echten und unechten Gefühlen. Dann gibt es eine Auseinandersetzung darüber, ob Gefühle nicht primär Ausdruck von Körperzuständen und körperlicher Vorgänge seien oder umgekehrt Gefühle erst körperliche Vorgänge auslösen. Und man führt eine anhaltende Debatte darüber, ob es einen Unterschied zwischen Denken und Fühlen gibt, und wenn, ob das Denken das Fühlen prägt oder das Fühlen das Denken. Ob der Gedanke zum Gefühl wird oder das Gefühl zum Gedanken.

Sie merken: Das ist komplex, und ganze Forscherleben, ganze Bibliotheken voller Aufsätze haben sich der Frage und Definition einer klaren Unterscheidung gewidmet. Allerdings bis heute ohne eine präzise, verlässliche und breit akzeptierte Antwort gefunden zu haben. Ich will in diesem Buch einen ganz pragmatischen Weg wählen: Ich nenne all das »Gefühle und Gedanken« und unterscheide Gefühle und Gedanken nicht rigoros voneinander. Unterscheiden Sie diese aber unbedingt von Ihren Handlungen. Ihr Leben wird dadurch sofort viel einfacher und besser.

Wir haben uns in wenigen Jahrzehnten von einer Gesellschaft, die Gefühle ausgrenzt, zu einer Gesellschaft der entgrenzten Gefühle gewandelt. Sind obsessiv mit unseren Gedanken und Gefühlen beschäftigt und glauben, auch in negativen Gedanken und Gefühlen läge eine tiefe, echte Wahrhaftigkeit, eine unmittelbare Authentizität, die die unbewusste Wahrheit unseres Selbst, unseres Ichs zum Vorschein bringen würde. Wir tun so, als seien auch unsere negativen Gefühle und Gedanken die klügsten und besten inneren Berater, die wir hätten, als müssten wir genau und jederzeit diesen Gedanken und Gefühlen folgen, sie aussprechen und ihnen vertrauen. Und deshalb Handlungen initiieren, die das Verschwinden dieser negativen Gedanken und Gefühle fördern.

Und natürlich gilt all das, was ich hier gerade ausführe, nicht für die positiven Gefühle und Gedanken. Wenn Sie in der Freude sind: Suhlen Sie sich bitte in der Freude, im Augenblick, in der Erfüllung. Positive Gefühle und Gedanken dienen dem Erleben und dem Verschmelzen mit dem guten Augenblick. Negative und belastende Gedanken und Gefühle in der Krise und die daraus resultierenden Handlungsideen dienen aber primär der unmittelbaren Bedürfnis- und Schmerzregulation. Wenn Sie Hunger haben, wollen Sie essen. Wenn Sie Durst haben, wollen Sie trinken. Ist Ihnen zu kalt, wollen Sie sich wärmen. Ist Ihnen zu warm, sehnen Sie sich nach einer Erfrischung. Wenn Sie traurig sind, wollen Sie weinen oder fröhlich sein. Wenn Sie sich allein fühlen, wollen Sie in Gemeinschaft sein. Wenn Sie sich ohnmächtig fühlen, wollen Sie handlungsmächtig sein. Daran ist erst einmal nichts falsch.

Ein einfaches Modell, mit dem sehr viele Therapeuten arbeiten, enthält nur die Gefühle Angst, Wut, Trauer, Scham und Freude. Hinter Angst und Scham zeigen sich dann noch so typische Krisengefühle wie Niedergeschlagenheit, Sorge, Hoffnungslosigkeit, Unsicherheit, Stress, Ohnmacht. Wut ist gern eine kaschierte Angst oder überlagerte Trauer. Hinter Trauer steht oftmals Einsamkeit oder Schuld. Bei Trauer geht es immer um Abschied. Nehmen Sie die Trauer ernst, weil wir bewusst Abschied nehmen müssen, um zuversichtlich an der Gegenwart und Zukunft teilhaben zu können. Ohne Trauer gelingt kein Neubeginn. Manchmal brauchen wir aber auch Wut, um einen Weg zurück ins Leben zu finden.

Entsprechend hat jedes Gefühl immer zutiefst menschliche Züge und eine pragmatische Funktionalität. In unseren Gefühlen zeigen wir uns in unserer tiefsten Menschlichkeit. Wir wollen Teil von etwas sein, wir wollen Sicherheit, wir wollen Verbundenheit. Ein Gefühl kann uns dann helfen, einen guten Weg zu finden. Eine anhaltende Trauer oder nicht enden wollende Wut hingegen hilft Ihnen nicht bei der Überwindung einer Krise. Aus dem unmittelbar hilfreichen Schmerz des Gefühls, das uns hilft, etwas Altes zu beenden, wird dann ein latentes Gefühl, das uns daran hindert, uns wieder handlungsfähig und zukunftshungrig zu erleben. Im Kapitel »Eine Art Vokabeltest« werden Sie viele Begriffe und Unterscheidungen kennenlernen, die Sie dabei unterstützen, aus der Agonie und Lähmung wieder in die Handlung zu kommen.

Erlauben Sie Ihren Gedanken und Gefühlen gern weiterhin, in die unmittelbare augenblickliche Regulation Ihrer negativen und belastenden Emotionen gehen zu wollen. Sie dürfen und sollten Ihre Gedanken und Gefühle ernst nehmen, wenn damit gemeint ist, dass Sie diesen Gedanken und Gefühlen zugestehen, dass diese Ihnen helfen wollen. Aus der Perspektive der Gedanken und Gefühle sind Angst, Sorge, Lähmung, Trauer, Unsicherheit, Enttäuschung, Wut eine kluge und die bestmögliche Reaktion auf ein unerfülltes Bedürfnis im Außen. Bedenken Sie dabei aber immer, dass die unmittelbare Regulation Ihrer Krisen-Emotionen und Krisen-Gedanken nicht immer die besten Antworten auf die Herausforderungen der Krise sind, und lernen Sie diese wesentliche Unterscheidung (siehe vertiefend hierzu besonders das Kapitel »Ich ist ein Feigling – aber nicht mehr lange!«). Und entsprechend nehmen Sie Ihre Gedanken und Gefühle bitte einerseits ernst und ignorieren Sie gleichzeitig bestmöglich.

Akzeptieren Sie, dass diese Gefühle und Gedanken einfach da sind, weil es im Körpergedächtnis, in unseren neuronalen Mustern, in psychischen wie physischen Strukturen gute Gründe gab, diese in uns zu verankern. In einer Krise jedoch verstärken diese Gefühle und Gedanken nur die Krise und sorgen nicht für Veränderung und Wachstum. Ja verhindern sogar Veränderung und Wachstum auch noch aktiv.

Lernen Sie in Begleitung Ihrer negativen Gefühle und Gedanken trotzdem, positiv zu handeln, sich für die richtigen Dinge in Ihrem Leben zu engagieren. Geben Sie diesen Gefühlen nicht die Macht über Ihr Leben, nicht die Macht darüber, Sie davon abzuhalten, die richtigen und wichtigen Handlungen auszuführen, die im Einklang mit Ihren Werten stehen und die Sie Ihren Zielen näherbringen. Lernen Sie, die negativen Gefühle weiterhin zuzulassen und trotzdem positiv zu handeln. Sie können fühlen, was Sie wollen, Ihre Gedanken und Gefühle zwingen Sie zu nichts, und Ihre Gedanken und Gefühle ändern spontan nichts an den Fakten, nichts an Ihrer gegenwärtigen Realität, nichts an Ihrer Krise, nichts an Ihrer Herausforderung. Fühlen ist normal, lassen Sie sich Ihre Gefühle nicht ausreden, aber lassen Sie Ihre Gefühle nicht allein über Ihr Leben bestimmen.

Natürlich sind die negativen Gefühle und Gedanken wie Angst, Sorge, Vorsicht, Zurückhaltung sinnvoll, wenn wir in einer wirklichen äußeren Gefahrensituation sind. Ich hatte Ihnen dies ja schon ausgiebig im Gehirnkapitel erläutert. All das ist jedoch nicht hilfreich, wenn wir uns in einer Lebenskrise befinden, da wir durch Angst und Nichtstun die Krise nur noch verstärken. Ein Schritt aus unserer Gefühlsobsession, aus unserer Gefühlsverschmelzung ist damit auch immer ein Schritt aus der Krise.

Was nicht funktioniert, ist, sich vorzunehmen, dass wir unsere Gedanken und Gefühle kontrollieren könnten. Dass es unser Ziel sein sollte, die negativen Gedanken und Gefühle nicht mehr zu haben. Falls das Ihr Ziel ist: Viel Vergnügen bei dieser nicht enden wollenden, ungemütlichen, nervenden Aufgabe. Das geht nicht. Warum nicht? Weil Ihr Gehirn, Ihr Körpergedächtnis, Ihre Angst- und Sorgensysteme immer stärker sind als Sie. Weil Sie gegen ein 300 000 Jahre altes evolutionäres Alarmprogramm keine Chance haben. Was aber klappt, ist, die negativen Gedanken und Gefühle nicht mehr so ernst zu nehmen. Sie können ihnen danken, denn diese Gedanken und Gefühle wollen Sie ja beschützen. Und Sie können trotz der negativen Gedanken und Gefühle sinnvolle, positive Handlungen initiieren, die Sie aus der Krise herausführen, die Sie mit Ihren Werten verbinden und Ihren Zielen näherbringen. Alle folgenden Kapitel dieses Buches dienen genau dieser Lebenspraxis, die eine Krisenbewältigungspraxis ist.

Wenn Sie also schon Ihre Emotionen, Gefühle und Gedanken nicht kontrollieren können, können Sie immer noch Ihre Handlungen kontrollieren. Fokussieren Sie sich nicht darauf, Ihre Emotionen, Gedanken und Gefühle in den Griff zu bekommen, das wird nicht klappen, sondern konzentrieren Sie sich vielmehr darauf, Ihre Handlungen zu kontrollieren, sie zu variieren – damit werden Sie mehr Erfolg haben.

Denken Sie am Ende dieses Kapitel bitte über folgende sehr wichtige Frage nach: »Bin ich authentischer, wenn ich meinen negativen Gefühlen und Gedanken folge und hingebe, oder bin ich authentischer, wenn ich meinen Zielen und Werte folge?«

Auch wenn Sie aktuell vielleicht Ihre Ziele und Werte noch nicht gut genug kennen oder voneinander unterscheiden können, vertrauen Sie mir: Die einzelnen Begrifflichkeiten werden im Laufe des Buches intensiv erklärt und differenziert, und Sie werden am Ende der Lektüre von *Das Leben ist einfach, wenn du verstehst, warum es so schwierig ist* eine verlässliche Antwort auf diese Frage haben und konkrete Handlungen und Aktivitäten an der Hand haben, die Sie aus der Krise führen.

Warnung: Die weitere Lektüre dieses Buches soll Ihr Leben verändern!
Ein Weckruf – denn das Leben wartet nicht, und diese Krise ist keine Chance, sondern Verpflichtung

Kein Menschenleben wird ohne Krisenerfahrung gelebt, und kein Menschenleben ist ohne Krisenerfahrung lebenswert. Wir benötigen die Krise, um zu wachsen, uns zu verändern, innerlich wie auch äußerlich. Und erst dieses Wachstum lässt uns rückblickend das eigene Leben als gelungen empfinden.

Die Kunst des Lebens besteht nicht darin, keine Fehler zu machen oder Fehler zu vermeiden, sondern darin, die Fehler und die Niederlagen so zu verarbeiten und in das eigene Leben zu integrieren, dass wieder ein Dasein in Zuversicht, Freude und Sinnhaftigkeit möglich ist.

Es gibt kein Plateau, nicht den Ort der Sicherheit, ein einmal Erreichtes, von dem aus alles Zukünftige gelingen würde. Das Leben ist zu jeder Zeit gefährdet und unsicher. Es ist nie zu spät, sein Leben in die Krise zu steuern. Gewöhnen Sie sich an diesen Gedanken. Je schneller, desto besser.

Falls es Menschen gelingt, ohne Rückschläge, ohne Krisen durch ihr Leben zu steuern, so ist dies primär Glück und Zufall und nicht Verdienst oder Konsequenz irgendeiner geheimen Erfolgsformel.

Ich beneide solche Menschen nicht, denn ein inneres Wachstum ist dadurch weder nötig noch möglich. Wahre Schönheit des Lebens entsteht durch innere Veränderung, innere Sturmreife, innere Flexibilität und Reife, durch das Wissen, eine Krise durch innere Arbeit gemeistert und überwunden zu haben.

Wenn ich in den vergangenen Kapiteln also von der Normalität der Krise sprach, bedeutet dies nicht, dass Sie sich resignativ der Krise hingeben sollen. Das Erkennen der Normalität soll vielmehr zu Anerkennung und Akzeptanz führen, die Krise als etwas Regelhaftes zu sehen. Ihre Fragenkaskaden »Warum ich? Warum mir? Warum jetzt?« sollten dadurch stiller werden.

So normal die Krise ist, ist diese Erkenntnis eben genau kein Grund, in der Krise zu verharren, sich der Krise hinzugeben. Vielmehr entsteht aus dieser Erkenntnis die umgekehrte Verpflichtung, die Krise zu überwinden, aus ihr Veränderung zu pressen und zu schöpfen, zu wachsen, Neues zu lernen, danach zu handeln und in das Leben zu integrieren

Normalität heißt deshalb, dass wir eine Verpflichtung haben, auf die Krise zu reagieren. Die Krise spricht zu uns und sagt: »So kann es nicht weitergehen. Du musst dein Leben ändern. Du musst dein Denken ändern. Du musst dein Handeln ändern.« Und die Krise stellt Fragen: »Wie soll, wie kann es weitergehen?« Das Leben fragt, und wir haben die Verpflichtung, Antworten zu finden. Die Krise ist keine Chance, sondern Verpflichtung zum Wachstum und zur Veränderung.

Nur durch Wachstum, durch gelebte Veränderung, findet die Krise ein Ende, nur so überwinden wir die aktuelle Situation, nur so finden wir wieder in die Zuversicht, in die Lebendigkeit, in die Freude, ja generell ins Leben. Und halten Sie sich dabei die von mir immer wieder erwähnten wesentlichen aktuellen Erkenntnisse unterschiedlichster wissenschaftlicher Disziplinen vor Augen: Diese Veränderung ist möglich, weil unser ganzer Organismus, unser Gehirn, unsere Persönlichkeit, unser Denken und Fühlen, unser Stoffwechsel für die Veränderung, für das Wachstum gemacht ist. Das ist die zentrale wissenschaftliche Erkenntnisrevolution der Persönlichkeitsforschung der letzten beiden Jahrzehnte. Verpassen Sie diese Chance nicht!

Verwechseln Sie deshalb Normalität nicht mit Resignation. In der Akzeptanz der Normalität liegt die Kraft, deutlicher in die Veränderung zu kommen, weil diese Akzeptanz uns mit der Wahrheit der menschlichen Existenz, mit der Wahrheit allen Lebens in höherer Ruhe und Gelassenheit vertraut macht.

Erst die Akzeptanz der Normalität der Krise lässt unsere inneren Paniksysteme, unsere innere Alarmbereitschaft, unsere inneren Gefühlsmonster zur Ruhe kommen. Und erst in dieser höheren Ruhe und Gelassenheit sind wir wieder in der Lage, uns unserer reflexiven, variablen Menschlichkeit zu bedienen, und nur in diesem inneren Zustand sind innere und dadurch äußere Veränderungen möglich. Und genau diese Veränderungen sind nötig, um die Krise hinter uns zu lassen.

Die Krise sagt: »Deine bisherigen Strategien des Lebens waren nicht erfolgreich. Schlimmer noch: Deine bisherigen Strategien und Reaktionen, dein bisheriger Umgang mit den Herausforderungen des Lebens haben dich genau in diese Krise geführt, in der du jetzt bist. Es ist deshalb deine erste und wichtigste Selbstverpflichtung, dich von deinen bisherigen Strategien, Überzeugungen, Ideen, Gedanken, Gefühlen und Handlungen zu verabschieden, die du so schlafwandlerisch beherrschst, und Neues, Konträres und anderes in dein Leben zu integrieren, zu wachsen, dich zu verändern und die Krise hinter dir zu lassen.«

Deshalb ist die Krise in einem ersten Schritt Stoppsignal und Unterbrechung. Die Krise ist Irritation und Überraschung. Die Krise ist Signal und Störung. Die Krise sagt: »Du musst dein Leben ändern und du musst dein Ändern leben.«

Die Gegenwart der Krise ist nichts als der Übergang in eine ungewisse Zukunft, die wir gerade deshalb mutig gestalten müssen. Und das tun Sie besser heute als morgen, denn das Leben wartet nicht, es geht einfach weiter und im schlimmsten Fall vorüber, ohne dass Sie die notwendigen und wichtigen Veränderungen initiiert haben. Das wollen wir verhindern.

Am Ende geht es immer ums Beginnen und ums Verändern. Und genau davon handeln die weiteren Kapitel dieses Buches.

FAIL WE MAY, SAIL WE MUST!

Wie Sie Ihre Ohnmacht und Hilflosigkeit austricksen, indem Sie Geschirr spülen und Ihre Bücher nach Farben sortieren
Ein paar hilfreiche Verhaltensempfehlungen, die nicht im Zentrum der kommenden Kapitel stehen und doch enorm wichtig sind

Was Sie während der Lektüre dieses Buches nicht vergessen sollten: Natürlich ist eine Begleitung und Unterstützung in der Krise auch immer Bewegungstherapie, Organisationstherapie, Beschäftigungstherapie, Kreativtherapie, Alltagstherapie, Schlaftherapie, Sporttherapie oder Ernährungstherapie.

Falls Sie aktuell in Denk- und Grübelschleifen, in Katastrophen- und Versagensdenken festhängen, können Sie trotzdem Ihr Alltagsverhalten regulieren. Sie sollten unbedingt auf Ihre Ernährung, auf Ihre Tagesplanung, auf Ihren Schlaf, auf Ihre täglichen Routinen und Ihr tägliches Tun achten. – Ja, Alltagsverhalten zu verändern ist oft in einem ersten Schritt sogar wichtiger, weil erfolgreicher, als sofort Verhalten zur konkreten Überwindung der Krise zu aktivieren oder unser Denken und Bewerten in der Krise verändern zu wollen.

Im Mittelpunkt meines Buches stehen kognitive Übungen, Ausführungen und Ansätze, die Ihr Denken in eine höhere Differenzierung, Akzeptanz und Ruhe führen, Ihren Blick auf Alternativen lenken und Ihre Handlungskompetenzen zur Überwindung der Krise erweitern. Ich will Sie dabei unterstützen, Ihre inneren Freiheiten, Ihre Selbststeuerungspotenziale zu erfahren und zu leben. Jenseits meiner Angebote kann ich Sie nur dringlich einladen, sich auch mit Ansätzen und Veränderungen zu beschäftigen, die sich auf einfaches äußeres Verhalten beziehen. Auch wenn solche Maßnahmen in diesem Buch wenig Raum einnehmen: Sie sind zentral, unerlässlich und sehr wichtig.

Warum sind diese äußeren Rituale so wichtig? Weil das vorherrschende Gefühl in der Krise Ohnmacht und Hilflosigkeit ist. Und auch wenn wir vielleicht nicht unmittelbar in der Lage sind, die Krise zu überwinden oder spontan Lösungen oder Veränderungen zu initiieren, die uns die Krise vergessen lassen, ist es sehr wichtig, dem Ohnmachtsgefühl immer wieder eine Erfahrung der Selbstwirksamkeit entgegenzustellen; und diese Selbstwirksamkeit können wir am einfachsten im Bereich unseres Körpers, unserer Kompetenzen und unseres Verhaltens initiieren. Egal, welche Auswirkungen das auf unsere Krisenherausforderungen haben mag, hat es verlässlich positive Auswirkungen auf unsere Selbstwahrnehmung und unsere geistige Ruhe und Ausgeglichenheit. Ich hätte entsprechend auch das Begriffspaar »Selbstwirksamkeit *vs. Ohnmachtsgefühl*« in das Kapitel »Eine Art Vokalbeltest« aufnehmen können. Es ist mir aber so wichtig, dass ich diesen beiden Begriffen ein eigenes, nämlich dieses Kapitel widmen wollte. Nehmen Sie das bitte auch so wichtig.

Sie kennen sich, Ihren Körper, Ihren Geist, Ihre Kompetenzen am besten. Sie wissen, was Ihnen guttut. Sie haben Lieblingsessen, einen Lieblingssport, gute Tagesrituale, Talente oder Fähigkeiten, an denen Sie Freude haben. Machen Sie mehr und viel davon. Integrieren Sie die Dinge, die Ihrem Körper, Ihrer Seele jenseits der Krisenbewältigung immer schon gutgetan haben, wieder aktiv in Ihr Leben. Erleben Sie sich in Ihrer Selbstwirksamkeit, auch wenn die Krise Ihnen immer wieder Ihre Ohnmacht vor Augen führen möchte.

Wichtig ist dabei, dass Sie kleine und stetig durchführbare Rituale/Aufgaben/Veränderungen angehen. Seien Sie verständnisvoll und liebevoll zu sich. Ihr Körper, Ihr Geist ist aktuell nicht in seinen besten Energien, belasten Sie ihn entsprechend auch nicht voll. Nehmen Sie sich lieber zehn Minuten am Tag Sport oder Bewegung vor, und machen Sie diese auch. Das ist hilfreicher, als eine halbe oder ganze Stunde zu planen, was Sie dann nicht umsetzen. Planen Sie lieber weniger als mehr, und erreichen Sie dieses Weniger. Das ist sinnvoller, weil selbstwirksamer als ein Mehr, das Sie nicht schaffen. Was Sie aktuell am allerwenigsten benötigen, sind weitere frustrierende Erlebnisse, nur weil Sie sich zu viel vorgenommen haben. Das Leben ist aktuell schon herausfordernd genug.

Überwinden Sie in einem ersten Schritt und von jetzt an Ihr vermeintliches generalisiertes Ohnmachtsgefühl, indem Sie Ihre Wohnung saugen, indem Sie den Müll wegbringen, indem Sie Ihre Bücher nach Farben sortieren, indem Sie Ihre Fingernägel schneiden, indem Sie Ihre Küche neu streichen, indem Sie täglich fünf Minuten meditieren, indem Sie sich um Ihren Hund/Ihre Katze/Ihren Papagei kümmern, indem Sie Gitarre, Blockflöte oder Klavier spielen, indem Sie ein Bild malen, indem Sie ein Puzzle lösen, indem Sie Ihren Keller entrümpeln, indem Sie Ihre Wäsche waschen, indem Sie Ihre Balkonmöbel winter- oder sommerfest machen, indem Sie Ihr Wohnzimmer umgestalten, indem Sie sich der Sorgen der Menschen in Ihrer Nähe annehmen, indem Sie Treffen oder Telefonate mit Freunden oder Verwandten initiieren, indem Sie jeden Morgen um acht Uhr aufstehen, indem Sie wenig Alkohol trinken, keine Drogen nehmen, indem Sie einmal pro Woche einen Baum umarmen, indem Sie den Bedürfnissen Ihrer Kinder Raum geben, indem Sie jeden Tag zwei oder dreißig Liegestütze machen, indem Sie mehr Obst und Gemüse essen, indem Sie einen Kuchen backen, indem Sie spazieren gehen oder indem Sie Ihr Altglas entsorgen. Mähen Sie den Rasen, stricken Sie einen Schal, putzen Sie Fenster, ordnen Sie Ihre Kontoauszüge, bauen Sie ein Regal auf, sortieren Sie Ihre Fotos.

Machen Sie etwas, was spürbar und sichtbar ist, wodurch etwas anders wird. Seien Sie variabel: Wenn es heute mit dem Briefschreiben oder dem Bildmalen nicht klappt, weil Ihnen die Konzentration fehlt, räumen Sie besser die Spülmaschine aus, putzen Sie das Bad oder legen die Wäsche zusammen. Keine dieser Beschäftigungen ist zu banal. Jede dieser Aktivitäten ist sinnvoll, unterstützend, wichtig und richtig. Alles dient der wichtigen Wahrnehmung Ihrer Selbstwirksamkeit. Auch wenn die äußere Welt um Sie herum gerade jede Verlässlichkeit und Sicherheit verliert, Sie sind weiterhin in der Lage und in der Verpflichtung, die Dinge, die in Ihrer Macht liegen, nach Ihren Vorstellungen zu praktizieren und zu gestalten.

Wenn wir äußeres Verhalten ändern und Rituale durchführen, folgen auch oft die inneren Strukturen. Die anschließenden Kapitel handeln von Veränderungen der inneren Strukturen, der Denk- und Fühlprozesse. Ich kann Ihnen leider die Wahrheit nicht ersparen, dass diese Veränderungen teilweise komplex und anstrengend sind und nicht einfach so von allein passieren. Es braucht Ihre Bereitschaft und Ihre Disziplin. Unterstützen Sie diese Veränderung bestmöglich durch die Etablierung oder Beibehaltung positiver Abläufe im Außen, indem Sie sich täglich fragen: Wie kann ich jetzt Selbstwirksamkeit praktizieren und erleben? Wie kann ich Selbstwirksamkeit aktivieren? Wodurch bin ich selbstwirksam?

Und auch wenn das jetzt vielleicht seltsam klingen mag: Wüsste ich, dass Sie nur wenige Seiten in diesem Buch läsen, würde ich Ihnen immer genau dieses Kapitels empfehlen, weil durch die Erfahrung von Selbstwirksamkeit in den Ritualen des Alltags viel schnell verfügbare Energie und verfügbares Potenzial liegt, um besser und gut durch die Krise zu manövrieren, selbst wenn die eigentlichen Herausforderungen der Krise noch gar nicht thematisiert worden sind.

Kleine Notfallintervention
Zehn kurze Unterbrechungen, die Ihr Leben immer wieder ein klein wenig besser machen, inklusive kurzer Erläuterungen, warum das so ist

Es wird Tage und Momente geben, an denen Ihnen alles zu viel wird. Die Gedanken kreisen und finden kein Ende, Ihre Emotionen überfluten Sie, alles scheint unmöglich, aussichtslos und unwiederbringlich verloren. Es gibt für solche Momente kein Patentrezept, keinen schnellen Weg in einen anderen positiven Zustand. Und doch gibt es unterschiedliche kleine Hilfen oder Strohhalme, die Ihnen zumindest ermöglichen, sich den Gedanken und Gefühlen nicht gänzlich hinzugeben, nicht im Strudel der Gedanken und Gefühle jede Zuversicht oder jedes Gefühl von Möglichkeit zu verlieren.

Setzen Sie Ihren Gedanken und Gefühlen die wesentliche Erkenntnis der ersten Kapitel dieses Buches entgegen: »Die Krise als Teil des Lebens wie auch mein spezifisches Erleben in der Krise sind normal. Im Moment der Krise gerät mein ganzer Organismus in einen körperchemischen Reiz-Reaktions-Strudel, bei dem ich nicht mehr sagen kann, wo Anfang und Ende liegen, was Gedanke, was Gefühl ist.« Aus dem vorherigen Kapitel ziehen Sie bitte die Option, dass Sie auch Staub saugen können, wenn es Ihnen schlecht geht, und dass solche Handlungen in Summe etwas Gutes haben, da Sie dadurch Selbstwirksamkeit und Stabilisierung spüren, auch wenn sie Ihre Krise damit vordergründig nicht lösen oder überwinden.

Eine weitere Option, zwischen Ihnen und Ihrem aktuellen Erleben eine Art kleinen Spalt zu öffnen, sich also aus der Ich-Verschmelzung deutlicher in die Selbst-Beobachtung zu führen, sind die sogenannten Notfallinterventionen, die ich Ihnen jetzt vorstellen möchte. Ziel dieser Interventionen ist es, im konkreten Erleben von Angst, Panik oder überbordender Trauer und Verzweiflung Ihrem Geist und Ihrem Körper mitzuteilen: »Wir sind mehr als unsere Angst, mehr als unsere Unsicherheit, mehr als unsere Panik, mehr als unsere Verzweiflung, mehr als unsere Trauer, mehr als die Krise.«

Es handelt sich dabei um kleine Sofortübungen, die einerseits eine physiologische/körperliche, andererseits eine psychologische/kognitive/gedankliche Unterbrechung Ihres Gedankenstrudels, Ihres Gefühlskarussells ermöglichen. Auch wenn diese Unterbrechung vielleicht nur wenige Sekunden oder Minuten hält, so ist sie doch wichtig und hilfreich, um unserem Körper und unserem Verstand ein klares Zeichen zu geben, sich darüber gewahr zu sein, dass wir mehr sind als die belastenden Gefühle und Gedanken. Und diese Erfahrung, mag sie auch noch so kurz sein, unterbricht den Autopiloten Ihrer Körperchemie, sorgt für weniger Adrenalin und Cortisolausschüttung, reguliert Ihre Herzfrequenz, Ihren Muskeltonus, deaktiviert oder relativiert im Gehirn die Angst- und Panikschaltungen im limbischen System und versetzt Sie dadurch in die Lage, weniger gefangen in Ihrem Gedankenkarussell, in Ihrem Katastrophen- und Krisendenken zu sein.

Sie werden sich vielleicht bei dem Gedanken ertappen, dass Sie die folgenden Übungen lächerlich finden. Sie haben eine Krise, Sie machen sich die Mühe, dieses Buch zu lesen, und einer meiner Vorschläge auf die Krise sind seltsam anmutende Sechzig-Sekunden-Mini-Übungen, die Sie bei der Lektüre wenig überzeugen. Aber wer genau findet diese Übungen eventuell unnötig? Ihr Verstand, Ihr innerer Kritiker, Ihr Abwehrer, Ihr rationaler Geist. Hören Sie in diesen Momenten nicht auf diesen Teil Ihres Verstands, sondern aktivieren Sie den offenen, neugierigen Verstand, der sagt: »Solange ich diese Übungen nicht zehn Tage am Stück wiederholt habe und in mein Leben integriere, kann ich nicht wissen, ob sie mich unterstützen, stabilisieren und mir helfen. Auch wenn die Übungen seltsam, klein oder lächerlich wirken: Aktuell bin ich in einer Krise, und ich möchte diese Krise überwinden. Was ich bislang weiß, ist, dass es mir nicht gut geht, dass ich nicht mehr weiterweiß, entsprechend will ich unterschiedliche Wege versuchen und schauen, wie diese Wege mich darin unterstützen. Ich will mich sowohl der Erkenntnis als auch der Erfahrung öffnen.«

Die Übungen in diesem Kapitel sind reine Erfahrungsübungen, im späteren Verlauf des Buches werden auch noch Erkenntnisübungen kommen. Vertrauen Sie Ihrer Bereitschaft, in die Erfahrung zu kommen, und gehen Sie beide Wege. Erfahrung führt zu Erkenntnis, Erkenntnis führt zu Erfahrung. Nur in der Gleichzeitigkeit geschieht notwendige Veränderung.

Ich stelle Ihnen sowohl physiologische/körperliche Unterbrechungen als auch psychologische/gedankliche Unterbrechungen vor. Sie können alle zehn Übungen in Ihren Alltag integrieren oder sich drei bis vier davon aussuchen. Jede Übung dauert maximal eine Minute. Sie können aber jede auch länger machen.

Zehn Interventionen im akuten Krisenerleben

1. Starten wir mit dem Atem: Legen Sie beide Hände auf Ihren Bauch, und nehmen Sie mindestens **fünf tiefe Atemzüge in Ihren Bauch**. Ein Atemzug besteht aus fünf Sekunden Einatmen, fünf Sekunden Atem halten und zehn Sekunden tiefem Ausatmen. Atmen Sie durch die Nase ein und durch einen gespitzten Mund aus. Falls Ihnen die Intervalle anfänglich zu lang sind, können Sie auch mit drei Sekunden Einatmen, drei Sekunden Halten und fünf Sekunden Ausatmen starten. Nach ein paar Tagen sollten Ihnen die längeren Intervalle gelingen. Ihre Hände bleiben während der gesamten Atemübung auf der Bauchdecke, und Sie spüren, wie sich Ihr Bauch maximal nach außen wölbt und dann wieder flach wird, wenn die Luft entweicht. Das Ganze wiederholen Sie mindestens fünfmal. Gern können Sie auch zehn oder fünfzehn solcher Atemzüge in Ihren Alltag integrieren. – Warum ist diese Übung so wichtig und so kraftvoll? Weil eine tiefe Bauchatmung ein Signal an jede einzelne Körperzelle ist, dass wir nicht in Gefahr sind. Umgekehrt führen uns Krisengedanken und Gefühle in eine flache Lungenatmung, da diese die bestmögliche Atemtechnik war/ist, wenn wir kämpfen oder flüchten müssen, also ein reale körperliche Gefahrensituation im Außen vorliegt. Sind wir entsprechend schon in Krisengedanken und Gefühlen, verstärkt unsere unbewusste flache Lungenatmung unser Krisenempfinden noch einmal. Eine tiefe Bauchatmung ist *der* zentrale physiologische Unterbrecher, um unseren körperlichen Krisenvollmodus aufzuweichen, zu unterbrechen. Unterschätzen Sie bitte die Kraft dieser Übung nicht, es gibt, so einfach sie ist, in der Krise keine stärkere und wichtigere Übung als diese.
2. Jetzt eine psychologische/kognitive Unterbrechung: Rufen Sie sich **ein inneres Bild** wach. Ein Bild der Ruhe und der Sicherheit. Ein Bild von Heimat und Ankunft. Sagen Sie sich zum Beispiel: »Ich bin das Meer und nicht die Welle. Ich bin das tiefe

blaue Meer, in seiner unendlichen Tiefe und Ruhe und nicht die Sturmwelle, die ich dabei beobachte, wie sie über mir vorüberzieht.« Oder: »Ich bin der Himmel und nicht die Wolke. Der unendlich blaue, sonnendurchflutete Himmel und nicht die Regenwolke, die ich beobachte, wie sie unter mir vorüberzieht.« Oder: »Ich bin ein mächtiger Baum mit stabilem Stamm, tiefen Wurzeln, flexiblen Ästen und rauschendem Blattwerk. Der Sturm, der um mich weht, ist nicht angenehm, aber er kann mir nichts anhaben, auch wenn ich Blätter oder Äste verloren habe, bin ich doch so viel mehr als nur ein Blatt oder ein Ast.« Oder: »Ich sitze am Fluss meiner Gedanken und Gefühle auf einer grünen Wiese und beobachte, wie die Gedanken und Gefühle vorüberziehen, aber ich springe nicht hinein in den Fluss dieser Gedanken und Gefühle.« – Entwickeln Sie gern ein eigenes inneres Bild, das Ihnen Ruhe, Sicherheit bietet, wo Sie einen Ort der Zuversicht haben. Aus meiner Praxis kenne ich viele weitere innere Bilder, die meine Klienten entwickelt haben. Seien Sie kreativ.

3. Und jetzt wieder eine physiologische/körperliche Unterbrechung: Während Sie sich Gedanken, Sorgen machen und von negativen Gefühlen geflutet sind, fragen Sie sich bitte: »**Was ist jetzt?**« Antworten Sie aber nicht mit »Jetzt sind Sorgen, jetzt ist Angst«, sondern mit Körperwahrnehmungen. Also: »Jetzt höre ich einen Vogel«, »Jetzt juckt mein linker Ellbogen«, »Jetzt kommt mein Lieblingssong«, »Jetzt juckt mich mein Ohr«, »Jetzt sehe ich ein Auto«, »Jetzt ist mein linker Fuß mit seiner ganzen Sohle auf der Erde« ... Hören, tasten, spüren Sie alle äußeren Reize, und benennen Sie diese eine Minute lang. Das können Sie zu Hause machen, im Zug, im Auto, auf dem Weg zur Arbeit oder beim Spaziergang. – Auch diese Übung dient, wie die Atemübung, der Wahrnehmung von Differenz. Ich durchbreche das Muster meines Krisenverstandes, der eine absolute Fokussierung auf die Krise vorschlägt und mich dadurch in eine Eindimensionalität meiner Aufmerksamkeit und Wahrnehmung

führt. Doch auch in der Krise kann ich lachen, Musik hören, die Wärme der Sonne spüren, einen Kaffee genießen. Ich begreife, wenn auch nur für eine Minute, einen Atemzug, dass ich mehr bin als meine Krise, als meine Gedanken oder aktuellen Gefühle. Dass es eine weitere und weiter verfügbare Dimension meines Daseins gibt, die nicht von der Krise belastet ist. Diese Wahrnehmung, so kurz sie auch sein mag, ist wichtig und stärkt mich.
4. Dann wieder eine kognitive Übung: Fragen Sie sich in der Beobachtung Ihrer momentanen Gefühle und Gedanken: »**Ist der Gedanke, ist das Gefühl hilfreich, um das Leben zu leben, das ich mir wünsche?**« – »Ist der Gedanke, das Gefühl hilfreich, dem Leben einen Schritt näher zu kommen, das ich mir wünsche? Hilft mir der Gedanke, das Gefühl, der Mensch zu sein, der ich gern sein möchte? Hilft mir der Gedanke, das Gefühl dabei, die Beziehungen zu anderen Menschen zu etablieren oder zu vertiefen, nach denen ich mich sehne? Die ich mir wünsche? Hilft mir der Gedanke, das Gefühl, mich mit denjenigen zu verbinden, die mir wichtig sind, oder mich mit demjenigen zu verbinden, was mir wichtig ist?« Sie können diese Frage beliebig kombinieren, variieren. Die innere Antwort, die jedoch immer aufkommen müsste, ist: »*Nein.*« Hören Sie auf dieses Nein. Das gedachte oder laut ausgesprochene Nein macht einen kognitiven Spalt in Ihnen, ist eine Art Unterbecher Ihrer negativen Gedankenschleifen und unterstützt Sie dabei, der Frage, was Ihnen denn jetzt nützen würde, besser auf die Spur zu kommen. Das Nein definiert eine Differenz, nämlich zwischen dem Automatismus Ihrer Gedanken und Gefühle, die uns in der Negativität, in der Lähmung halten wollen, und der Erkenntnis, dass diese Gedanken und Gefühle nicht hilfreich sind bei der Überwindung der Krise, uns nicht an einen besseren Ort, sondern an einen schlechteren Ort führen beziehungsweise uns verführen, dort zu bleiben, wo wir gerade sind, dies aber der Ort der Krise und der Verzweiflung ist. Lassen Sie entsprechend das erkennende Nein in sich nachklingen, sprechen Sie es laut aus, und lassen Sie es wirken.

5. Und jetzt wieder eine physiologische Unterbrechung: **sechzig Sekunden intensives Lächeln.** Keine Sorge, ich möchte nicht, dass Sie lauthals lachen. Ich möchte, dass Sie Ihre Mundwinkel durch Ihre Gesichtsmuskeln so weit nach oben ziehen, wie es eben geht, und Sie in Ihren unteren Augenwinkeln Ihre Wangen sehen. Machen Sie diese Übung unbedingt ohne Spiegel, da wir ansonsten die sechzig Sekunden nicht schaffen, weil wir sehen, wie lächerlich wir dabei aussehen. Lachen an sich ist ein sozialer und empathischer Akt. Auch wenn Ihnen aktuell nicht nach Lachen zumute ist und ein richtiges Lachen den ganzen Körper erfasst, ist es doch sinnvoll, täglich ein paarmal für sechzig Sekunden die Mundwinkel maximal nach oben zu ziehen. Ähnlich wie durch die tiefe Bauchatmung signalisieren Sie Ihrem Körper und Ihrem Gehirn eine Aktivität, die im Widerspruch zu Ihren aktuellen Gedanken und Gefühlen steht, und sorgen dadurch für einen physiologischen Unterbrecher. Durch diese Übung werden immerhin um die zwanzig Gesichtsmuskeln aktiviert, die dem Rest des Körpers Wohlempfinden, Ankunft, Geborgenheit, Sicherheit, Offenheit signalisieren. Das Aktivieren dieser Muskeln sorgt automatisch für die Ausschüttung der Glücks- und Bindungshormone Dopamin und Oxytocin. Gleichzeitig wird das Stresshormon Cortisol abgebaut. Verpassen Sie diese Chance nicht, auch wenn Ihnen das beim Lesen absurd und kontraintuitiv vorkommt. Es muss Sie ja keiner dabei beobachten.
6. Die folgende Notfallintervention ist wieder ein kognitiver Unterbrecher. Stellen Sie sich die Frage: **»Was genau kann ich mir jetzt Gutes tun, damit es mir genau jetzt ein bisschen besser geht?«** Achten Sie bitte darauf, dass die Frage nicht von der Lösung Ihrer Krise handelt. Es geht einzig darum, ob Ihr innerer Lebenswächter eine Idee hat, was Sie sich genau jetzt Gutes tun können, um Ihren aktuellen Zustand zu verbessern. An spontanen Antworten kann dann zum Beispiel kommen: ein Spaziergang, ein Glas Wein, ein Ausflug mit dem Fahrrad oder

eine Spritztour mit dem Auto. Denken Sie dabei aber immer an die Unterscheidung von »Schmerz vs. Leid« und »Lebenswächter vs. Leibwächter« aus dem Kapitel »Eine Art Vokabeltest«. Ein Spaziergang kann Ihre Trauer-, Katastrophen- oder Krisengedanken verstärken, da Sie beim Spazierengehen noch intensiver in Ihren Grübelschleifen festhängen, auch Alkohol kann den Effekt haben, dass Sie sich dann nur noch hilfloser als zuvor fühlen. Entsprechend würde ich Ihre Fantasie bei dieser Frage gern in eine etwas andere Richtung locken wollen. Präziser müsste die obige Frage nämlich lauten: »Was genau kann ich mir jetzt Gutes tun, indem ich mich von meinen aktuellen Gefühlen und Gedanken ablenke, um mein negatives Gedanken- und Gefühlskarussell für eine gewisse Zeit zu unterbrechen, um mich von meinem eigenen Katastrophen- und Krisenmodus zu erholen? In den Begriffen der ersten Kapitel also das Krisenprogramm meines limbischen Systems im Gehirn als auch meine Körperchemie aus dem Teufelskreis heraushole, dass schlechte Gefühle schlechte Gedanken produzieren und schlechte Gedanken wieder zu schlechten Gefühlen führen. Und sich dadurch negative Gedanken und Gefühle immer gegenseitig hochschaukeln, bis ich ihnen hilflos ausgeliefert bin.« Falls Sie Meditationserfahrung haben: Meditieren Sie. Denn Meditation in ihren unterschiedlichsten Traditionen hat genau dies zum Ziel: Gedanken und Gefühle zu beruhigen, innere Stille und Ruhe zu erfahren und dabei innere Schönheit, innere Größe zu erleben. Falls Sie keine Meditationserfahrung haben, können Sie aber trotzdem etwas machen, was ich die »Meditation des Abendlands« nenne: Schauen Sie sich ein Fußballspiel an, schauen Sie sich einen Film an, treffen Sie sich mit Freunden und sprechen über deren Themen, powern Sie sich körperlich aus, lernen Sie eine Fremdsprache. Ich weiß, jeder Meditationslehrer wird jetzt die Hände über dem Kopf zusammenschlagen und mir widersprechen wollen, dass ein Fußballspiel anschauen und meditieren völlig unterschiedliche Dinge sind. Wie gesagt:

Wenn Sie positive Meditationspraxis haben, meditieren Sie unbedingt. Für alle, die diese Erfahrung und Kenntnis aber nicht haben, möchte ich auf das Zielprinzip der Meditation hinaus: die innere negative Stimme, die Katastrophen- und Krisengefühle beruhigen, das Negativkarussell unterbrechen. Das alles kann Ihnen auch gelingen, wenn Sie sich von Ihren eigenen negativen Gedanken ablenken und Ihre Aufmerksamkeit auf etwas anderes konzentrieren. Beobachten Sie sich dabei, was Sie unterstützt, Ihre eigenen negativen Gedanken- und Gefühlsspiralen zu verlassen, zu vergessen, wenn auch nur für die Dauer Ihrer Ablenkungsaktivität. Es gibt Klienten, die beim Joggen ihre negativen Gedanken und Gefühle vergessen, andere steigern sich beim Joggen noch mehr in ihre negativen Kreisläufe hinein. Ähnlich bei einem klassischen Konzert: Die einen genießen das Konzert, die anderen sitzen in der Philharmonie und denken und fühlen derweil noch intensiver in ihre Krise und Katastrophe hinein. Sie kennen sich diesbezüglich am besten: Entscheiden Sie sich bei dieser kleinen Übung für eine Lebenspraxis, die Sie aus Ihrem Krisendenken und Fühlen herausführt und für die Dauer dieser Aktivität dieses Denken und Fühlen unterbricht. Sie schenken sich dadurch dreißig Minuten, sechzig Minuten, neunzig Minuten oder 240 Minuten Erholung von Ihrem inneren Krisenerleben. Und darum geht es. Auch wenn Sie damit die Krise an sich nicht bewältigen, sorgt eine solche Aktivität trotzdem dafür, dass Sie in eine bessere Gehirnaktivität und eine bessere Körperchemie kommen und Sie dadurch in die Lage versetzt werden, der Krise mittelfristig besser und produktiver beziehungsweise konstruktiver zu begegnen.

7. **Ihr Herz spüren und sehen.** Legen Sie Ihre flache rechte Hand auf Ihr Herz, und spüren Sie die Herzschläge, die sich durch Ihre Rippen und Ihre Brust zeigen. Spüren Sie für eine Minute Ihr Herz. Sehen respektive visualisieren Sie Ihr Herz vor Ihrem inneren Auge. Entwickeln Sie ein Gewahrsein Ihres Herzens: »Ich bin mehr als mein Verstand und meine Gefühle. Ich habe

ein pochendes Herz, das mich nährt und lebendig hält und mir mit seiner Kraft und Zuversicht jederzeit zur Verfügung steht, mich lebendig, energetisch und tätig hält, auch wenn meine Gedanken und Gefühle aktuell mir eine andere Geschichte zu erzählen versuchen.« Ihr Herz ist Ihr treuer, zuversichtlicher und neugieriger Begleiter, Ihre immerwährende Lebendigkeit über Ihre Lebensspanne. Ihr Herz ist immer für Sie da, arbeitet für Sie, und dieses Herz symbolisiert neben seiner reinen Funktion auch noch Ihre Potenziale des Menschseins, der Empathie der Güte und Weisheit jenseits von Kognition oder Emotion. Fragen Sie sich: »Wie geht es mir, wenn ich mich nur auf die Kraft und die Energie und die Stetigkeit meines Herzens konzentriere? Wenn ich mich ganz diesem pochenden Herzen anvertraue und mich von meinem Herzen und nicht von meinen Gedanken und Gefühlen leiten lasse?« Vertrauen Sie Ihrem Herzen, danken Sie Ihrem Herzen, und erleben Sie dabei, wie Ihre negativen Gedanken und Sorgen für diese Minute in den Hintergrund treten, da Sie sich mit Ihrer Lebendigkeit verbinden.

8. **Dem Verstand danken, aber nicht folgen.** Diese Denkfigur ist Ihnen schon im Gehirn- wie auch im Gefühlskapitel begegnet: Hüten Sie sich davor, Ihre Gedanken und Gefühle in den Griff bekommen zu wollen. Negative Gedanken und Gefühle zu unterdrücken, nicht mehr denken oder fühlen zu wollen. Es wird Ihnen nicht gelingen. Diese Gedanken und Gefühle erfüllen eine wichtige Funktion, die evolutionär, neuronal, lebensgeschichtlich wichtig ist. Wichtig heißt aber nicht richtig. Sie können deshalb Ihrem Verstand, Ihren Gefühlen immer danken für die aktuellen negativen Gefühle und Gedanken und ihnen trotzdem nicht folgen. Sie sagen sich dann: »Danke, lieber Verstand, dass du mir negative Gedanken und negative Gefühle sendest, da du mich beschützen willst und grundsätzlich ein alter Angsthase und Katastrophenprophet bist. Aber diese negativen Gedanken und Gefühle sind gerade nicht hilfreich, um meine aktuellen Herausforderungen anzugehen. Sie dürfen gern da bleiben,

aber ich werde ihnen nicht folgen. Und jetzt komm, und lass uns Gedanken darüber machen, wie wir die Krise überwinden können.«

9. **Vorauseilender gelungener Rückblick:** Nutzen Sie die Imaginationslust Ihres Verstandes, der auch in der Krise auf Denkaufgaben konstruktiv reagiert, einfach weil unser Verstand auf jede Denkaufgabe reagiert. Stellen Sie Ihrem Verstand im konkreten Krisenerleben die Frage: »**Wie würde ich auf die kommende Stunde meines Lebens in einer Stunde blicken, was hätte ich dann erlebt und gemacht, wenn diese Stunde eine gelungene und wunderbare, sinnvolle Stunde meines Lebens wäre, die mir hilft, meine Krise zu überwinden und/oder ruhiger, gelassener und zuversichtlicher zu werden?**« – Sie springen also eine Stunde in die Zukunft und blicken auf die dann vergangene Stunde (die ja in der Realität noch vor Ihnen liegt) als eine gelungene Stunde zurück und beschreiben sich selbst, wie diese Stunde sinnvoll und gut gewesen wäre. Und zwar in Akzeptanz und Anerkennung Ihrer aktuellen Krise. Sie träumen sich also keine unrealistische Idealstunde zusammen, sondern denken darüber nach, wie diese kommende Stunde in Anbetracht Ihrer Krisensituation trotzdem bestmöglich und sinnvoll zu gestalten ist. Das können Sie auch mit einem ganzen Tag oder einer Woche machen. Dadurch eröffnen Sie sich selbst einen Möglichkeitsraum, diese Stunde, diesen Tag dann enger an das schon gedachte Gelingen zu koppeln und entsprechend auch durchführen zu können, als wenn Sie nur aus Ihrer negativen, belastenden aktuellen Selbstwahrnehmung der Gegenwart Sekunde für Sekunde nach vorn denken.

10. **Kraft einatmen – Belastung ausatmen.** Und zum Ende noch einmal die Atemübung vom Beginn des Kapitels. Also wieder fünf Sekunden tiefe Einatmung in den Bauch, fünf Sekunden den Atem halten und zehn Sekunden ausatmen. Einatmen über die Nase, ausatmen über den Mund. Diesmal jedoch in der Variante, dass Sie beim Einatmen an die Energie denken, die

> Sie gerade benötigen (zum Beispiel Gelassenheit, Ruhe, Frieden, Zuversicht, Kraft, Durchhaltevermögen) und an diese Ressource beim Einatmen möglichst intensiv und »laut« denken, sodass Sie wirklich das Gefühl haben, dass Sie diese Energie mit jedem Atemzug über Ihre Nase in Ihren gesamten Körper aufsaugen und sie Ihnen dadurch als Ressource aktiv zur Verfügung steht. Und umgekehrt beim Ausatmen die Energie verabschieden, die Sie belastet (zum Beispiel Unruhe, Unsicherheit, Trauer, Angst, Panik, Hilflosigkeit). Auch diese Energie denken Sie bitte beim Ausatmen möglichst »laut« und intensiv in sich und spüren, wie sie über die zehn Sekunden des gründlichen Ausatmens durch Ihren Mund, über Ihre Lippen aus Ihrem gesamten Körper entweicht und sich im Raum, in der Luft auflöst und verweht. Auch diese Übung wiederholen Sie zehn- bis fünfzehnmal und integrieren sie in Ihren Alltag. Natürlich müssen Sie dann die Übung Nummer eins nicht noch machen. Ich erwähne nur beide Formen, damit Sie beide Optionen kennen und sich für eine Variante entscheiden. Die gerade vorgestellte ist die kraftvollere. In hoher Belastung gelingt uns aber vielleicht nur die erste Form, weil diese ohne die kognitive Ergänzung einfacher umzusetzen ist. Probieren Sie es immer wieder aus.

Damit sind wir am Ende dieses Kapitels. Was ich mir von Ihnen wünsche: Üben Sie mit diesen Unterbrechungsübungen, spielen Sie mit den Interventionen. Die Kraft dieser Übungen liegt in der Erfahrung. Sie müssen diese also durchführen. Lesen allein genügt nicht. Nicht jede wird für Sie passend sein oder einen Unterschied machen.

Was ich aber ganz sicher weiß: Wir finden alle unser eigenes Set von drei bis vier dieser Übungen, die uns helfen, die uns unterstützen in den kritischen Momenten, wenn uns alles zu entgleiten scheint, wenn uns alles zu viel wird, zu mehr Ruhe,

Zuversicht, Ausgeglichenheit zu finden. Auch wenn sich dadurch im Außen erst einmal nichts ändert, sorgen diese Übungen für innere Stabilität, indem jede auf ihre eigene Art von unserer Verschmelzung mit unseren negativen Gedanken, Gefühlen und Körperreaktion wegführt, dadurch ein anderes Erleben ermöglicht und uns immer wieder zeigt: »Ich bin mehr als meine negativen Gedanken und Gefühle.« Und auch wenn dieses andere Erleben dann nur fünf Minuten anhält, sind diese wenigen Minuten ein Geschenk und ein Segen im Sturm unserer negativen Gedanken und Gefühle. Nutzen Sie die Kraft dieser Übungen, integrieren Sie diese in Ihr Leben. Ihr Leben, wird es Ihnen danken. Denn nur aus dieser inneren Beruhigung finden Sie die Kraft und die Ideen für die notwendigen Impulse und Änderungen im Außen.

Im folgenden Kapitel werde ich Ihnen zwanzig Begrifflichkeiten und Begriffspaare in Ihrer Unterscheidung näherbringen, die für die Überwindung der Krise wichtig sind. Auf dieses Kapitel können und sollten Sie immer wieder zurückgreifen, wenn Ihnen im Verlauf des Buches der ein oder andere Begriff unklar ist. Das sind keine Fachbegriffe, sondern Alltagsbegriffe, die wir oftmals synonym nutzen (zum Beispiel Schmerz in der Unterscheidung zu Leid), die aber im therapeutischen Kontext der Krise und ihrer Überwindung, durch die Unterscheidung eine jeweils wichtige Differenzierung in Ihr Denken und Handeln bringen und Sie dadurch befähigt und stärkt, kompetenter mit der Krise und den Herausforderungen Ihrer Krise umzugehen.

Das Kapitel ist lang und herausfordernd. Machen Sie vielleicht jetzt eine Pause, üben Sie die Notfallinterventionen, und starten Sie das Kapitel »Eine Art Vokabeltest« ausgeruht, neugierig, bestmöglich aufnahmefähig und mit neuer Energie.

Eine Art Vokabeltest
Zwanzig Begriffspaare, die Sie nie wieder verwechseln, vermischen oder vergessen sollten und mit deren Hilfe Ihr Leben von jetzt an leichter wird

In diesem Kapitel finden Sie zwanzig Begriffspaare, die ich Ihnen in der jeweiligen Unterscheidung vorstellen möchte. – Warum sollten wir uns in diesem Buch mit einzelnen Vokabeln oder Begriffen beschäftigen? Weil diese uns helfen, uns besser zu verstehen und zu stabilisieren. Worte helfen uns einen Unterschied in uns selbst zu initiieren, da sie uns das Gerüst der Differenzierung geben. Trost, Hilfe entsteht so erst einmal nebenbei, einfach durch die Einführung der Unterscheidungen mit diesen Wortpaaren.

Worte haben Kraft. Unterschätzen Sie nie die Macht von Sprache und wie durch Begriffe, die wir nutzen oder weglassen, unser Denken und Fühlen und die Möglichkeit unserer Handlungen geprägt wird. Ähnlich wie im Kapitel über Gefühle, als ich Ihnen die Unterscheidung zwischen Emotion und Gefühl dargelegt habe, werden Ihnen die in diesem Kapitel folgenden Begriffspaare helfen, in Ihrem Denken eine Binnendifferenzierung vorzunehmen. Und Sie werden im späteren Kapitel »Wertearbeit« noch eine Unterscheidung kennenlernen, nämlich die wesentliche Unterscheidung zwischen Werten und Zielen. Dadurch kommen Sie in die Lage, Ihre Situation klarer und präziser zu benennen und so von Ihrem generalisierten Krisen- und Ohnmachtsdenken wegzuführen.

Nehmen Sie die Begriffe und die Unterscheidungen in sich auf und bemerken Sie, wie dadurch ein Unterschied möglich wird. Und bringen Sie diese Erfahrung in den Kontext der Begriffe Innere Freiheit, Selbststeuerung und psychologische Flexibilität, die ich schon im Vorwort genutzt habe. Sämtliche Ausführungen in diesem Buch dienen dem Zweck, Ihre innere Freiheit zu erweitern und Ihre Kompetenzen der Selbststeuerung auszubauen: Indem ich von der Unterscheidung der Begriffe Notiz nehme, bin ich in der Lage, in mir eine Gedanken- und Zuordnungsunterscheidung vorzunehmen, die mich aus der Ohnmacht und Hilfslosigkeit herausführt. Bin ich in der Lage flexibler und besser zu denken, zu fühlen und zu handeln.

Denken Sie immer daran, was wir in den ersten Kapiteln gelernt haben: Wir neigen zu Krisendenken und Krisenfühlen. Zur Stabilisierung und zur Überwindung der Krise ist dies aber der schlechtmöglichste Zustand, in den wir uns versetzen können. Nutzen Sie deshalb die Kraft dieser Wörter, um für sich selbst einen Unterschied zu machen und eine Unterscheidungskompetenz zu erlangen: Sie werden dadurch Ihr Denken, Ihr Fühlen, Ihr Handeln, Ihr Reflektieren, Ihr Erleben mit anderen Begriffen neu beschreiben und besser begreifen. Diese Möglichkeit geben uns Wörter, nutzen Sie diese, um besser durch Ihre aktuelle Lebenssituation zu navigieren und halten Sie diese Unterscheidungen aktiv, da die dann folgenden Kapitel aus dem Verständnis und unter Verwendung dieser Begriffe formuliert sind.

Vorabinfo: Der jeweils erste Begriff der Paare ist zur Überwindung einer Krise immer der sinnvollere.

1. Selbst *vs. Ich*

Als »Selbst« bezeichnen wir uns in der Beobachtung unseres Ichs. Als Synonym für das Selbst wird zum Beispiel auch »das beobachtende Ich« genutzt.

Die zentrale Leistung des Menschen liegt in seiner Fähigkeit, sich selbst zu beobachten und über sich selbst Auskunft zu geben. (Ich bin traurig. Ich bin wütend. Ich bin ängstlich.) Dies ist eine wichtige Gabe, die wir möglichst nie vergessen sollten und die den Menschen einzigartig macht, da kein anderes uns bekanntes Wesen zu dieser bewussten Unterscheidung, also das Nachdenken über sich selbst und das Beobachten seiner selbst, fähig ist.

In Therapie und Forschung hat sich deshalb die Unterscheidung zwischen Selbst und Ich eingebürgert. Das Ich erlebt etwas, reagiert auf etwas und wird eins mit dem Erleben. Das Ich ist fröhlich oder traurig. Ängstlich oder wütend. Das Selbst ist in der Lage, das Ich in seiner Emotion, in seinen Gedanken, seiner Angst, seiner Trauer, seiner Wut zu beobachten und zu benennen. In den Zuordnungen der Hirnforschung handelt es sich beim Ich-Erleben um Aktivitäten in den beiden älteren Hirnarealen Stammhirn und limbisches System, während das Selbst-Erleben dem Großhirn und speziell dem präfrontalen Cortex, also dem Stirnhirnbereich vorbehalten ist.

Wenn wir in der Freude, im Vergnügen, im Spiel sind, sollten wir uns unserem Ich-Empfinden hingeben und danach im Selbst-Modus dankbar sein, diese Freude erlebt zu haben. In der Angst, in der Trauer, in der Hilflosigkeit sollten wir aber im Erleben der negativen Emotion schnellstmöglich in den Selbst-Modus umschalten. Wir sagen dann nicht: »Ich bin traurig, ich bin nur noch Wut«, sondern: »Ich beobachte, wie ein Teil von mir in die Wut geht. Ich sehe mich in meiner Angst oder Trauer. Ich sehe, wie die Wut oder Angst mir gerade vorschlägt, alles ihrer Kontrolle zu unterwerfen. Aber ich weiß, dass ich mehr bin als meine Wut oder Trauer. Ich finde gute Antworten auf die Herausforderungen meines Lebens, auch wenn in mir gerade große Anteile wütend, hilflos, ängstlich sind und ich aktuell auch noch keine belastbar gute Antwort habe. Ich bin mehr als meine Wut, die Angst ist nur ein Teil von mir. Ich beobachte mich dabei, wie ein Teil von mir den Gedanken und das Gefühl hat, dass ich wütend, hilflos, ängstlich bin.«

Auch wenn diese Formulierungen aktuell für Ihre Ohren gestelzt und etwas sperrig klingen sollten: Üben Sie sich in dieser Ich-Beobachtung und Ich-Beschreibung aus dem klugen, reflektierten Blick des Selbst heraus. Gehen Sie immer wieder in den Selbst-Modus, und beschreiben Sie aus dieser Position das Erleben Ihres Ichs. Erleben Sie dadurch, dass Sie immer mehr sind als Ihr unmittelbares Fühlen oder Denken.

Wir Menschen haben immer den Ort des Selbst. Ein Ort der Sicherheit und der Reflexion, von dem aus wir unsere Gefühle und Gedanken beschreiben können. Das ist ein großes Geschenk. Nutzen Sie diese Gabe, und erleben Sie dadurch, dass Sie immer mehr sind als nur Ihre unmittelbaren leidhaften Gedanken oder Gefühle: Sie sind auch immer das beobachtende Selbst, das sich während schmerzhafter Gedanken und Gefühle selbst betrachten und diese negativen Gedanken und Gefühle als solche benennen kann.

Vergleichen Sie Ihr Ich und Ihr Selbst zum Beispiel mit Ihrem Auge und Ihrem Gehirn. Das Auge verarbeitet unmittelbar Ihre visuellen Sinneseindrücke, auf Ihrer Netzhaut entsteht ein Bild: Tisch, Baum, Haus, Auto. Ihr Gehirn ist in der Lage zu sagen: »Ich sehe durch mein Auge einen Tisch, einen Baum, ein Auto.« Das mag wie ein unwesentlicher Unterschied klingen, es ist aber ein wesentlicher. So verhält es sich mit Ihrem Ich und Ihrem Selbst. Nur Ihr Selbst ist in der Lage, ein Besser oder Schlechter, eine Einordnung vorzunehmen und neben der Technik der Beobachtung auch eine Technik der Relativierung anzuwenden. Nur aus dem Selbst heraus können Sie sagen: »Auch wenn ich gerade nicht weiß, wie es finanziell weitergehen kann, habe ich zum Beispiel meine Freunde, meine Familie, meine Gesundheit. Im Ich-Modus bin ich immer in der Unmittelbarkeit meines aktuellen Schmerzes.«

Formulieren Sie mit dieser Kenntnis auch den berühmten Satz von René Descartes »Ich denke, also bin ich« um zu »Ich beobachte mich, also bin ich«. Denn das ist die eigentliche und besondere Befähigung des Menschen. Nutzen Sie diese, um von Ihrem Menschsein bestmöglich Gebrauch zu machen.

Falls Ihnen die Unterscheidung von Selbst und Ich zu kompliziert ist, können Sie auch mit den Begriffen »beobachtendes Ich« (Selbst) und »erlebendes Ich« (Ich) arbeiten. Manchen Klienten fällt diese Unterscheidung leichter.

2. Differenzierung vs. *Verschmelzung*

Während die Unterscheidung von Ich und Selbst uns hilft, in zwei unterschiedlichen Ich-Zuständen zu denken, helfen uns die Begriffe »Differenzierung« und »Verschmelzung«, in zwei unterschiedlichen inneren Reaktions- oder Bewältigungsstrategien zu handeln. Es gibt Klienten, die mit beiden Begriffspaaren arbeiten, andere entscheiden sich nur für ein Begriffspaar und erzielen damit gute Ergebnisse. Wenn Sie beide Begriffspaare nutzen wollen, dann sehen Sie Ihr Selbst als den Ort an, aus dem heraus Sie in Differenzierung handeln können, während Ihr Ich Ihnen immer Verschmelzung als Handlung vorschlägt.

Differenzierung bezeichnet unsere Fähigkeit, uns selbst in der Trauer, in der Angst, in der Freude wahrzunehmen und unsere äußeren Handlungen, unser Agieren mit unserer sozialen Umwelt davon zu trennen: »Ich beobachte mich dabei, wie ich den Gedanken, das Gefühl habe oder wie Teile von mir den Gedanken oder das Gefühl haben, traurig, hilflos oder ängstlich zu sein. Ich sehe, dass dies nur ein Teil von mir ist, dass ich dieses Gefühl oder diesen Gedanken zulassen und trotzdem gerade notwendige Tagesaufgaben erledigen kann. Der Umstand, dass ich gerade – auch – sehr traurig bin, hält mich nicht davon ab, auch zu lachen, aufzustehen oder ein notwendiges Telefonat zu führen. Mein Selbst ist durch Differenzierung in der Lage, unmittelbare Emotionen als solche anzuerkennen, diese stehen zu lassen und trotzdem sinnvolle Handlungen zu initiieren, die im Kontrast zur unmittelbaren Emotion stehen.«

Differenzierung ist also die Fähigkeit, trotz emotionaler Belastung, trotz schwieriger Zeiten sinnvolle Handlungen zu vollziehen, und eine Entscheidung für die kluge Handlung und gegen die Hingabe (Verschmelzung) in die negative Emotion. – Achten Sie bitte darauf, dass ich hier nicht sage, dass Ihr Selbst in der Lage sein muss, Emotionen und Gedanken zu kontrollieren, zu unterdrücken oder krampfhaft darin eine Chance oder Positives zu finden. Das ist gar nicht notwendig, es reicht vollkommen, wenn Sie Ihre negativen Gedanken und Gefühle wahrnehmen und annehmen (siehe hierzu auch das Wortpaar »Akzeptanz *vs. Kontrolle*«). Differenzierung ist das Bewusstsein trotz der Angst, trotz der Trauer sinnvolle Handlung initiieren zu können.

Verschmelzung ist das Gegenteil davon. Verschmelzung führt meist zu Lähmung, Passivität, Erlebnisvermeidung, Resignation. In der Verschmelzung bin ich meine Angst, meine Trauer. Ich übergebe die gesamte Kontrolle für alle Gedanken, Gefühle und besonders Handlungen an meine Angst, meine Trauer, meine Sorge. Ich bin dann nichts außer meiner Angst, meiner Trauer. Meine Angst, meine Trauer darf über mich und jede meiner Handlungen bestimmen. Verschmelzung ist immer total und absolut. Differenzierung ist immer relativ und partiell.

Während in der Freude eine Verschmelzung positiv ist, da wir dadurch eins werden mit der Freude und uns den guten Gefühlen hingeben können, sorgt der gleiche Mechanismus bei Ängsten, Sorgen oder Trauer für die Verstärkung des negativen Erlebens und für die Verhinderung von sinnvollen Handlungen, die uns aus der Krise führen. Verschmelzung bei negativen Emotionen und Gedanken manifestiert die Krise, lähmt uns und verhindert Veränderung. Differenzierung reduziert das Krisenerleben, lässt uns handeln und fördert Veränderung.

Deshalb gilt als einfache Faustregel: Bei positiven Emotionen sollte man die Verschmelzung zulassen und forcieren, da uns die Verschmelzung erlaubt, längstmöglich in der Freude, in der Zufriedenheit, in der Euphorie zu bleiben. Bei negativen Emotionen sollte man eine Verschmelzung in der Selbstbeobachtung benennen, unterbrechen, verhindern, mildern – und wenn dies in einem ersten Schritt nur darin besteht, sich seine Verschmelzung zuzugestehen.

Die meisten erleben in ihrem Erwachsenenleben genau die umgekehrte Dynamik: In der Freude sind wir unfähig, mit dieser zu verschmelzen, sie zu genießen und zuzulassen, und in unseren Ängsten werden wir durch Verschmelzung zu Gefangenen unserer negativen Emotionen und Gedanken.

Integrieren Sie von nun an bitte die beiden Begriffe in Ihr Denken, und beobachten Sie sich dabei, ob und wie Sie eher zur Verschmelzung oder zur Differenzierung neigen. Und ob Sie rückblickend Situationen benennen können, in denen Sie zur Verschmelzung oder zur Differenzierung neigten und was wann für Sie hilfreich und gut war. Oder wie Sie heute darüber denken: »Rückblickend hätte ich mehr Freude gehabt, wenn ich mich in dem Urlaub vor drei Jahren nicht den Sorgen aus meinem Job hingegeben hätte, sondern das schöne Wetter, das blaue Meer und die Gegenwart meiner Freunde für die Zeit meines Urlaubs genossen hätte.« Werden Sie aktiv, und fragen Sie sich drei-, viermal am Tag: »Lasse ich gerade Verschmelzung zu oder übe ich mich in Differenzierung?« Werden Sie so zum Beobachter Ihrer eigenen Strategien und dadurch kompetenter, diese zu überwinden.

3. Pilot *vs. Autopilot*

Diese Begrifflichkeit hatte ich schon in den ersten Kapiteln genutzt. Erinnern Sie sich daran, dass Ihr Körpergedächtnis, die frühen Erfahrungen Ihrer Kindheit, Ihre geübten und erlernten Reaktionsmuster, Ihre neuronalen Muster oder Autobahnen, Ihr Energiesparmodus in Krisenzeiten und vermeintlichen Angst- oder Gefahrensituationen Ihnen immer wieder den gleichen, alten Weg vorschlagen. Wir sind dann in einer Art Autopilotenmodus. Einmal damit angefangen, spulen wir das ganze Programm gern bis zum Ende ab. Wir halten an diesen Wiederholungen fest, da wir in früheren Zeiten damit Erfolg hatten, da uns diese Wiederholungen vertraut sind, da unsere inneren Systeme diese Wiederholungen als schnellste Antwort parat haben und da diese Wiederholungen am wenigsten Energie verbrauchen.

Aus Sicht unseres Gefahren- und Angstgehirns, unseres Körpergedächtnisses ist dies nur folgerichtig und die bestmögliche Antwort, die wir finden können. Was im Autopilotenmodus völlig unberücksichtigt bleibt, ist die Frage, ob die Wiederholung der alten Strategie heute, hier und jetzt, in der konkreten Situation, in unserer körperlichen Erwachsenheit, mit den aktuellen Möglichkeiten unserer reflexiven, einordnenden Gehirnteile wirklich immer noch die bestmögliche Antwort ist. Von der frühkindlichen Wut, der frühkindlichen Verzweiflung, dem frühkindliche Ausrasten oder der frühkindlichen Hilflosigkeit wissen wir nur, dass sie die bestmögliche und notwendige Antwort in unserer frühen Kindheit war.

Sie können sich auch in konkreten Situationen der Angst, der Unsicherheit, der Trauer fragen: »Wie alt ist meine Reaktion? Wann war ich schon einmal ängstlich, unsicher, traurig? Welche früheste Erinnerung an Angst, Unsicherheit, Trauer habe ich?« Sie können sich immer sicher sein, dass Ihr Autopilot sich genau auf diese frühe Reaktion bezieht, sich daran erinnert und Ihnen deshalb genau jetzt vorschlägt, wieder in diesen Modus zu gehen, da es vor langer Zeit eine erfolgreiche Strategie war.

Werden Sie zum Piloten Ihres Verhaltens und Ihrer Handlungen. Übernehmen Sie wieder das Steuer, und finden Sie auf die heutigen Herausforderungen Ihres Lebens heutige Antworten, egal, was Ihr Autopilot Ihnen vorschlägt. Misstrauen Sie entsprechend den spontanen, schnellen Antworten, die Ihnen Ihr Körper, Ihr Energiesparmodus oder Ihr Angstgehirn vorschlagen. Sagen Sie sich immer: »Ich kann bessere Antworten als die spontanen, ersten, schnellsten finden«, und denken Sie immer daran, dass Ihr Autopilot primär das Ziel verfolgt, Ihren inneren Schmerz, die Angst oder die Trauer zu überwinden, nicht aber eine Lösung zur Überwindung der Krise zu finden. Das ist ein wesentlicher Unterschied. (Eine Vertiefung dieser Arbeit finden Sie in dem Kapitel »Ich ist ein Feigling – aber nicht mehr lange!«)

4. Adler *vs.* Maulwurf

Ein zentraler Leitspruch in meiner therapeutischen Arbeit mit Klienten in der Krise lautet: »Was dem Maulwurf Mühe, ist dem Adler Weisheit.« Auch in diesem Satz steckt, wie in den Begriffspaaren zuvor, die Einladung, die Perspektive zu wechseln: Der blinde Maulwurf spürt und realisiert nur, was ihm direkt vor der Schnauze liegt und an Last und Erde aufgebürdet wird, der Adler hat die Möglichkeit, eine Perspektive zu entwickeln, die das Gestern und Morgen mit einbeziecht (siehe hierzu vertiefend das Kapitel »Ein Hoch auf das Gestern und Morgen«).

Beobachten Sie sich: »Bin ich gerade Maulwurf? Was, wenn ich Adler werde? Was sehe ich dann, was ich als Maulwurf nicht sehe? Woher kommt meine Verzweiflung? Meine Verzagtheit? Und wohin führt mich der Weg, auf dem ich gerade Schwierigkeiten habe voranzukommen? Die Perspektive des Adlers löst nicht meine Probleme, löst die Krise nicht auf, aber sie gibt dem aktuellen Erleben, den aktuellen Schwierigkeiten einen Kontext von Herkunft und Zukunft und lässt mich dadurch das Aktuelle besser, ruhiger, zuversichtlicher, stoischer fortsetzen oder auch beenden, weil ich aus der Perspektive des Adlers erkenne, dass es gerade bessere Handlungen gibt als die, die der Maulwurf vorschlägt.«

5. Lebenswächter *vs. Leibwächter*

Eng verwandt mit »Pilot *vs. Autopilot*« oder »Adler *vs. Maulwurf*« und doch mit einem anderen Fokus und dadurch wichtig!

Bedenken Sie immer nach der Lektüre der ersten beiden Kapitel: Ihr Geist, Ihr Körper will Sie beschützen. Die ersten Reaktionen von Körper und Geist sind Abwehr des Schmerzes, Abwehr der Zumutung. Ihr spontaner Geist und Ihre unmittelbare Körperreaktion haben entsprechend eine Art Leibwächterfunktion (einzig mit dem Ziel, den Körper zu beschützen), und wir geben uns gern dieser Reaktion hin, da wir ja unmittelbar erleben, dass dadurch Stress, Schmerz oder Trauer nachlassen. Ihr Leibwächter agiert immer nur aus den

Belastungen und Bedrohungen des Hier und Jetzt, der absoluten Gegenwart heraus. Eine klassische Leibwächterreaktion ist zum Beispiel Wegrennen, Ablenkung oder Alkoholkonsum. Dies führt aber meist dazu, dass der Vorschlag des Leibwächters uns von unseren Werten, unserem Lebenssinn, unseren eigentlichen Zielen wegführt.

Ganz anders der *Lebens*wächter: Der Lebenswächter in Ihnen möchte, dass Sie ein sinnvolles und Ihren Zielen und Werten verbundenes Leben leben. Der Lebenswächter agiert aus dem Wissen von Gestern und Morgen, von Vergangenheit und Zukunft, von Verantwortung und Konsequenz. Er bleibt auch in der Krise den Werten und Zielen, die Ihnen wichtig sind, verbunden. Und auch wenn der Weg des Lebenswächters manchmal kurzfristig schmerzhafter ist und uns Überwindung kostet, ist es oft sinnvoller, den Vorschlägen des Lebenswächter zu folgen als den Vorschlägen des Leibwächters.

Unterscheiden Sie also Ihre inneren Stimmen zwischen Leibwächter und Lebenswächter, und entscheiden Sie dann, welchem Wächter Sie die Kontrolle über die konkrete Situation und über Ihr Leben übergeben. Oder reflektieren Sie im Nachgang eine Situation, und fragen Sie sich, was Sie getan hätten oder jetzt noch tun könnten, wenn Sie die Verantwortung für Ihre Reaktion anstatt Ihrem Leibwächter Ihrem Lebenswächter übergeben (hätten). (Vertiefende Ausführungen hierzu finden Sie im Kapitel »Ich ist ein Feigling – aber nicht mehr lange!«.)

6. Innerer Freund *vs. innerer Richter*

Schauen Sie voller Liebe und Freundschaft auf sich. Was geschehen ist, ist geschehen. Was ist, das ist. Seien Sie wohlwollend sich selbst gegenüber. Beschimpfen Sie sich nicht. Kritisieren Sie sich nicht. Ärgern Sie sich nicht. Weil es nicht sinnvoll ist. Weil Sie mit Selbstkritik, Selbstbeschimpfung, Selbstärger keinen Schritt vorankommen. Seien Sie sich selbst gegenüber der beste, wohlwollende, tröstende, unterstützende, verständnisvolle Freund. Weil nur aus dieser Haltung eine Veränderung, Energie, Trost und Zuversicht kommen können.

Wir alle kennen diese innere Stimme, die über uns urteilt, die uns verurteilt: »Du hast versagt. Du bist nicht gut. Du genügst nicht. Du wirst es nie schaffen. Du machst alles falsch.« Vermeiden Sie es, dieser Stimme Raum und Energie zu geben. Sie gehört Ihrem inneren Richter, dem inneren Kleinmacher, dem inneren Beschimpfer. Danken Sie der Stimme, aber folgen Sie ihr nicht.

Hören Sie besser auf die Stimme Ihres inneren Freundes, die sagt: »Wir schaffen das. Ich weiß zwar noch nicht, wie, aber wir werden einen Weg, gute Antworten finden. Wir können an dem, was passiert ist, aktuell nichts mehr rückgängig machen, und wir werden bestmöglich mit dem, was ist, umgehen. Du bist ein guter, liebenswerter Mensch. Du genügst. Du wirst es schaffen.«

7. Selbstfürsorge *vs. Selbstbekämpfung*

Damit eng verwandt sind die Begriffe »Selbstfürsorge« und sein Gegenpart, die »Selbstbekämpfung«. Der innere Richter fördert und fordert Selbstbekämpfung, der innere Freund fördert und sorgt für Selbstfürsorge.

Tun Sie sich Gutes, wenn es Ihnen schon nicht gut geht. Das ist das größte und wichtigste Geschenk, das Sie sich machen können und machen müssen, damit es Ihnen besser geht und das Leben wieder besser wird.

Beachten Sie bei der Selbstfürsorge bitte folgende Unterscheidung, die uns auch im Kapitel »Ich ist ein Feigling – aber nicht mehr lange!« noch einmal zentral beschäftigen wird: In der unmittelbaren Realisierung der Krise, der Gefahr, der Angst können Akte der Selbstfürsorge Rückzug, Ruhe, Ablenkung sein und dienen der konkreten Schmerzregulierung. Bis zu einem gewissen Grad ist das in Ordnung und auch notwendig, um dem Schmerz, der Krise auch etwas Relativierendes, Erholendes entgegenzusetzen. Die Verstetigung dieser Handlungen kann aber mittel- und langfristig zu einem Akt der Selbstbekämpfung werden, wenn diese Handlungen uns von unseren eigentlichen Zielen und Werten abbringen. Schlafen, Sport machen, Serien schauen kann am Anfang einer Krise ein Akt der Selbstfürsorge sein, um die Wucht des Schmerzes für die Dauer der Aktivität zu mildern. Wenn diese Aktivitäten aber zu viel Raum und Zeit einnehmen, werden sie zu einem Akt der Selbstbekämpfung, da sie uns davon abhalten, die wesentlichen und richtigen Dinge voranzubringen, die uns wirklich helfen die Krise zu überstehen und zu überwinden, und nicht nur die Funktion haben, uns von der Krise abzulenken (siehe hierzu auch das Begriffspaar »Schmerz *vs. Leid*«).

8. Binnenregulation *vs. Außenregulation*

Alle bisher vorgeschlagenen Begriffe (und die meisten der folgenden auch) sollen Sie kompetenter in Ihrer sogenannten Binnenregulation machen.

Binnenregulation ist die Fähigkeit, Ihre eigenen Gedanken, Gefühle, Sorgen und Ängste einzuordnen, zu regulieren, kompetent darauf zu reagieren, sich selbst zu beruhigen und zu beschützen, obwohl im Außen keine Änderung stattgefunden hat. Beachten Sie das bitte: Unsere Erstreaktion auf die Krise ist immer die Hoffnung, dass sich im Außen etwas verändert. Das ist aber nicht in unserer Kontrolle.

In der Belastung fokussieren wir uns oftmals zu sehr darauf, die Regulation der Krise oder Herausforderung singulär durch eine Veränderung im Außen zu erwarten (ein Wunder, ein Anruf, ein Zufall, ein neuer Mensch, eine neue Arbeitsstelle, ein Rückgängigmachen, eine Entschuldigung, ein Erwachen aus dem Albtraum). Sie werden diese Gedanken nach einem rettenden, alles wiedergutmachenden Außen nicht abstellen können, aber Sie sollten sich gleichzeitig immer fragen, was Sie bei sich, in sich als Akte der Binnenregulation zusätzlich machen können, damit es Ihnen besser geht, damit Sie sinnvolle Schritte in eine bessere Zukunft gehen können. Die Veränderung nur im Außen zu erwarten ist zu wenig.

Binnenregulation bedeutet die Fähigkeit, die eigene Wut, den eigenen Ärger, Frust, die Trauer und den Schmerz zuzulassen, aber nicht die Kontrolle übernehmen zu lassen (siehe hierzu auch »Differenzierung *vs. Verschmelzung*«). In der Unterscheidung zum Begriffspaar Differenzierung und Verschmelzung geht es hier aber um den beliebten Mechanismus, alle Erlösungen und Lösungen für die aktuelle Krise im anderen, im Außen zu erhoffen, ja zu erwarten und keinen eigenen Anteil an der Veränderung beitragen zu wollen.

Die menschliche Fokussierung auf eine Außenregulation hat zentral mit unseren frühkindlichen nachgeburtlichen Erfahrungen zu tun (siehe das Kapitel »Vor der Geburt war es doch am schönsten …«). Aus unserer damaligen Hilflosigkeit und aus dem Erleben, dass das Außen uns seinerzeit permanent gerettet und umsorgt hat, leiten wir bis in unser Erwachsenenalter ab, dass dieser Mechanismus auch heute noch funktionieren kann oder muss. Sätze wie »Du bist schuld«, »Mein Chef ist schuld«, »Die müssen doch etwas für mich tun«, »Das System ist schuld«, »Du musst mich retten« oder »Wenn du gehst, bin ich verloren« sind Ausdruck dieser Haltung.

In der Binnenregulation habe ich die Fähigkeit, mich in der Krise nach einer gewissen Zeit auch selbst zu beruhigen, zu erholen und zu entspannen, meinen Zustand einzuordnen, zu relativieren. Ich habe die Kapazitäten, meine Aufmerksamkeit auf Schritte und Handlungen zu richten, die notwendig sind, um gute und sinnvolle Handlungen zur Überwindung meiner aktuellen Situation zu initiieren.

Nichts spricht dagegen, sich durch ein Außen retten zu lassen. Allerdings werden die Chancen mit zunehmendem Lebensalter immer geringer, dass Sie jemanden finden, der Sie in Unbedingtheit retten möchte. Weil niemand mehr in Ihnen ein hilfloses Kleinkind oder eine bedürftige jüngere Variante seiner eigenen Existenz sieht. Verlassen Sie sich also bitte nicht auf dieses Außen. Aktivieren Sie stattdessen Ihre binnenregulatorischen Energien und Möglichkeiten, sodass Sie sich selbst bestmöglich darin unterstützen, einen Weg aus der Krise zu entdecken. Und fragen Sie sich immer wieder: »Was kann ich jetzt hier aktuell noch tun, um einen guten Weg aus dem Schmerz zu finden? Wodurch kann ich mich selbst unterstützen, diese Zeit gut zu überstehen und gleichzeitig Veränderung zu initiieren?«

Erlauben Sie mir hier eine kleine Zwischenbemerkung: Sie merken, dass es Schnittmengen zwischen den Begriffspaaren gibt. Was ich im vergangenen Absatz ausgeführt habe, hätte ich auch bei der Selbstfürsorge oder dem Inneren Freund schreiben können. Bei anderen Begriffen ist das ähnlich. Das ist beabsichtigt, unvermeidbar und gut so. Fragen Sie sich bitte nicht, wie sich genau und präzise das eine Begriffspaar vom anderen unterscheidet. Ich will Ihnen eine Vielzahl manchmal überlappender Begriffe und Vokabeln nahebringen. Sie werden daraus etwas Gutes und Hilfreiches für sich machen. Das weiß ich. Und wenn das bedeutet, dass Sie von nun an mit allen Begriffen arbeiten, ist das ebenso gut, wie wenn Sie sich nur für eine Auswahl der sich überschneidenden Begriffspaare entscheiden. Wesentlich ist, dass Sie möglichst viele Wörter in Ihr Aktivdenken übernehmen, um einen Unterschied in Ihnen und in Ihren Handlungen zu machen. Welche das sind und wie Sie diese voneinander abgrenzen, ist zweitrangig.

Und weiter geht es ...

9. Akzeptanz *vs. Kontrolle*

Akzeptanz bedeutet, Gedanken und Gefühle zuzulassen. Kontrolle ist der Versuch, Gedanken und Gefühle einzudämmen, in bestimmte Richtungen zu lenken, sich selbst dienlich zu machen. Kontrolle will Vermeidung. Kontrolle versucht, Trauer, Schmerz, Unsicherheit wegzudrücken und durch die Fokussierung zum Beispiel auf Chancen in der Krise zu vermeiden.

Viele Jahrzehnte waren Therapeuten obsessiv damit beschäftigt, Klienten dabei zu helfen, dass sie ihre Gedanken und Gefühle unter Kontrolle bringen. Seit ein paar Jahren wissen wir aber, dass es viel zielführender ist, wenn wir uns beruhigen, indem wir uns die Normalität unserer Angst, Trauer, Unsicherheit vor Augen führen und akzeptieren, dass diese Begleiter unseres Lebens sind. Und da Sie die vorhergehenden Kapitel gelesen haben, wissen Sie auch, warum das so ist und dass es kaum eine Möglichkeit gibt, sich dagegen zu wehren.

Oftmals verbringen wir viel Zeit damit und vergeuden dabei viel Energie, unser Denken und Fühlen unter Kontrolle bringen zu wollen.

Akzeptieren Sie alle Gefühle und Gedanken, die kommen. Integrieren Sie diese in Ihr Leben, und sagen Sie sich: »Es ist ganz normal, dass ich jetzt traurig oder unruhig bin.« Oder besser: »… dass gewisse Anteile in mir Trauer oder Unruhe als Bewältigungsstrategie vorschlagen, da etwas mir Wichtiges und Schönes gerade zu Ende geht und ich nicht weiß, wie es weitergehen wird/da ich nicht weiß, ob ich jemals wieder lieben kann/da ich nicht weiß, ob ich wieder eine Arbeit finde/da ich nicht weiß, wie ich kommenden Monat meine Miete bezahlen kann/da ich nicht weiß, ob ich wieder gesund werde.«

Akzeptieren Sie, dass in solchen Momenten Gefühle und Gedanken der Angst, der Unruhe, der Trauer normal sind. Auch wenn das seltsam klingt: Sie sind beruhigende Zeichen Ihrer tiefen Menschlichkeit. Das kann auch dazu führen, dass Sie ein paar Tage keine Lust haben aufzustehen, keine Lust haben, Freunde zu sehen, keine Idee von Freude oder Energie haben. Akzeptieren Sie auch solche Phasen als normal. Vertrauen Sie darauf, dass die Intensität dieser Gedanken und Gefühle auch wieder nachlässt, und danken Sie diesen Gedanken und Gefühlen, da sie Ihnen ja Hinweise darauf geben, was Ihnen im Leben wichtig ist.

Sicher erinnern Sie sich noch an die Umkehrungsfrage aus dem Vorwort. Dort hatte ich Sie gebeten, die Frage »Was will ich vom Leben?« umzukehren: »Was will das Leben von mir?« Durch die Umkehrung gehen Sie aus der Kontrolle in die Akzeptanz. Die Antwort, die Sie dann auf diese Frage finden, könnte zum Beispiel lauten: »Das Leben will, dass ich gerade in einer großen Herausforderung/in einer großen Trauer/in einer großen Unsicherheit bin und damit klarkomme.« Das ist keine Einladung, um sich mit der Trauer, Unsicherheit abzugeben und in der Trauer oder Angst zu verharren. Es ist in einem ersten Schritt die Akzeptanz des Umstandes, dass viele unserer Krisen uns durch äußere Impulse zustoßen und wir diese nicht ungeschehen machen können, und die Akzeptanz des Umstandes, dass diese Krisen in uns Ängste, Trauer, Unsicherheit auslösen.

Oder nehmen Sie den oft zitierten Satz von Ambrose Redmoon: »Mut bedeutet nicht, keine Angst zu haben, sondern es ist die Entscheidung, dass etwas anderes wichtiger ist als die Angst.«[1] Auch in diesem Satz liegt der Fokus auf der Akzeptanz, nämlich der Akzeptanz, dass ich mutig sein kann, ohne die Angst unter Kontrolle bringen zu müssen. Viele Menschen fokussieren sich aber in einem ersten Schritt zu sehr darauf, die Angst in den Griff bekommen zu wollen, anstatt zu akzeptieren, dass diese da sein darf und sie trotz der Angst ihre ihnen wichtigen Ziele verfolgen können.

Sie können ja auch trotz Hunger Ihre Wanderung zum nächsten Etappenziel zu Ende führen. Sollten Sie sich aber darauf konzentrieren, Ihren Hunger unter Kontrolle zu bekommen (ohne Nahrung oder Wasser verfügbar zu haben), ist das ein sinnloses und energieraubendes Unterfangen. Üben Sie sich darin, die unguten Gefühle und Gedanken zuzulassen und gleichzeitig sinnvolle Handlungen zu initiieren. Schon bald werden Ihre Ängste an Kraft und Einfluss verlieren, auch wenn die Ängste weiter dableiben (siehe hierzu das zentrale Kapitel »Ich ist ein Feigling – aber nicht mehr lange!«).

10. Schmerz vs. Leid

Schmerz ist unsere unmittelbare Reaktion auf Enttäuschung, Verletzung, Scheitern. Schmerz erleben wir, wenn wir im Angst-, Krisen-, Gefahrenmodus sind. Schmerz ist die normale Reaktion des Körpers auf äußere Geschehnisse, die nicht in unserem Sinne verliefen. Trauer ist Ausdruck von Schmerz über eine Trennung oder einen Tod. Angst ist Ausdruck von Schmerz über einen Jobverlust. Frust ist Ausdruck von Schmerz über ein Karriereende. Scham, Schuld, Ärger, Unzufriedenheit sind alles Ausdruck von Schmerz in diversen Lebenssituationen. Kämpfen Sie nicht gegen diesen Schmerz. Akzeptieren Sie ihn als Realität Ihres Lebens und Hinweis darauf, dass gerade etwas Ihnen Wichtiges nicht mehr ist, ein

Ende oder keinen Anfang gefunden hat. Schmerz ist wie ein Hinweisschild, das uns zeigt, was uns wirklich wichtig ist im Leben.

Leid hingegen resultiert aus Ihrem spezifischen Umgang mit dem Schmerz. Leid ist eine Art dysfunktionales Schmerzmanagement. Leid ist die Konsequenz Ihres Versuchs zukünftiger Schmerzvermeidung. Schmerz ist die Trauer eines Verlustes, Leid ist die Vermeidung einer Bindung, um zukünftig den Schmerz eines Verlustes nie wieder spüren zu müssen. Schmerz ist die Angst vor dem Versagen, Leid ist die Vermeidung einer Prüfung oder einer verantwortlichen Tätigkeit, um nie wieder Angst vor dem Versagen haben zu müssen. Die Strategie, die Leid immer vorschlägt, ist Rückzug, Erlebnisvermeidung, Passivität, Wegschauen. Ohnmacht, Gleichgültigkeit und Hoffnungslosigkeit sind Ausdruck von Leid. Leid ist anders als Schmerz destruktiv, sinnlos, unnütz, leer. Leid entfernt uns von unserer Bestimmung, als Menschen zu wachsen, zu lernen, uns zu verändern. Leid ist Stillstand und Agonie.

Schmerz ist überlebenswichtig, zentral, beschützt uns. Leid ist der nicht hilfreiche Versuch, Schmerzen zu vermeiden. Schmerz geschieht. Leid kreieren wir.

Integrieren Sie in Ihre Reflexion über sich selbst die Unterscheidung zwischen Schmerz und Leid, und entkommen Sie damit der Falle, die Ihnen das Leid immer stellen will. Aus dem Leid heraus erscheint alles sinnlos und unnütz. Glauben Sie dem Leid nicht. Der Schmerz hingegen legt den Finger in die Wunde und zeigt uns verlässlich, was uns wichtig ist, wofür wir eigentlich brennen, wir jederzeit kämpfen würden, wenn wir wüssten, dass wir immer gewinnen, was für unser Wohlempfinden zentral ist. Leid ist Ihr Feind. Schmerz ist Ihr

Freund. Beobachten Sie sich dabei, ob Sie gerade im Schmerz oder im Leid sind, und beenden Sie schnellstmöglich Verhalten, das aus dem Leid geschieht und nur weiteres Leid etabliert.

11. Gedanken *vs. Sorgen*

Lernen Sie die wichtige Unterscheidung zwischen Gedanken und Sorgen. Wenn ich mir Gedanken mache, ist mein Denken lösungsfokussiert: »Wie kann es weitergehen? Was ist jetzt zu tun?« Mache ich mir Sorgen, ist mein Denken hingegen problemorientiert: »Wird es jemals weitergehen? Finde ich jemals gute Antworten? Werde ich jemals wieder glücklich sein? Kann ich jemals wieder lachen?«

Gedankenfragen beginnen meist mit »wie/wann/was/wo/wen?«. Auf Gedanken und Fragen, die Gedankenfragen sind, gibt es immer eine Antwort, eine Handlung. Wenn Sie sich Sorgen machen und aus dem Sorgenmodus Fragen stellen, ist die Antwort immer: »Nein. Ich weiß es nicht.« Daran merken Sie, ob Sie sich Gedanken oder Sorgen machen. Sorgen drehen sich um das Morgen. Gedanken drehen sich um das Heute und Jetzt und unsere Möglichkeiten, das heutige Schlechte in ein morgiges Besseres zu wandeln.

Eine hilfreiche innere Frage ist: »Hilft mir mein aktuelles Denken, einen Weg aus der Krise zu finden?« Falls Sie diese mit Ja beantworten, sind es Gedanken, falls Sie die Frage mit Nein beantworten, sind es Sorgen.

Sobald Sie sich dabei ertappen, im Sorgendenken festzuhängen, verändern Sie Ihre Sorgen zu Gedanken, indem Sie die Sorgenfragen in Gedankenfragen umformulieren: Eine Sorge »Werde ich jemals wieder einen Job finden?« wird zum Gedanken »Was kann ich jetzt tun, um wieder einen Job zu finden?«. Eine Sorge »Werde ich jemals wieder lachen können?« wird zum Gedanken »Worüber könnte ich auch jetzt noch lachen?«.

Konzentrieren Sie sich immer wieder darauf, Ihr Denken zu beobachten und Gedanken von Sorgen zu unterscheiden. Ziel ist es, sich mehr Gedanken als Sorgen zu machen, und ideal, den Sorgen wenig bis keinen Raum zu lassen.

Eine weitere Hilfe, zwischen Gedanken und Sorgen besser unterscheiden zu können, bietet der stoische Philosoph Epiktet, der Dinge, die in unserer Macht liegen, von jenen abgrenzt, die nicht in unserer Macht liegen.

Wenn Sie sich Sorgen machen, sind Sie meist in Denkschleifen gefangen, auf die es keine Antwort in Ihnen gibt, die also nicht in Ihrer Macht liegen: »Wird mein Bruder jemals wieder mit mir sprechen?«, »Wird mein Partner mir jemals verzeihen oder sich entschuldigen?«, »Wird sich jemals wieder jemand in mich verlieben?«, »Wissen die Kollegen schon mehr über meine berufliche Zukunft als ich?«, »Wird mein Vermögen jemals sicher sein?«, »Werde ich jemals gefestigt in meinem Beruf sein?«, »Ist die Entscheidung richtig?«, »Wird es am Ende gut ausgehen?«, »Werde ich im Alter an Krebs erkranken?« ...

Gedanken erkennen Sie daran, dass es Antworten, Verhaltensmöglichkeiten gibt, die Sie selbst initiieren können, die also in Ihrer Macht liegen: »Will ich auf meinen Bruder zugehen und ihm ein Gespräch anbieten?«, »Suche ich das Gespräch mit meinem Partner und bitte um Verzeihung oder lasse ihn wissen, dass mir eine Entschuldigung wichtig ist?«, »Bemühe ich mich täglich, ein liebenswerter, interessanter Mensch zu sein?«, »Spreche ich meine Kollegen an und frage, ob sie etwas über meine berufliche Zukunft wissen?«, »Was kann ich aktuell tun, um mein Vermögen bestmöglich aufzustellen, damit ich in der Krise sagen kann: Ich habe nach bestem Wissen gehandelt?«, »Bin ich bereit, das Risiko dieser Entscheidung einzugehen, selbst wenn es am Ende schlecht ausgeht?«, »Verhalte und ernähre ich mich aktuell so, dass ich die Wahrscheinlichkeit einer Krebserkrankung bezüglich solcher äußerer Faktoren gering halte?«…

Auf Gedanken gibt es Antworten, und aus den Antworten resultieren Handlungen. Auf Sorgen gibt es keine Antworten, und Sorgen führen zu Nicht-Handlungen. Lernen Sie diese Unterscheidung, und ersetzen Sie möglichst viele Ihrer Sorgen durch Gedanken.

Vielleicht scheint Ihnen diese Unterscheidung zu akademisch oder abstrakt. Ich weiß aber, dass sie vielen meiner Klienten hilft, eine Differenzierung im eigenen Denken zu etablieren, und dass sie dadurch ihre Kompetenzen erhöhen, Sorgen zu reduzieren und Gedanken zu stärken. Dadurch entsteht ein Unterschied im Denken, der uns stabilisiert, in Handlungen führt und guten Lösungen näher bringt.

12. Verantwortung *vs. Schuld*

Ähnlich ist die Unterscheidung zwischen Verantwortung und Schuld. Verantwortung führt zu Gedanken und Handlungen. Schuld führt zu Sorgen und Lähmung.

Schuld ist rückwärtsgewandt: »Wie konnte es so kommen? Was habe ich wann und wie falsch gemacht? Was haben andere wann und wie falsch gemacht?«

Verantwortung meint: »Wie finde ich bestmöglich aus dieser aktuellen Sackgasse heraus? Welches verantwortliche Handeln resultiert aus dieser Krise? Aus diesem Versagen? Aus dieser Katastrophe? Aus diesem Scheitern? Aus der Realität meines Lebens, in der ich jetzt bin?«

Die Schuld stellt Fragen an die Vergangenheit, auf die es keine belastbare Antwort gibt, will verstehen, was nicht zu verstehen ist.

Die Verantwortung stellt sich der Realität meiner Gegenwart und sucht Wege, einen besseren Umgang, eine neue Realität in Gegenwart und Zukunft zu erschaffen.

Der Unterscheidung zwischen Verantwortung und Schuld entspricht auch die Unterscheidung zwischen einer Wofür-/Wozu- und einer Warum-Frage. Warum-Fragen führen Sie immer direkt in Schuldzuweisung, die Sorge und den Abgrund. Warum- und Schuld-Fragen können streng genommen nie empirisch verlässlich beantwortet werden. Und doch geben wir uns ihnen nur zu gern hin und konstruieren vermeintlich logische Kausalketten des Niedergangs, wo es keine gibt.

Warum ich? Warum dort? Warum das? Warum fragt nach Ursachen, führt in das Gestern, in die Schuld. Unsichtbar im Zentrum einer Warum-Frage steht eigentlich immer: Was habe ich falsch gemacht? Was haben die anderen alles falsch gemacht, damit ich jetzt da bin, wo ich bin?

Alle Antworten auf Warum-Fragen, auf die Frage nach Schuld oder Schuldigen sind spekulativ, da unser Verstand in der Gegenwart ein wackliges Gedankenkonstrukt über die Unausweichlichkeit, Folgerichtigkeit oder Zufälligkeit einer Vergangenheit und deren Konsequenzen bastelt.

Warum-Fragen führen nirgendwohin, geben uns keine Handlungsanleitung, verharren in Vergangenheit und Krise. Wandeln Sie deshalb Warum-Fragen in Wofür-/Wozu-Fragen um.

Wofür-/Wozu-Fragen fragen nach der Absicht, nach den Zielen und führen uns in die Verantwortung, auf die gegenwärtige Situation reagieren zu müssen, egal, wer oder was diese Situation herbeigeführt hat.

Die Schuld fragt: »Warum bin ich so traurig?« Und antwortet: »Weil alles scheiße ist.«
  Die Verantwortung fragt: »Wozu bin ich so traurig?« Und antwortet: »Um meinen Schmerz, meine Trauer zu leben, zu zeigen, zu überwinden.«

Die Schuld fragt: »Warum wurde ich entlassen?« Und antwortet: »Weil irgendjemand etwas gegen mich hat. Weil man ein Bauernopfer brauchte.«
  Die Verantwortung fragt: »Wofür wurde mir gekündigt?« Und antwortet: »Damit ich mir einen neuen Job suche. Damit ich etwas Neues beginnen muss.«

»Warum?« gibt Spekulationen Raum und sucht Schuld. Warum führt immer zu Lähmung.

»Wofür?« gibt Antworten und sucht Lösungen, ist Verantwortung. »Wofür?« führt immer zu Handlungen und zu Veränderungen.

Stellen Sie sich von heute an nur noch Wofür-Fragen. Handeln und denken Sie von jetzt an immer in Verantwortung. Ihr Leben wird es Ihnen danken.

13. Reflexionsreaktion *vs. Affektreaktion*

Eine Affektreaktion ist immer eine spontane unmittelbare Reaktion auf ein Erleben, meist ein Erleben im Außen. Ein Streit, eine Kündigung, ein Umzug, eine drohende Insolvenz, ein Brief, eine Rückmeldung, eine Trennung. Seien Sie nachsichtig mit sich selbst, wenn Sie im Affekt in die Wut, die Trauer, den Ärger, die Verzweiflung, die Hilflosigkeit gehen. Das ist zutiefst menschlich und normal. Unterscheiden Sie aber die Affektreaktion von der Reflexionsreaktion. Eine Reflexionsreaktion bezeichnet ein mittelfristiges, reflektiertes Antwortmuster. Handlungsfähige und veränderungsfähige Menschen unterscheiden sich von tendenziell eher hilflosen, verzweifelten nicht dadurch, dass sie nie im Affekt reagieren, nie hilflos oder verzweifelt sind, sondern dadurch, dass sie nach einer bestimmten Zeit eine alternative reflektierte Reaktion zur affektiven Erstreaktion zeigen.

Viele Klienten kommen immer wieder in meine Praxis und wünschen sich, nie wieder wütend, nie wieder traurig, nie wieder ängstlich oder hilflos zu sein. Das ist schlechterdings unmöglich. Was in unseren Möglichkeiten liegt, ist aber, nach unseren spontanen affektiven Erstreaktionen – die individuell ganz unterschiedlich sind – eine sekundäre reflexive Reaktion zu etablieren und zu praktizieren. Nur weil Sie gestern wütend oder hilflos waren, muss das nicht heißen, dass Sie auch heute oder morgen noch genauso wütend oder hilflos sein müssen. Sie alle kennen das aus eigener Erfahrung. Sie wissen, dass die Intensität der ersten Reaktion nachlässt, weil Sie sich ihr ganz hingegeben oder darüber nachgedacht haben, weil Sie eine Nacht darüber geschlafen oder sich ein paar Stunden berauscht und abgelenkt haben.

Integrieren Sie deshalb in Ihr Denken und Handeln die Unterscheidung von Affektreaktion zu Reflexionsreaktion, und erlauben Sie sich, dadurch sowohl eine innere Beruhigung als auch einen inneren Abstand zu Ihrer ersten Reaktion zu haben, ebenso wie die Gewissheit, dass Ihnen die reflektierte Reaktion noch als Handlungs- und Denkoption zur Verfügung steht.

Sie können sich selbst sagen: »Auch wenn meine erste unmittelbare affektive Reaktion darauf so war, werde ich doch in den kommenden Tagen oder Wochen auch noch ein alternatives, hilfreiches, unterstützendes, sinnvolles, konstruktives Reaktionsmuster an den Tag legen, das mir hilft, auf die aktuellen Herausforderungen bestmögliche Strategien, Antworten, Handlungen zu finden.«

Und auch in der Affektreaktion haben Sie dadurch die Möglichkeit, sich aus Ihrem Selbst zu beobachten und zu sagen: »Gerade drehe ich total durch, gerade verliere ich total den Boden unter den Füßen, gerade bin ich total hilflos, aber ich weiß, dass ich morgen, übermorgen, in einer Woche, in einem Monat eine bessere, hilfreichere, zielführende Reaktion an den Tag legen werde; und deshalb gebe ich mich jetzt nicht total der Hilflosigkeit meiner Affektreaktion hin, sondern kann diese einordnen als etwas, was auch wieder anders wird.«

Und für Fortgeschrittene in dieser Unterscheidung gibt es dann natürlich auch die Möglichkeit, der eigenen Affektreaktion keinen Raum zu geben, ihr nicht nachzugeben, sie zu verkürzen und schneller oder ausschließlich in die reflektierte Reaktion zu gehen, auch wenn das bedeutet, dass man zum Beispiel einfach mal ein paar Minuten still ist, nachdenkt, tief atmet, in sich hineinhört und dann erst reagiert. Vergessen Sie nie: Sie sind viel mehr als Ihre spontanen Affektreaktionen, ja das Wesentliche, Besondere, Liebenswerte, Wertvolle Ihres Menschseins hat mit Ihren negativen Affektreaktionen überhaupt nichts zu tun.

14. Verhalten/Handlung *vs. Denken/Fühlen*

Wie eben schon erwähnt, wünschen sich Klienten in der Krise immer wieder, dies oder jenes nicht mehr zu fühlen oder dies oder jenes nicht mehr zu denken. Da sie der tiefen Überzeugung sind, dass es gerade die Gedanken und Gefühle sind, die sie davon abhalten, ein zufriedenes Leben zu leben. Die Erfahrungen in der therapeutischen Arbeit haben aber gezeigt, dass so etwas nur selten möglich ist und wir viel Energie vergeuden, wenn wir uns ausschließlich darauf konzentrieren, bestimme Gedanken oder Gefühle nicht mehr zu denken oder zu haben. Die Aufforderung, jetzt nicht an einen rosa Elefanten zu denken, sorgt verlässlich dafür, an einen rosa Elefanten zu denken.

Ein viel lebenspraktischerer Ansatz ist es deshalb, die Gedanken und Gefühle, die wir haben, einerseits zu akzeptieren (siehe »Akzeptanz *vs. Kontrolle*«), andererseits aber unsere Gedanken und Gefühle streng von unserem Verhalten zu trennen.

Beachten Sie bitte deshalb:
- Sie müssen nicht alles glauben, was Sie denken oder fühlen.
- Ihr Denken und Fühlen muss keine Macht über Ihr Handeln haben.
- Wenn Sie schon Ihre Emotionen, Gefühle und Gedanken nicht kontrollieren können, können Sie immer noch Ihre Handlungen kontrollieren.
- Sie können denken und fühlen, was Sie wollen – es ändert nichts an den Fakten, an der Welt da draußen, an der Herausforderung, an der Krise, an den Tatsachen.
- Bewerten Sie sich nach Ihren Handlungen, nicht nach Ihren Gedanken und Gefühlen.

Diese Sätze sind für die meisten Menschen pure Provokation, da wir in einer Zeit leben, in der wir gelernt haben, unsere Gedanken und Gefühle sehr ernst zu nehmen, ja, sie zum Maßstab all unseres Erlebens und Empfindens zu machen. Was, wenn das falsch ist? Was, wenn das nicht nur wenig hilfreich ist, sondern uns geradezu von unserem Bestreben abhält, ein gutes und zufriedenes Leben zu leben? Lassen Sie bitte diese Frage zu, und nehmen Sie sie sehr ernst.

Sie haben in den ersten drei Kapiteln des Buches viel über die Normalität der Krise gelesen und wie wir Menschen damit umgehen. Sie wissen, dass Ihre lebensbiografische, evolutionäre und kulturelle Prädisposition Sorge und Angst ist, dass all

Ihre Systeme nur darauf ausgelegt sind, Gefahr zu erkennen. Es ist deshalb ganz normal, dass Ihr Körper, Ihr Gehirn, Ihr Denken und Fühlen Angst- und Sorge-, Gefahr- und Ärgerkompetenzen hat und diese Kompetenzen ausgeprägter sind als Freude-, Lust-, Entspannungs-, Zuversichts- oder Handlungskompetenzen. Ihr Denken und Fühlen neigt deshalb dazu, permanent vorzuschlagen, dass alles doch eh keinen Sinn hat.

Trennen Sie aus diesem Grund strikt Ihre Denk- und Fühlkompetenzen von Ihren Handlungskompetenzen. Sie können sich schlecht fühlen und trotzdem etwas Sinnvolles tun. Sie dürfen auf etwas keine Lust haben und es trotzdem tun. Nur Ihr Denken und Fühlen kann Sie davon abhalten. Nur Ihre Bereitschaft, Ihrem Denken und Fühlen die Macht über Ihr Verhalten zu geben, sorgt dafür, dass Sie nichts tun und damit die Krise aufrechterhalten oder verstärken.

15. Wachstum *vs. Stillstand* / Veränderung *vs. Wiederholung*

Vielleicht erinnern Sie sich noch aus der Schule an Bertolt Brechts *Geschichten vom Herrn Keuner* und die Zeilen daraus: »Ein Mann, der Herrn K. lange nicht gesehen hatte, begrüßte ihn mit den Worten: ›Sie haben sich gar nicht verändert.‹ ›Oh!‹ sagte Herr K. und erbleichte.«[2]

Sorgen Sie dafür, dass Ihnen dies nicht geschieht. Verpflichten Sie sich auf Wachstum und Veränderung. Wir sind auf der Welt, um zu wachsen, um uns zu verändern. Wir sind nicht auf der Welt, um unveränderlich, starr oder im Stillstand zu sein.

Schauen Sie in den Spiegel, und erfreuen Sie sich daran, nicht mehr die-/derjenige zu sein, die/der Sie vor zwei, drei, fünf oder zehn Jahren waren. Freuen Sie sich auf die-/denjenige(n), der/die Sie in zwei, drei, fünf oder zehn Jahren sein werden. Machen Sie weiterhin Fehler, aber machen Sie immer wieder neue Fehler. Bleiben Sie sich nicht treu. Machen Sie jeden Tag etwas anders und etwas anderes. Langweilen Sie sich nicht selbst, indem Sie immer wieder die gleichen Fehler machen.

Haben Sie Mut und Neugier auf Veränderung, auf Wachstum! Was Sie verlässlich wissen: Wenn Sie alles so machen wie bislang, wenn Sie sich für Stillstand entscheiden, wird immer genau das passieren, was Sie in die aktuelle Krise geführt hat und was Sie in der Krise festhält.

Gibt es einen Unterschied zwischen »Wachstum *vs. Stillstand*« und »Veränderung *vs. Wiederholung*«? Nehmen Sie die Begriffe, die Ihnen besser gefallen. Für manche Klienten hat »Veränderung« einen höheren Aufforderungscharakter, ist lebenspraktischer; für andere klingt das Wort »Wachstum« weihevoller, größer und reizvoller und ist gerade durch seine höhere Abstraktion dann stärker.

Ausdruck höchster menschlicher Unvernunft bleibt es, immer wieder das Gleiche zu tun und andere Ergebnisse zu erwarten. Entscheiden Sie sich deshalb für Wachstum und Veränderung und gegen Stillstand und Wiederholung.

Als Nummer 20 finden Sie noch die Unterscheidung »Neubeginn *vs. Weitermachen wie bisher*«. Auch zu diesem Wortpaar gibt es große Überschneidungen.

16. Furcht vs. *Angst*

Sie finden zu diesen beiden Begriffen und ihrer Unterscheidung viele Bücher und tiefe philosophische Gedanken. Umgekehrt macht die Alltagssprache zwischen den beiden Begriffen kaum einen Unterschied. Trotzdem kann es für Menschen in der Krise entlastend sein, eine Angst in eine Furcht umzutaufen. Vielleicht gerade deshalb, weil wir, obwohl wir die Begriffe kaum unterscheiden, überwiegend von Angst und seltener von Furcht sprechen. In der Therapiearbeit hat sich deshalb eine recht simple Unterscheidung bewährt:

Angst beschreibt und evoziert ein vages, diffuses und dadurch generalisiertes Gefühl von Unsicherheit oder Gefahr und ist meist auf ein Irgendwann, also eine nicht spezifische Zukunft gerichtet. Angst ist eine vermutete Gefahr. Angst ist oft abstrakt, generell und absolut. Angst erscheint uns unbeherrschbarer, wie ein Riese, gegen den wir ohnehin keine Chance haben. Angst ist dadurch subtiler, länger und leider auch zersetzender. Da wir das Wörtchen »Angst« in unserem Aktivwortschatz haben, greifen wir auch immer auf diese Vokabel zurück, obwohl wir vielleicht deutlich weniger als Angst spüren und nur ein Unwohlsein, eine Unsicherheit zum Ausdruck bringen wollen. Aber die Kraft des Wortes »Angst« macht dann unser Problem größer, als es eigentlich ist.

Furcht hingegen ist spezifisch. Ich habe Furcht vor etwas. Furcht ist eine konkrete Gefahr, eine Herausforderung, die kleiner als meine Möglichkeiten ist, auch wenn sie gerade nervt. Furcht ist beschreibbar, beherrschbar. Furcht hat einen Fokus. Furcht hat einen Namen. Furcht kennt ein Ziel. Furcht ist relativ, definier- und benennbar. Furcht erscheint uns einzig durch die Verwendung des Wortes handhabbarer, lösbarer. Dadurch, dass das Wort »Furcht« uns viel weniger selbstverständlich über die Lippen oder durch den Kopf geht als Angst, wirkt es kleiner, beherrschbarer und hat weniger Macht über uns.

Diese Unterscheidung ist eine rein sprachliche. Wenn Sie Ihnen hier nicht hilft, will ich nicht darauf bestehen. Ich weiß aber aus der konkreten Therapiearbeit, dass vielen Klienten diese Unterscheidung hilft und sie darin unterstützt, eine diffuse Angst in eine konkrete Furcht umzutaufen und dadurch bessere Handlungen und Strategien zu entwickeln, um mit dieser Furcht dann besser umzugehen, sie besser zu definieren und ihr dadurch besser zu begegnen.

Probieren Sie es einfach aus, indem Sie das, was Sie aktuell »Angst« nennen, zukünftig »Furcht« nennen, es als »Furcht vor …« konkretisieren und es dadurch vielleicht an Schrecken und Größe verliert und begreifbarer, überwindbarer und kleiner wirkt als zuvor.

17. Krise *vs. Problem*

Unsere Erwachsenwerdung zeichnet sich meist dadurch aus, dass wir in der Pubertät oder als junge Erwachsene eine eigene Kompetenz entwickeln, Probleme zu lösen und Entscheidungen zu treffen. Wir schreiben Listen, machen Pro-und-contra-Zettel, wir schlafen eine Nacht über etwas, wir fragen Freunde, die Eltern, einen Berater, wir lesen einen Ratgeber und so fort und finden eine Antwort, eine Lösung.

Die Probleme, Entscheidungen, die wir zu treffen haben, sind Themen wie: Welchen Fächerschwerpunkt wähle ich in der

Schule? Ziehe ich in eine andere Stadt? Beende ich diese Beziehung nach acht Wochen? Wie überwinde ich den Streit mit meinen Eltern/meinen Freunden? Wohin fahre ich in den Sommerurlaub? Welche Ausbildung/welches Studium beginne ich? Wo bewerbe ich mich? Wie hält man eine freie Rede? Wie funktioniert Geldanlage? Wie verhalte ich mich gegenüber dieser Person? Engagiere ich mich politisch oder ehrenamtlich? Welcher Sport interessiert mich? Was will ich noch wissen oder können?

Wir erleben uns in dieser frühen Erwachsenheit bis Ende zwanzig/Mitte dreißig in der Kompetenz, Probleme zu lösen. Wir wissen Herausforderungen anzugehen und damit verbundene Unsicherheiten relativ schnell zu überwinden. Entsprechend erfreuen wir uns in dieser Lebensphase an unserer eigenen Kompetenz, Probleme zu lösen und zu überwinden. Probleme, Herausforderungen, die dann ab Mitte/Ende dreißig/Anfang vierzig kommen und uns länger begleiten, müssen wir in unserer Zuordnung aber eindeutig von Problemen unterscheiden und anders benennen, nämlich als Krisen.

Warum und worin unterscheiden sich Probleme von Krisen? Krisen sind komplexer, tiefer, mehrdimensionaler. Es gibt für sie keine einfachen Antworten, keine stabil überzeugenden Lösungen, keine verlässliche Kausalität, keine wiederholbar einsetzbare Strategie der Überwindung, da an jeder Entscheidung sehr viel hängt, sie eventuell unumkehrbar ist, unüberwindbar scheint oder wir auf verlässliche, eindeutig belastbar gute Antworten noch sehr lange warten müssen. Alle Antworten, Lösungen verbleiben in einer nebulösen Ambivalenz und der Option, dass dieser Weg auch falsch sein könnte. Immer bleibt eine zu große Restunsicherheit in uns. Krisen sind damit einerseits größer, relevanter und träger als normale Probleme, und andererseits haben wir mit solchen Herausforderungen gar keine Erfahrung, ja, wussten nicht einmal, dass es solche Herausforderungen überhaupt geben kann.

Fragen, die wir uns dann stellen, lauten zum Beispiel:»Werde ich jemals in meinem Beruf glücklich?«,»Kann ich den Belastungen meines Alltags entsprechen?«,»Verlasse ich meinen Ehepartner nach so vielen Jahren?«,»Überwinde ich jemals die Trauer um den Verlust meines Kindes?«,»Warum habe ich kein Talent zu Unbeschwertheit?«,»Zerbreche ich an der Insolvenz?«,»Werden die Schatten meiner Kindheit mich mein Leben lang im Griff haben?«,»Bekomme ich meine Sucht in den Griff?«,»Finde ich jemals einen Menschen, den ich lieben kann?«,»Werde ich die Krankheit besiegen und in fünf Jahren noch leben?«,»Ist das alles, was das Leben noch zu bieten hat?«…

Die Falle, in die die meisten Menschen tappen, ist, zu glauben, dass solche Herausforderungen a) mit den alten Problemlösungskompetenzen und/oder b) überhaupt schnell und sauber lösbar sind. Wir verwechseln (da wir keine Erfahrung damit haben) eine Krise mit einem Problem und wenden entsprechend Mittel und Strategien zur Überwindung von Problemen an, um eine Krise zu überwinden. Tappen Sie bitte nicht in diese Falle!

Verwechseln Sie Ihre Fähigkeit zur Lösung von klassischen, eindimensionalen, niedrigkomplexen Problemen nicht mit Ihrer Fähigkeit, gute, schnelle, belastbare, klare, verlässliche Antworten zur Lösung von komplexen, mehrdimensionalen Krisen zu finden. Wäre das, was Sie gerade umtreibt und motiviert, dieses Buch zu lesen,»nur« ein Problem, hätten Sie es längst gelöst. Da das, was Sie gerade beschäftigt, aber eine

Krise ist, sollten Sie es auch als solche anerkennen und benennen und davon Abstand nehmen, es mit Ihren tradierten Problemlösungskompetenzen lösen zu wollen. Das klappt nicht, ist nur energiesaugend, frustriert Sie und führt zu keinen guten Lösungen.

Akzeptieren Sie, dass mit zunehmendem Lebensalter und verlässlich ab Mitte/Ende dreißig jede Herausforderung, jede Krise nur noch vielschichtige, mehrdimensionale, unsichere Reaktions- und Antwortmöglichkeiten zulässt, bei denen immer Unsicherheit, Zweifel, Verlust, Angst, Risiko bleiben, und akzeptieren Sie auch, dass wir, wenn wir in den Fluss des Lebens steigen, auch die Erfahrung machen werden, dass eine Entscheidung, eine Antwort, eine Reaktion rückblickend falsch sein kann, wir mit Abstand sehen, dass wir es damals besser anders gemacht hätten, aber uns noch gut daran erinnern, warum wir das damals so getan haben, auch wenn es falsch war und wir bis heute mit den Konsequenzen dieser Entscheidung leben müssen.

Krisen sind nicht schnell zu lösen oder zu überwinden. Akzeptieren Sie, dass es oftmals sinnvoller, klüger, lebenstauglicher ist, wenn Sie lernen, eine Herausforderung, eine Krise dieser Art über einen Zeitraum von Monaten in der Schwebe zu halten, ohne eine verlässliche Antwort zu haben. Dass Sie lernen müssen, die Diffusität auszuhalten, und Sie nur Ihre Energien vergeuden, wenn Sie sich darauf konzentrieren, diese Diffusität schnellstmöglich auflösen zu wollen.

18. Gebürtlichkeit *vs. Sterblichkeit*

Diese Unterscheidung hat die Philosophin Hannah Arendt in das lebensphilosophische Denken eingeführt.

Das Wissen um die eigene Sterblichkeit kann im gelingenden Leben Energien freisetzen. Da wir wissen, dass wir sterben werden, lernen wir, Dinge anzugehen, Neues auszuprobieren, Visionen umzusetzen. Unsere Sterblichkeit wirkt dann wie ein Beschleuniger, aktiv zu werden – aus dem Gedanken heraus, nichts verpassen zu wollen.

In der Krise jedoch kann die Fixierung auf das Wissen um unsere Sterblichkeit eher resignative Gedanken in uns heraufbeschwören und die Krise verstärken. Wir denken dann: »Es hat doch ohnehin alles keinen Sinn. Es ist zu spät. Es lohnt sich nicht mehr. Es ist doch eh alles vergeblich.« Das Wissen um unsere Sterblichkeit bekommt dann etwas Fatalistisches, Verengendes und Vermeidendes.

Die Fokussierung auf unsere »Gebürtlichkeit« führt uns hingegen auch in der Krise deutlicher dahin, unser Dasein als wahrhaft einmaliges Geschenk zu begreifen. Ermöglicht es uns, aus der besonderen Tatsache unserer Geburt Freude, Zuversicht und Energie zu ziehen. Und aus diesem Geschenk die Verpflichtung zur Entfaltung abzuleiten.

Unsere Gebürtlichkeit ist immer ein Wegweiser in die Zukunft, da sie immer vom Anfang gedacht ist. Unsere Gebürtlichkeit ist damit immer Begreifen, Chance und Verpflichtung zum Neubeginn, sie ist das Geschenk der Freiheit, die uns in die Handlung führt.

Definieren Sie bitte Ihre Menschlichkeit, Ihr Dasein im Moment der Krise also nicht durch Ihre Sterblichkeit, sondern durch Ihre Gebürtlichkeit, dann entsteht aus diesem Geschenk laut Hannah Arendt das klare Bewusstsein der Verpflichtung, unsere Lebendigkeit und unser Dasein bestmöglich zu nutzen. Es gibt nur dieses Leben.

Es mag sein, dass Ihnen diese Unterscheidung sehr akademisch vorkommt. Ich weiß aber von sehr vielen meiner Klienten, dass sie diese Idee geradezu elektrisierte und sie sofort begannen, mit Lust und Freude Ihr Leben wieder in die Hand zu nehmen und zu gestalten. Lassen Sie den Begriff einfach ein wenig in sich wirken, und sehen Sie dann, ob er für Sie hilfreich ist.

19. Sinn *vs. Spaß*

Der Mensch ist nicht dazu geboren und nicht dafür gemacht, dauerhaft Spaß zu haben. Wir können also aufhören, es zu versuchen.

In der griechischen Lebensphilosophie der Stoa und im Hedonismus ist das Ziel eines gelungenen Lebens Freude. Freude ist aber nicht die Anwesenheit von Kurzweil, Vergnügen oder Spaß. Freude ist definiert als die Abwesenheit von Schmerz, Leid, Trauer, Wut, Angst oder Unglück – Gleichmut, Ruhe, Akzeptanz, Gelassenheit und Tätigsein sind entsprechend Ausdruck von Freude.

Das Leben muss dauerhaft sinnvoll erscheinen. Geben Sie Ihrem Leben Sinn, Ihren Sinn. Sinn kann sein, dass ich helfen will. Sinn kann sein, dass ich Geld verdienen will. Sinn kann sein, dass ich mich für eine Idee engagiere. Sinn kann sein, dass ich in Zusammenhängen, in Familie, Gemeinschaft, Freundschaft lebe. Sinn kann sein, dass ich meine Talente lebe. Sinn kann sein, dass ich mich der Betreuung meiner Kinder oder meiner Eltern verschreibe. Sinn kann sein, dass ich mich meinem persönlichen Wachstum widme. Sinn kann sein, dass ich mich der Pflege meines Körpers oder der Rettung des Planeten verpflichte. All das sind Sinnkategorien.

Ich will mit Ihnen nicht darüber diskutieren, ob die eine Kategorie wertvoller ist als die andere. Was Sinn für Ihr Leben ist, definieren einzig Sie. Ich will Sie lediglich dabei unterstützen, Ihren Lebenssinn und Ihre zentralen Lebenswerte zu finden (zur vertiefenden Sinnarbeit Ihres Lebens siehe besonders die Kapitel »Ein Hoch auf das Gestern und Morgen«, »Auch in der größten Krise ist nicht *alles immer* und *total* katastrophal« sowie »Wertearbeit«). Und ich will, wenn Sie Ihre eigenen und spezifischen Sinnkategorien gefunden haben, dass Sie danach leben und handeln. Es gibt nur eine Regel: Machen Sie nicht den Fehler, Sinn darin zu suchen, dass das Leben Spaß machen soll. Das wird nicht klappen und nur in Unglück münden.

Verabschieden Sie sich also jetzt und sofort von der Idee, dass Ihr Leben Spaß machen soll. Ein gelungenes Leben muss sinnvoll sein und macht auch ohne Spaß große Freude.

Wenn Sie sich zukünftig bei dem Gedanken ertappen, dass etwas keinen Spaß macht, dann machen Sie es halt ohne Spaß. Daran ist nichts falsch. Falsch ist es erst, wenn Sie in Ihren Verpflichtungen, Ihren Tätigkeiten, Ihrem Handeln keinen Sinn entdecken, keine größere, sinnvolle Idee, die Sie und Ihr Handeln trägt.

Und natürlich habe ich überhaupt nichts dagegen, wenn Sie Ihr Leben als sinnvoll erleben und dabei auch eine Menge Spaß haben. Ich will Sie nur aus der Fokussierung auf den Spaß herausführen. Wenn wir uns dem singulären Lebensziel Spaß verschreiben, verlieren wir den Zugriff auf die Vielfalt und die Schönheit des Lebens, der Freude und der Tiefe des Daseins. Und das wäre sehr schade.

20. Neubeginn *vs. Weitermachen wie bisher*

Als letztes Begriffspaar will ich Sie mit der Unterscheidung von Neubeginn und Weitermachen vertraut beziehungsweise noch einmal explizit darauf aufmerksam machen. Denn im Grunde schimmert diese Unterscheidung seit der ersten Zeile dieses Buches durch alle Seiten. Zudem gibt es eine schon erwähnte enge Verwandtschaft zu den Begriffen »Wachstum *vs. Stillstand*/Veränderung *vs. Wiederholung*«. Für viele meiner Klienten liegt die besondere Kraft in dem starken Wort »Neubeginn«, das sie mehr anspricht und deutlicher aktiviert als die Wörter »Wachstum« oder »Veränderung«. Andere sind speziell vom Begriff »Wachstum« begeistert. Entscheiden Sie, was besser zu Ihnen passt.

Die Tatsache, dass Sie sich mit diesem Buch beschäftigen, sagt mir: Sie haben eine Herausforderung, etwas in Ihrem Leben läuft nicht rund, es geht Ihnen aktuell nicht gut. Sie haben Leidensdruck, Ängste, Sorgen, Unsicherheiten. Und ich weiß: Ihre bisherigen Veränderungsstrategien haben nicht funktioniert. Ihre Werkzeuge greifen nicht, denn sonst hätten Sie dieses Buch gerade nicht in Händen. Ein Weitermachen wie bisher würde nur die Krise verstetigen, vertiefen. Denn all Ihre Strategien und bisherigen Optionen haben Sie genau in diese Krise geführt. Und dabei ist es auch egal, ob es primär Gründe im Außen waren, die das aktuelle Scheitern, die aktuelle Trauer, den aktuellen Schmerz, die aktuelle Verzweiflung letztendlich befeuert haben. Weitermachen wie bislang ist also keine Option und nur der rückwärtsgewandte Versuch, mit unzulänglichen Mitteln und Werkzeugen aus Ihrer Vergangenheit einen Ausgang in die Zukunft zu finden, der so nicht zu finden ist. Sie müssen Abschied nehmen vom Weitermachen wie bisher.

Eine Veränderung erreichen Sie nur durch Offenheit, durch neue Erkenntnisse, durch neues Wissen, durch Strategiewechsel, durch neue Werkzeuge, durch neues Denken, durch neues Verhalten. Durch die Entscheidung, Neues auszuprobieren. Durch einen Neubeginn im tiefsten Sinn des Wortes. Sie müssen etwas neu und anders machen, und Sie müssen es beginnen und ritualisiert in Ihr Leben bringen.

Denken Sie deshalb immer in Neubeginn. Immer in anders. Immer in Disruption. Immer in Alternativen. Fragen Sie sich immer wieder: »Was kann ich ab jetzt und für den Rest meines Lebens anders als bislang machen? Ganz anders oder als Erweiterung zu meinem bisherigen Handlungs- und Verhaltensoptionen. Was kann ich ab heute Neues beginnen? Und mich von Altem verabschieden oder in mein bisheriges Leben zusätzlich integrieren?« Sie werden erstaunt sein, was Ihnen alles einfallen wird.

Damit sind wir am Ende dieses Kapitels, und ich habe folgenden Wunsch: Schauen Sie immer wieder in diesem Kapitel vorbei. Blättern Sie wie eine Art Daumenkino durch diese Seiten, und bringen Sie dadurch Ihren Verstand immer wieder in die Reflexion über diese Begriffspaare. Oder schreiben Sie die zwanzig Begriffspaare untereinander auf einen Zettel, tragen Sie diesen ein paar Wochen bei sich, und lesen Sie die Übersicht immer wieder.

Überschätzen Sie Ihren Verstand nicht, indem Sie glauben, einmal gelesen sei ewig gewusst. So tickt unser Gehirn leider nicht. Einmal gelesen, führt das Wissen dieses Kapitels in Ihr Kurzzeitgedächtnis, und übermorgen ist alles wieder weg. Natürlich gilt das für alle anderen Kapitel auch. Allerdings sind viele von ihnen erzählerischer und breiter angelegt, sodass die grundlegende Botschaft dieser Kapitel einfacher den Weg in Ihr Langzeitgedächtnis findet. Die Kapitel »Eine Art Vokabeltest« und »Ich ist ein Anderer – und am besten immer öfter!« arbeiten hingegen sehr präzise in Begriffen. Und nur wenn Sie sich diese Begriffe in Ihr Aktivwissen und Aktivdenken packen, können Sie Veränderung und Verbesserung initiieren und erzielen.

Falls das ein oder andere Begriffspaar so gar nicht zu Ihnen spricht, ist das auch nicht schlimm; dann lassen Sie es einfach weg. Aber mindestens die Hälfte der Unterscheidungen sollten Sie zukünftig aktiv denken, leben und nutzen. Ihr Leben wird den Unterschied spüren und dankbar sein.

Und jetzt kommt noch eine kleine Übung:

Übung: Vokabelbingo/Unterstützungssatzbingo

Das ist eine sehr kurze und jederzeit wiederholbare Übung. Schreiben Sie die zwanzig unterstützenden Begriffe jeweils auf einen kleinen Zettel, und falten Sie diese in der Mitte:
Selbst, Differenzierung, Pilot, Adler, Lebenswächter, Innerer Freund, Selbstfürsorge, Binnenregulation, Akzeptanz, Schmerz, Gedanken, Verantwortung, Reflexionsreaktion, Verhalten und Handlung, Wachstum und Veränderung, Furcht, Krise, Gebürtlichkeit, Neubeginn.

Legen Sie die Zettel in einen Topf, eine Schale, einen Korb oder einfach auf den Tisch. Mischen Sie die Zettel, und ziehen Sie dreimal drei Zettel heraus.

Formulieren Sie mit den jeweils drei Begriffen Ihre persönlichen Leitsätze, die Sie von jetzt an begleiten und an die Sie sich von jetzt an immer erinnern können und sollen, wenn es schwierig wird.

Alle zwanzig Begriffe sind als sinnvolle und stärkende Sätze kombinierbar und formulierbar. Alle Begriffe funktionieren miteinander.

Sie können diese Übung immer wieder machen, in Zeiten oder Momenten, in denen es Ihnen gerade nicht gut geht, oder einfach einmal im Monat zur Stabilisierung, zur Konzentration auf Ihre Fähigkeiten und Möglichkeiten.

Beispiele für solche Unterstützungssätze sind:

Selbst/Differenzierung/Selbstfürsorge:
Aus der beobachtenden Perspektive meines *Selbst* bin ich in der Lage, *Differenzierung* vorzunehmen und täglich *Selbstfürsorge* in mein Leben zu integrieren.

Innerer Freund/Reflexionsreaktion/Neubeginn:
Die Stimme meines *Inneren Freundes* wird mich immer liebevoll daran erinnern, dass ich neben meiner spontanen Affektreaktion auch noch eine *reflexive Reaktion* zur Verfügung habe, von der ich

weiß, dass sie mich besser in der Überwindung der Krise unterstützt und dass ich deshalb, auch wenn ich gerade frustriert oder ängstlich bin, trotzdem aufstehe und meine aktuellen Aufgaben voranbringe, da ich Veränderungen und Verbesserungen in meinem Leben nur erzielen kann, indem ich jetzt etwas anders mache und dadurch einen Neubeginn starte.

Pilot/Schmerz/Wachstum:
Indem ich auf dem *Pilot*ensitz meines Lebens in der Lage bin, *Schmerz* von Leid zu unterscheiden, kann ich mich immer wieder meinem *Wachstum* verpflichten, um gute Antworten auf meine aktuellen Herausforderungen zu finden.

Binnenregulation/Akzeptanz/Verantwortung:
Ich begreife, dass ich mich auf meine Ressourcen der *Binnenregulation* konzentrieren muss, wenn ich wirkliche und spürbare Veränderung leben will. Ich führe meine aktuelle Situation, Krise und Herausforderung in die *Akzeptanz*, die ich nicht kontrollieren kann, und verpflichte mich dazu, *verantwortlich* (das heißt in Lösungs- und Veränderungsgedanken) mit dieser aktuellen Realität meines Lebens umzugehen, statt dass ich mich weiter darin verliere, Schuld oder Schuldige zu suchen.

Gedanken/Krise/Gebürtlichkeit:
Mein Denken ist von jetzt an nur noch von *Gedanken* bestimmt, die verantwortlich die Überwindung meiner aktuellen Situation zum Ziel haben. Ich habe begriffen, dass es keine schnelle Lösung gibt, da ich mich in einer tiefen, strukturellen *Krise* meines Lebens befinde und es sich dabei nicht um ein Problem handelt, das spontan zu lösen wäre. Mir hilft es sehr, mich auf das fantastische Geschenk meiner *Gebürtlichkeit* zu konzentrieren, da ich dadurch lerne, dankbar für mein grundsätzliches Dasein und für die permanente Freiheit eines Neubeginns zu sein, auch wenn ich gerade noch gar nicht sehe, wie der aussehen könnte.

Lebenswächter/Handlung und Verhalten/Sinn:
Mein reflexiver *Lebenswächter*, der in der Lage ist, ein Gestern und Morgen und ein Falsch oder Richtig zu denken, wird mich täglich daran erinnern, dass sich das gelingende Leben primär aus Entscheidungen für *Handlungen und Verhalten* formt und nicht aus Sorgen, Grübeln, Denken und Fühlen; und er wird darauf achten, dass ich mein Leben an von mir als wichtig erachteten *Sinn*kategorien ausrichte und es damit nicht richtungslos und zufällig vor sich hin plätschert.

Ihrer Kreativität sind keine Grenzen gesetzt, und Sie können auch gern mehr als drei solcher Sätze formulieren und aufschreiben.

Meine drei Unterstützungssätze, die mich von nun an begleiten:

1. _____

2. _____

3. _____

Ich ist ein Feigling – aber nicht mehr lange! Innere Freiheit und äußere Flexibilität durch kontraintuitives, aber lebenskluges Verhalten

Nach so viel strenger Begrifflichkeit und intensiver Vokabelarbeit jetzt eine praktische Übung ohne viel Vorrede. Die Erläuterungen folgen dann, nachdem Sie die Übung gemacht haben.

Nehmen Sie sich vier leere Blätter Papier. Nummerieren Sie die vier Blätter mit den Ziffern 1 bis 4, und lassen Sie auf allen vier Blättern oben etwas Platz für spätere Ergänzungen.

Schreiben Sie auf das erste Blatt Papier Ihre aktuellen Ziele und Bedürfnisse wie zum Beispiel:

- Ankunft.
- Sesshaftigkeit.
- Heimat.
- Kontinuität.
- Stabilität.
- Nähe.
- Akzeptanz.
- Unterstützung.
- Dazugehörigkeit.
- Wertschätzung.
- Wirksamkeit.
- Verbindlichkeit.
- Sicherheit.
- Vertrautheit.
- Versöhnung.
- Dauer.
- Loyalität.
- Vertrauen.

- Frieden.
- Harmonie.
- Freundschaft.
- Gesundheit.
- Versöhnung.
- Kontakt.
- Ruhe.
- Ausgeglichenheit.
- Gelassenheit.
- Abenteuer.
- Freiheit.
- Leichtigkeit.
- Wachstum.
- Abwechslung.
- Einen neuen Job.
- Mehr Geld.
- Eine neue Wohnung.
- Keine Schulden mehr.
- Einen weiteren Karriereschritt.
- Ein höheres Gehalt.
- Ordnung.
- Abnehmen.
- Zunehmen.
- Sport.
- Weniger Alkohol.
- Wahrgenommen werden.
- Kreativität.
- Sinnhaftigkeit.
- Lernen.
- Erfolg.
- Harmonie.
- Balance.
- Fürsorge.
- Hilfe.
- Dankbarkeit.
- …

Nehmen Sie sich nun das zweite Blatt Papier und schreiben Sie auf dieses Papier, was Sie tun müssen, um diesen Zielen und Bedürfnissen näher zu kommen oder diese zu erreichen. Hier sollten Sie also aufschreiben, welche Handlungen Bedingungen schaffen, Ihren Zielen näher zu kommen. Auch wenn wir wissen, dass deshalb eine Erfüllung nicht garantiert ist.

Auf dem zweiten Blatt steht dann zum Beispiel:
- Eine Aussprache initiieren.
- Nicht immer alles problematisieren.
- Schweigen.
- Einfach mal die Klappe halten.
- Ein Telefonat führen.
- Ein Abendessen organisieren.
- Kompromisse eingehen.
- Um Verzeihung bitten.
- Mich entschuldigen.

- Bei der Bank einen Termin machen.
- Die Hausarbeit zu Ende schreiben.
- Meine Eltern anrufen.
- Zum Sport gehen.
- Mehr Wasser trinken.
- Nicht länger als sieben Stunden schlafen.
- Vor 24.00 Uhr ins Bett gehen.
- Keine Zeit mehr im Internet verdaddeln.
- Obst und Gemüse einkaufen.
- Das Gespräch suchen.
- Den Wagen reparieren.
- Eine Anzeige schalten.
- Einen Ausflug planen.
- Keine Drogen mehr nehmen.
- Verlässlich Verabredungen einhalten.
- Zur Abifeier fahren.
- Morgens Sport machen.
- Mich immatrikulieren.
- Mich exmatrikulieren.
- Freunde anrufen.
- Um Hilfe bitten.
- Hilfe/Unterstützung anbieten.
- Einen Urlaub planen.
- Einen Aushang machen.
- Die Fortbildung machen.
- Nur noch Wasser und Fruchtsäfte trinken.
- Das Fahrrad reparieren.
- Neue Menschen kennenlernen.
- Einen zweiten Arzt konsultieren.
- Meditieren.
- Schwimmen gehen.
- Akzeptieren, was ist.
- Offen sein.
- Mich meinen Freunden/meiner Familie in meiner Angst/in meiner Scham/in meiner Überforderung zeigen.
- Fünfe grade sein lassen.
- Spontan und offen sein.
- Körperliche Nähe initiieren/zulassen.
- Mein Gegenüber ausreden lassen.
- Tage in gleichen Routinen verbringen.
- Dankbar sein.
- Gesund leben.
- Ausgeglichen sein.
- Nichts persönlich nehmen.
- Zugewandt sein.
- Offen sein.
- Durchlässig sein.
- Unmittelbare Gedanken

und Gefühle auch mal verschweigen.
- Unmittelbare Gedanken und Gefühle aussprechen.
- Ängste und Trauer thematisieren.
- ...

Nehmen Sie sich jetzt das dritte Blatt Papier, legen Sie dieses blanko vor sich, und stellen Sie sich bitte folgende Frage: Welche äußeren Umstände führen dazu, dass es Ihnen aktuell nicht gut geht? Strukturell oder im Alltag immer wiederholend. Lassen Sie Blatt 3 aber weiter unbeschrieben. Denken Sie in diesem Schritt nur an die negativen Situationen, die Sie belasten.

Da Sie gerade nichts aufschreiben sollen, können Sie auch Ihre Augen schließen, um sich die negativen Situationen möglichst intensiv und plastisch vorzustellen:

- Meine Arbeitslosigkeit.
- Meine Gesundheit.
- Mein Singleleben.
- Die Kinder meines neuen Partners.
- Der Streit mit meiner Familie/meiner Frau/meinem Mann/meinen Kindern.
- Der Unfall.
- Die Trennung.
- Meine Perspektivlosigkeit.
- Meine Schulden.
- Meine finanzielle Lage.
- Meine Kontoauszüge.
- Die Mahnbescheide.
- Das Gerichtsverfahren.
- Die Unterhaltsforderungen.
- Die Scheidung.
- Die Jobkündigung.
- Die Wohnungskündigung.
- Die Umgangsregelung.
- Der Betrug.
- Die Überforderung in meinem Job.
- Den neuen Job nicht bekommen zu haben.
- Langeweile im Job.
- Degradiert worden/gefeuert worden.
- Die Urlaubsabsage meiner Freunde.
- Der Stress, die Kinder allein zu erziehen.
- Mein Gefühl der Heimatlosigkeit/der Perspektivlosigkeit.

- Die Rechnungen und Mahnungen, die mit der Post kommen.
- Mein Dispokredit.
- Mein cholerischer Chef.
- Das Gefühl, dass ich am falschen Ort lebe.
- Das Gefühl, dass das Leben sinnlos ist.
- Die Endlichkeit meines Daseins.
- Der Verlust eines geliebten Menschen.
- Meine generelle Lebenskrise.
- Meine Kinder melden sich nicht mehr bei mir.
- Der Streit im Supermarkt.
- Der abgesagte Auftrag.
- Meine Ohnmacht gegenüber der Frechheit meiner Kollegen.
- Das Schweigen meiner besten Freundin.
- Auto fahren.
- Ich komme nach Hause.
- Mein Partner/meine Partnerin kommt nach Hause.
- Mein Rechner stürzt ab.
- Mein Auto/mein Fahrrad wird gestohlen.
- Mein Auto wird abgeschleppt.
- Meine Kinder melden sich nicht.
- Die Küche ist unaufgeräumt.
- Die Milch ist alle.
- ...

Erst wenn Sie sich in diese Situation oder Situationen hineingedacht haben, greifen Sie zum Stift und schreiben nun auf das bereits vor Ihnen liegende dritte Blatt Papier, was diese Situationen mit Ihnen machen, also welche emotionalen oder gedanklichen Reaktionen Sie als Antwort auf die negativen Situationen, das negative Erleben zeigen.

Wenn ich solch eine Situation erlebe, fühle ich mich ...
- Unzufrieden.
- Schlecht gelaunt.
- Frustriert.
- Resigniert.
- Verbittert.
- Wütend.
- Hasserfüllt.
- Zornig.
- Traurig.
- Enttäuscht.

- Beschämt.
- Ohnmächtig.
- Überfordert.
- Gelähmt.
- Blockiert.
- Mutlos.
- Verzweifelt.
- Hoffnungslos.
- Misstrauisch.
- Angespannt.
- Aufgewühlt.
- Eifersüchtig.
- Gleichgültig.
- Einsam.
- Betrogen.
- Nicht ernst genommen.
- Unverstanden.
- Genervt.
- Enttäuscht.
- Frustriert.
- Resigniert.
- Bedroht.

- In Panik.
- Im falschen Film.
- Sauer.
- Aggressiv.
- Als würde mir schlecht.
- Zum Kotzen.
- Als bekäme ich Durchfall.
- Als bekäme ich Kopfschmerzen.
- Als bekäme ich Rückenschmerzen.
- Als bekäme ich Nackenschmerzen.
- Als könnte ich nicht schlafen.
- Schwindelig.
- Als bekäme ich einen Schweißausbruch.
- Als bekäme ich Herzrasen.
- ...

Nehmen Sie sich jetzt das vierte Blatt Papier, und schreiben Sie auf dieses Papier, was Sie spontan oder mit Verzögerung tun, wenn Sie sich wie auf Blatt 3 fühlen:

- Ich gehe ins Bett.
- Ich trinke Alkohol.
- Ich nehme Drogen.
- Ich nehme Medikamente (Schmerztabletten, Beruhigungstabletten, Schlaftabletten).
- Ich atme in eine Tüte.
- Ich schaue Pornos.
- Ich tindere.
- Ich schaue YouTube-Clips.
- Ich spiele Fortnite/Counterstrike.
- Ich höre laut Musik.
- Ich gehe ins Fitnessstudio.

- Ich fahre mit dem Auto durch die Stadt.
- Ich höre laut Musik.
- Ich ritze mich.
- Ich füge mir Verbrennungen zu.
- Ich kaue Fingernägel.
- Ich schlage mit der Faust gegen die Wand.
- Ich verletze mich.
- Ich flippe total aus.
- Ich weine.
- Ich schlage mich gegen den Kopf.
- Ich schreie.
- Ich diskutiere unerbittlich.
- Ich werfe Türen, Geschirr.
- Ich beiße mich.
- Ich onaniere/masturbiere.
- Ich verzweifle in Gedanken.
- Ich habe suizidale Gedanken.
- Ich verfluche mein Leben und alle Menschen.
- Ich wünsche allen Menschen um mich nur das Schlechteste.
- Ich dusche eiskalt/brühheiß.
- Ich erstarre.
- Ich werfe Dinge auf den Boden.
- Ich quäle meinen Hund.
- Ich chatte im Netz mit fremden Menschen.
- Ich gehe tanzen.
- Ich gehe spazieren.
- Ich bleibe den ganzen Tag im Bett liegen.
- Ich melde mich krank.
- Ich kotze.
- Ich esse fünf Tafeln Schokolade.
- Ich esse drei Tüten Chips.

Legen Sie anschließend die Blätter auf einen Tisch. Blatt 1 unten rechts, Blatt 2 oben rechts, Blatt 3 unten links und Blatt 4 oben links.

Also so:

    4   2

    3   1

Was sehen Sie?

Auf den beiden unteren Blättern 1 und 3 innere Vorgänge. Auf Blatt 1 Ziele und Bedürfnisse auf Blatt 3 Emotionen und Gefühle in Reaktion auf negative äußere Erlebnisse. Auf den beiden oberen Blättern 2 und 4 äußeres Verhalten/Handlungen. Auf Blatt 2 Verhalten, das Sie Ihren Zielen und Bedürfnissen näher bringt. Auf Blatt 4 Verhalten, das Ihren unmittelbaren Schmerz, Ihre unmittelbare Enttäuschung reguliert, vergessen machen will beziehungsweise Sie von Ihrem Schmerz und Ihrer Enttäuschung ablenken soll.

Schreiben Sie entsprechend auf Blatt 1 und Blatt 3 jeweils: **Innere Vorgänge** und auf die Blätter 2 und 4 **Verhalten/Handlungen**.

Auf Blatt 1 schreiben Sie zudem: **Meine Ziele und Bedürfnisse.**
Auf Blatt 3: **Meine Gefühle und Emotionen in belastenden Situationen.**
Auf Blatt 2 schreiben Sie: **Handlungen, die mich meinen Zielen und Bedürfnissen näher bringen.**
Auf Blatt 4 schreiben Sie: **Handlungen, die ich durchführe, um meine negativen Gefühle und Emotionen in belastenden Situationen zu verdrängen.**

Wie Sie aus dem Kapitel über Gefühle und den Kapiteln »Vor der Geburt war es doch am schönsten …« und »Hör mal, wer da hämmert« noch wissen, regulieren unsere Körperchemie inklusive des Körpergedächtnisses wie auch unser limbisches System inklusive der Stammhirnaktivitäten primär das Wohlbefinden unseres unmittelbaren Seins und des Körpers. Weder das Körpergedächtnis noch unser limbisches System sind in der Lage, in größeren Sinn- oder Daseinszusammenhängen zu handeln oder zu denken. Wir handeln intuitiv immer nach unserem Leibwächter und nicht nach unserem Lebenswächter und kreieren aus dem Bedürfnis, Schmerz zu lindern, Leid (zur Unterscheidung siehe »Eine Art Vokabeltest«).

Was sehen Sie konkret vor Ihnen auf dem Tisch durch diese Übung? In einer unmittelbaren Belastungssituation oder mittelfristig schwelenden Krisenerfahrung fokussieren wir uns auch als Erwachsene weiterhin intuitiv (aber falsch) auf die spontane Regulation (Blatt 4) unserer inneren unguten Emotionen und Gefühle (Blatt 3), die durch negative äußere Situationen entstehen, anstatt uns auch in der Enttäuschung oder Belastung unseren wichtigen inneren Zielen und Bedürfnissen (Blatt 1) zu verpflichten und Handlungen zu initiieren, durch die zumindest eine Erfüllung erst möglich werden könnte, wir also unseren Zielen und Bedürfnisse näher kommen können (Blatt 2).

Wir machen intuitiv genau das Umgekehrte und damit das Falsche, und diese falschen Handlungen sorgen lediglich dafür, dass es uns für die Kürze eines Moments besser geht. Aber nicht nur das: Diese falschen Handlungen führen uns auch noch weg von unseren eigentlichen Zielen und Bedürfnissen. Sie sind also nicht nur nicht hilfreich, sie sorgen mittelfristig auch noch für eine Verschlechterung unserer Lebenssituation und verhindern verlässlich die Möglichkeit der Erfüllung unserer Ziele und Bedürfnisse.

Vergessen Sie nie: Auch wenn wir Hunger haben, müssen wir nicht essen. Nur weil wir von etwas genervt sind, heißt das nicht, dass wir nicht unsere Aufgaben, Pflichten erfüllen oder unsere Ziele verfolgen können. Auch wenn wir verletzt sind, können wir uns zugewandt und offen verhalten. Auch wenn wir gerade nicht weiterwissen und verzweifelt sind, können wir mittelfristig Sinnvolles tun. Und immer wieder: Glauben Sie nicht alles, was Sie gerade denken oder fühlen. Glauben Sie nicht alles, was Ihnen Ihr Körpergedächtnis oder Ihre Körperchemie vorschlägt. Alles, was Ihnen diese Systeme anempfehlen, ist kurzfristig und dient nur der unmittelbaren Regulation aktueller negativer Gedanken oder Gefühle.

Natürlich habe ich Verständnis dafür, wenn Sie sich einen Abend Ihrem Frust hingeben, Ablenkung suchen, ins Bett gehen und mal kein Licht am Ende des Tunnels sehen, wenn Sie eine Woche oder einen Monat nur damit beschäftigt sind, Ihren Schmerz, Ihre Trauer, Ihre Angst, Ihre Wut zu regulieren.

Hüten Sie sich aber davor, diese Handlungen über Monate, Jahre oder über Ihre Lebensspanne zu verstetigen, zu wiederholen und in eine Routine zu führen, die Ihnen vorgaukelt, dass es zu diesem Verhalten keine Alternative mehr gäbe, ja dass nur noch diese unmittelbare Regulation von negativen Gefühlen und Gedanken das eigentliche Ziel in Ihrem Leben sei.

Eine sinnvolle Alternative zu diesen Handlungen gibt es immer, und die stehen auf Blatt 2. Denn das Richtige und Wichtige im Leben sind die Handlungen, die uns sowohl mittel- als auch langfristig unseren Zielen und Bedürfnissen näher bringen beziehungsweise die Chancen auf deren Erfüllung überhaupt erst eröffnen.

Schreiben Sie jetzt noch auf das Blatt 1 *Ziele und Bedürfnisse* ganz dick **Wofür es sich lohnt!**

Auf Blatt 2 *Handlungen, die mich meinen Zielen und Bedürfnissen näher bringen* schreiben Sie ganz dick: **Das Richtige** und: **Trotzdem tun!**

Auf Blatt 3 *Gefühle und Emotionen in belastenden Situationen* schreiben Sie das Fragewort: **Deshalb?**

Und auf Blatt 4 *Handlungen, die ich durchführe, um Gefühle und Emotionen in belastenden Situationen zu regulieren* schreiben Sie: **Das Falsche!** und die Frage: **Wozu?**

Da liegt Sie vor Ihnen, die Wahrheit über Ihr bisheriges Verhalten. Der Grund, warum Sie sich aktuell in einer Krise befinden. Und daher auch die Kapitelüberschrift: Weil wir alle Feiglinge sind, kümmern wir uns lieber um die Regulation unserer unmittelbaren Gefühle als um die wirklich wichtigen Dinge in unserem Leben. Und erinnern Sie sich bitte an eine Erkenntnis aus dem Gehirnkapitel: Evolutionär sind wir alle die Nachkommen von Feiglingen. Sie sind damit also in bester Gesellschaft. Es hilft Ihnen nur in Ihrem Leben aktuell leider nicht weiter und führt nicht zur Überwindung Ihrer Krise und Herausforderung.

Verabschieden Sie sich von jetzt an von Ihrer inneren Feiglingshaftigkeit. Wir sind nicht auf dieser Erde, um in der Kleinheit unserer unmittelbaren Emotions- und Gefühlsregulation zu verharren (davon handelte ja auch etwas abstrakter das Kapitel »Wieso? Weshalb Warum? Wer nicht fühlt, bleibt dumm?«).

Warum sind wir gelernte Feiglinge? Weil uns intuitiv der Mut fehlt, uns kontraintuitiv zu verhalten. Weil wir uns spontan gegen unsere Ziele und Bedürfnisse entscheiden, nur um kurzfristig Frust, Schmerz oder Unwohlsein zu regulieren. Glauben Sie zukünftig Ihrem Verstand und Ihren Gefühlen nicht immer alles, und handeln Sie von jetzt an in größerer Verbundenheit und Verpflichtung zu Ihren Wünschen und Bedürfnissen.

Seien Sie von jetzt an immer öfter ein anderer. Ein Mutiger. Ein Kontraintuitiver. Seien Sie der Mensch, der sich seinen Zielen und Bedürfnissen näher und verpflichteter fühlt als der Regulation unmittelbarer Emotionen auf nervige und belastende Situationen im Außen. Entdecken und leben Sie Ihre innere Freiheit, den Vorschlägen Ihrer spontanen negativen Gedanken und Gefühlen, Ihres Körpergedächtnisses, Ihres limbischen Systems nicht mehr folgen zu müssen, und leben Sie äußere Flexibilität, indem Sie sich immer öfter Ihren Zielen und Bedürfnissen verpflichten und Handlungen initiieren, die Sie der Erfüllung dieser Ziele und Bedürfnisse näher bringen. Ihr Leben wird es Ihnen danken.

Wie das konkret geht, zeige ich Ihnen im folgenden Kapitel. Sie müssen also keine Sorge haben, dass Ihnen nicht einfällt, wie Sie etwas anders oder besser machen können. Die Fähigkeit hierzu hängt primär von sogenannten inneren Ich-Zuständen ab, die wir ideal vor unserem geistigen Auge haben und entsprechend situativ aktivieren.

Ich ist ein Anderer – und am besten immer öfter! Wie Ihre Fantasie und Ihr Leben Flügel bekommen durch die Bewusstheit und die Aktivierung der drei Ich-Zustände

In diesem Kapitel lernen Sie, in der Krise konkret anders und besser zu agieren. Also alternatives Verhalten und andere Handlungen an den Tag zu legen. Die folgenden Seiten sind Einladung und Landkarte zugleich. Sie werden durch dieses Kapitel in der Lage sein, Ihre maximale innere Flexibilität auch in äußeren Handlungen zu zeigen, Ihre Selbststeuerung bestmöglich zu praktizieren und sich dadurch Schritt für Schritt, Handlung für Handlung aus der Krise zu steuern.

Was brauchen Sie, um aus diesem Kapitel maximales Potenzial für Veränderung zu ziehen? Unbedingt die Erkenntnisse aus den ersten vier Kapiteln. Wir werden darauf immer wieder zurückkommen beziehungsweise darauf aufbauen. Dann braucht es noch ein wenig therapeutische Zuordnung, damit Sie das Konzept auch in seiner Unterscheidung oder Ähnlichkeit zu anderen Persönlichkeitstheorien verstehen.

Was ich Ihnen in diesem Kapitel vorstelle und dringlich als tägliches Werkzeug empfehle, kommt aus der sogenannten

Inneren-Team/Ich-Anteile-Arbeit. Dieser Ansatz geht davon aus, dass wir alle unterschiedliche Ich-Anteile in uns tragen. Ich bin mal Autofahrer, mal Radfahrer, mal Fußgänger, mal Zugfahrer. Je nach Lebenssituation und sozialer Interaktion entscheide ich mich für eine Option. Wir sind Bruder, Schwester, Sohn, Tochter, Vater, Mutter, Freund, Freundin, Trauriger, Mutige, Zögernder, Waghalsige, Zuversichtlicher, Zweifelnde, Ängstlicher, Verspielte, Erstarrter, Fröhliche und so fort. Keiner dieser Ich-Zustände ist per se besser oder schlechter als der andere. Zentral ist nur der Wunsch oder die Hoffnung, dass ich in der jeweiligen Situation ideal die beste Rolle, den bestmöglichen Ich-Zustand wählen sollte und nach diesem handle. Aufgabe der Inneren-Team-Arbeit ist es, Sie bestmöglich darin zu unterstützen, Ihre Ich-Anteile in hoher Bewusstheit zu kennen und situativ Ihre jeweils besten Ich-Anteile zu aktivieren und danach zu handeln.

Auf die Frage »Wer bin ich – und wenn ja, wie viele?« ist die Antwort: »Ganz schön viele und alle immer wieder durcheinander.« Die meisten modernen Therapieformen arbeiten mit diesem Konzept von Inneren Teams oder Inneren-Ich-Anteilen. Die gesamte Innere-Kind-Arbeit basiert zum Beispiel auf dieser Annahme, und alle etablierten verhaltenstherapeutischen Schulen haben diese Idee in der ein oder anderen Form integriert.

Die Innere-Team-Arbeit ist – und das ist wichtig – ein Gegenentwurf zu der Idee eines wahren, starren Ichs. Also der Vorstellung, wir müssten nur lange genug über uns selbst nachdenken, nur lange genug in uns horchen, lange genug Erlebnisse unserer Vergangenheit aufarbeiten, um dann unsere verlässliche, wahre stabile Persönlichkeit in uns zu finden. Im Verständnis der Inneren-Team-Arbeit sind wir hingegen a) viele und b) flexibel und variabel.

Bringen Sie das bitte unbedingt und jetzt mit der Kenntnis Ihrer Neuroplastizität zusammen, und Sie halten den Schlüssel Ihrer inneren Freiheit, Ihrer psychologischen Flexibilität in Ihren Händen: Wir sind viele, und wir sind in der Lage, uns zu verändern. Veränderung ist leichter, als wir dachten, weil die guten, hilfreichen Anteile schon längst in uns sind. Wir haben aber bislang nie auf diese gehört, sind auf unserem Weg zur Wut oder Hilflosigkeit zu schnell an ihnen vorbeigeeilt oder wir schenkten ihnen keine Aufmerksamkeit. – Ändern Sie das von jetzt an und für den Rest Ihres Lebens. Alles, was Sie benötigen, um die Krise zu überwinden, ist schon in Ihnen. Sie müssen es nur aktiv ansteuern und leben.

Die ursprünglich beste Herausarbeitung dieser Inneren-Ich-Anteile stammt aus der Transaktionsanalyse. Einer therapeutischen Schule, die besonders in den Sechziger- bis Achtzigerjahren des letzten Jahrhunderts in den USA und Deutschland sehr prominent und erfolgreich war. Ich erwähne das an dieser Stelle, weil meine Darlegung zwar auf dieser Therapieschule basiert (indem ich unter anderem deren Begrifflichkeiten übernommen habe), ich dann allerdings deutlich anders damit arbeite, ganz andere Vorschläge mache und ein ganz anderes Handlungs- und Verhaltensmodell davon ableite. Falls Sie mit der Transaktionsanalyse vertraut sind, vergessen Sie bitte wieder alles, was Sie darüber wissen. Wenn Sie von der Transaktionsanalyse bis heute noch nie etwas gehört haben, ist das kein Problem und umso besser. Sie benötigen keinerlei Vorkenntnisse.

Das Modell, das ich Ihnen vorstelle, arbeitet mit drei Inneren-Ich-Zuständen. Es ist damit sehr übersichtlich und trotzdem extrem breit und tief in der Anwendung. Das Modell ist einfach in Ihr Leben zu integrieren und deckt doch, nach meiner

Erfahrung aus über zwanzig Jahren Arbeit damit, das gesamte Spektrum menschlichen Verhaltens ab.

Die Ich-Zustände, mit denen wir starten, heißen Kinder-Ich, Erwachsenen-Ich und Eltern-Ich. Aus diesen drei Ich-Zuständen regeln Sie schon jetzt Ihr gesamtes Leben. Vielleicht aktuell unbewusst, nach der Lektüre dieses Kapitels ganz sicher in höherer Bewusstheit und ideal in deutlich höherer Flexibilität. Um im Kinder-Ich zu sein, müssen wir kein Kind sein, um im Eltern-Ich zu agieren, müssen wir nicht Eltern sein. Die Begrifflichkeiten sind eher assoziativ gemeint, und ich werde Ihnen im Laufe des Kapitels auch noch alternative Namen an die Hand geben. Sie können dann entscheiden, mit welchen Bezeichnungen Sie dieses Modell in Ihr Leben holen.

Wenn wir auf die Welt kommen, haben wir einzig das Kinder-Ich zu unserer Verfügung. Wir benötigen, um zu überleben, in den ersten achtzehn Monaten nach unserer Geburt unbedingt und mehr als jede andere Spezies ein wohlmeinendes, unterstützendes Außenmilieu, das sich um uns kümmert (Sie erinnern sich noch an meine Ausführungen hierzu im Kapitel »Vor der Geburt war es doch am schönsten ...«). Und auch in den ersten zwei Lebensjahrzehnten danach oder für Ihre gesamte Lebensspanne ist es sehr hilfreich, wenn Sie ein wohlmeinendes, unterstützendes und loyales Außen haben, das Ihnen dabei hilft, Ihren eigenen Weg in die Größe und Vielheit Ihrer menschlichen Existenz zu finden. Nur wenn die Grundvoraussetzung eines wohlmeinenden, nährenden Außens durch eine Person oder ein System gegeben ist, können wir überhaupt im Laufe unseres Lebens das tun, was unsere eigentliche Bestimmung und Verpflichtung ist, nämlich alle drei Ich-Zustände zu leben und permanent die wechselnde Aktivierung der drei Ich-Anteile zu praktizieren. Als reifer, gewachsener Mensch sollte ich alle drei Ich-Anteile aktiv ansteuern können und darüber hinaus auch klug genug sein, in den unterschiedlichsten Situationen den jeweils richtigen, das heißt bestmöglichen Ich-Anteil anzusteuern.

Die drei Ich-Zustände sind einer permanenten Dynamik, einem anhaltenden Wechselspiel unterworfen. Manchmal wechseln wir von Minute zu Minute unsere Inneren-Ich-Zustände. Das kann falsch oder auch richtig sein. Das hängt von der jeweiligen Situation ab. Das Modell der drei Ich-Zustände ist also kein statisches Modell, und es gibt für keine Lebensphase oder Lebenszeit einen festen Ort, von dem aus Sie Ihr Leben, Ihre Herausforderungen, Ihre Krise, Ihre Aufgaben bestmöglich leben können. Sie müssen vielmehr permanent wach sein und sich und Ihre Position hinterfragen und Entscheidungen treffen, aus welchem Ich-Zustand Sie jetzt agieren wollen. Und das bringt dann zum Beispiel mit sich, dass das Kind in Ihnen zwar Heimat finden, im gleichen Moment aber frei und wild sein will. Während Ihr inneres wohlmeinendes Eltern-Ich oder Ihr Erwachsenen-Ich zur gleichen Zeit zu der Entscheidung kommt, dass Sie auf Ihr Inneres Kind in diesem Moment überhaupt nicht hören sollten und es besser an der Raststätte aussetzen. Oder Sie erleben, wie Ihr Erwachsenen-Ich Ihnen permanent einreden will, jetzt doch vernünftig und analytisch zu sein, während es viel klüger wäre, auf Ihr Kinder-Ich zu hören und eine Stunde schaukeln zu gehen, statt an einem sonnigen Sonntagnachmittag die Steuerunterlagen zusammenzustellen.

In Ihnen konkurrieren anhaltend diese drei unterschiedlichen Ich-Anteile um Ihre Aufmerksamkeit. Auch mit der Aufforderung »Gib mir die Kontrolle; lass mich mal machen, dann schaffen wir das schon«. Allein damit sind Sie im täglichen

Leben schon ordentlich gefordert, weil Sie permanent innerlich eine bewusste Entscheidung fällen müssen, welchem Ich-Anteil Sie gerade die Regulation, Kontrolle, das Lenkrad für die jeweilige Situation übergeben. Meist passiert das jedoch unbewusst oder nach starren, etablierten, vorbewussten neuronalen und emotionalen Mustern. Sie werden gar nicht gefragt, welchem Ich-Anteil Sie sich anvertrauen wollen. Ihr lautester, schnellster oder vertrautester Ich-Anteil übernimmt einfach.

Wenn Sie sich die drei Ich-Anteile Kinder-Ich, Erwachsenen-Ich und Eltern-Ich genauer anschauen, werden Sie zudem feststellen, dass jeder Ich-Zustand eine positive und eine negative Variante hat. Ihr Inneres Team besteht entsprechend aus einem Positiven Kinder-Ich, einem Negativen Kinder-Ich, einem Positiven Erwachsenen-Ich, einem Negativen Erwachsenen-Ich, einem Positiven Eltern-Ich und einem Negativen Eltern-Ich.

Da ist ordentlich was los in Ihnen. Schon ohne Krise. In der Krise ist dann oftmals nur noch wildes Durcheinander. Sinn und Zweck dieses Kapitels ist es, dass Sie zukünftig von diesen Ich-Zuständen ein Bewusstsein haben und die Entscheidung, welchem Ich-Anteil Sie die Kontrolle oder die Handlungsvollmacht über eine aktuelle Lebenssituation geben, wirklich steuern können. Ihr Leben wird dadurch leichter. Und das ist unbedingt notwendig, um einen Weg aus der Krise zu finden.

Die drei Ich-Zustände dienen immer als Oberbegriffe und zur Orientierung. Erst bei der genaueren Unterscheidung sehe ich dann, ob ich mich gerade in der Unterkategorie der negativen oder positiven Form aufhalte.

Das Übersichtsmodell, mit dem ich arbeite, heißt mit dem Fokus auf diese Dreiheit deshalb »Die Triade der Inneren-Ich-Zustände«. Auf den kommenden Seiten werden Sie einige Variationen dieses Triaden-Modells kennenlernen. Ich werde am jeweiligen Modell Strukturen, Gefahren, Herausforderungen, Lösungen und Chancen für Veränderungen erläutern. Und damit Ihre Kompetenzen erhöhen, in der Krise gute Entscheidungen, hilfreiche Handlungen zu initiieren.

Bevor wir damit starten, noch ein kurzer Überblick über die Inhalte des menschlichen Verhaltens innerhalb der drei Ich-Anteile. Sie finden diese aber auch in den folgenden Grafiken wieder.

Was versteckt sich hinter diesen drei Ich-Zuständen? Wie, wer oder was bin ich, wenn ich in diesem oder jenem Zustand bin? Wie erlebe ich mich oder wie erleben mich andere?

Übersicht: Die drei Ich-Zustände in der positiven und negativen Ausprägung

Kinder Ich
Im Positiven Kinder-Ich ...
bin ich frei, verspielt, kreativ, ungezwungen, leicht, neugierig, fantasievoll, humorvoll, hemmungslos, fröhlich, offen, spontan, leicht, im Hier und Jetzt, im Augenblick, im Flow.

Im Negativen Kinder-Ich ...
bin ich klein, hilflos, ängstlich, traurig, allein, abhängig, antriebslos, gelähmt, aber auch wütend, trotzig, bockig, rebellisch, selbstzerstörerisch, ungesteuert negativ.

Eltern-Ich
Im Positiven Eltern-Ich ...
bin ich fürsorglich, kümmernd, verlässlich, loyal, unterstützend, beschützend, tröstend, empathisch, hilfsbereit, schenkend, gebend.

Im Negativen Eltern-Ich ...
bin ich strafend, rechthaberisch, von oben herab, herablassend, manipulativ, autoritär, bevormundend, rigide, dogmatisch, diktatorisch, unterdrückend, offen brutal.

Erwachsenen-Ich
Im Positiven Erwachsenen-Ich ...
bin ich vernünftig, analytisch, sachlich, verantwortungsvoll, eigeninitiativ, kompromissfähig, der Situation entsprechend, zielbewusst, flexibel.

Im Negativen Erwachsenen-Ich ...
bin ich zögerlich, zweifelnd, nachtragend, grübelnd, unverzeihlich, unversöhnlich, verbittert, rechthaberisch, gedankenfixiert, negativ, im Groll, in der Sorge, subtil grausam.

Wie gesagt, nach meiner Einschätzung deckt dieses Modell trotz seiner Übersichtlichkeit alles menschliche Verhalten ab. Vielleicht finden Sie noch das ein oder andere Wort, die ein oder andere Beschreibung, die für Sie auf der Liste fehlt, fügen Sie die gern hinzu. Die Liste ist lebendig und wird auch von mir immer wieder ergänzt und je nach Therapiekontext variiert.

Und noch etwas sehr Wichtiges. Sie fragen sich vielleicht: »Was meint er denn jetzt? Sprechen wir bei der Triade der Ich-Zustände davon, wie ich mich anderen gegenüber oder wie ich mich mir selbst gegenüber verhalte? Ist das ein Modell zur Regelung meiner Außenbeziehungen, wie ich mich anderen zeige? Oder ein Modell der Binnenregulation und wie ich mit mir selbst umgehe, mit mir selbst spreche?« Das Modell dient grundsätzlich beiden Zwecken. In anderen Kontexten nutze ich diese Darstellung (meist plus ein paar ergänzende Verhaltensbeschreibungen), um Verhalten und Kommunikation zwischen verschiedenen Menschen zu beleuchten. In diesem Buch mit dem Fokus Lebenskrise ist es aber das zentrale Modell, um Ihnen Ihre inneren Stimmen, inneren Entscheidungen, Gedanken, Gefühle aufzuzeigen und die daraus resultierenden Handlungen, die ja dann wieder Außenbeziehungen prägen. Es geht aber nicht darum, was andere sagen oder tun und was Sie dann in Reaktion darauf sagen oder tun. Das ist nämlich vollkommen egal. Denn gleich, was im Außen passiert: Sie können immer frei entscheiden, wie Sie darauf reagieren. Niemand zwingt Sie, nachtragend oder rechthaberisch zu sein, sich zu ärgern oder trotzig zu sein. Dafür entscheiden Sie sich ganz allein. Oder eben nicht.

Die Triade unserer Inneren-Ich-Zustände

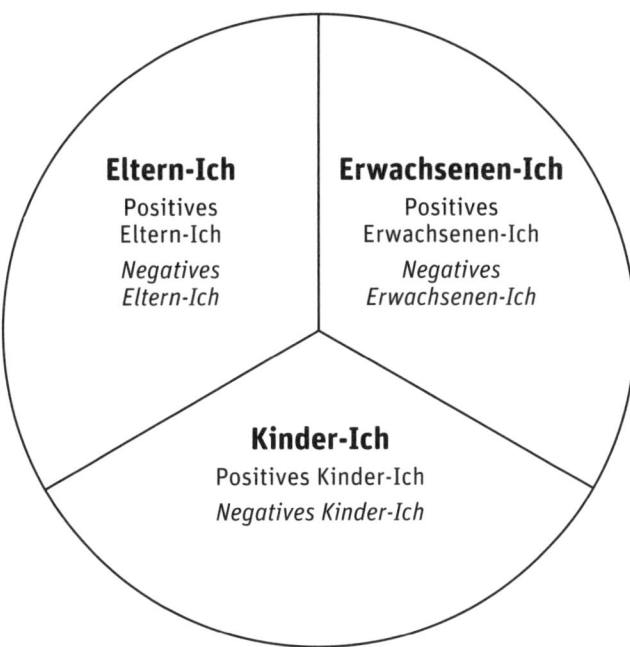

Als Einstieg ein einfacher Blick auf die drei Ich-Zustände und ihre jeweils positiven und negativen Varianten. Was die Kreisfigur und die gleichteilige Aufteilung in einem ersten Schritt ausdrücken möchte: Es gibt kein Falsch oder Richtig, und es gibt kein Gut oder Schlecht. Es gibt keine Richtung oder theoretisches Sollen. Es gibt nur eine immer wiederkehrende Leitfrage: Was ist konkret in dieser Lebenssituation hilfreich und bringt mich meinen Zielen, meinen Werten oder meinem Lebenssinn näher? Und als Kontrollfrage: Und was schlagen mir mein Körper, mein Gehirn, meine Gedanken, meine Gefühle, meine Routinen vor? Welchen Ich-Zustand lebe ich am häufigsten oder in der Krise? Meist stellen wir dabei fest, dass sich der sinnvolle Ich-Zustand von unserem gelebten und praktizierten Ich-Zustand unterscheidet.

Das Kinder-Ich steht unten, weil unser Leben damit beginnt. Es ist das Fundament unseres Erlebens, und wir gehen immer wieder in diesen frühen Erfahrungsraum unserer Existenz. Eltern-Ich und Erwachsenen-Ich stehen auf diesem Fundament. Es macht keinen Unterschied, ob links oder rechts. Wichtig ist nur: Eltern-Ich und Erwachsenen-Ich stehen auf dem gleichen Fundament des Kinder-Ich. Es gibt also keine Binnenhierarchie zwischen diesen beiden Ich-Zuständen. Und ohne Kinder-Ich kann es weder Erwachsenen- noch Eltern-Ich geben. Aus unserer Erwachsenheit müssen wir deshalb unserem Kinder-Ich immer mit Dankbarkeit und Wohlwollen begegnen.

Alle negativen Formen der Ich-Zustände sind meist wenig hilfreich, um positive Veränderungen im Leben zu initiieren. Es ist also durchaus lebensklug, sich den negativen Ich-Zuständen nicht permanent hinzugeben. Manchmal können aber auch Wut, Trauer oder Angst eine unterstützende Wirkung haben, um eine Krise zu überwinden.

Wenn wir uns unseren negativen Ich-Zuständen hingeben, wenn wir eins werden mit ihnen, haben wir ein unglaubliches Mitteilungs- und Handlungsbedürfnis. In unseren negativen Ich-Zuständen drängt alles in uns nach Ausdruck. Wir wollen reden. Wir schreiben Mails, WhatsApp-Nachrichten, Briefe. Wir kündigen. Wir trennen uns. Wir lenken uns ab. Wir betrinken uns. Wir überschreiten Grenzen.

Sind wir hingegen in unseren positiven Ich-Zuständen, neigen wir zu Zurückhaltung und Schweigen. Seltsam eigentlich. Gerade unser Glück und unsere Zufriedenheit sollten doch Anlass sein, der Welt Dankbarkeit zu zeigen und Auskunft darüber zu geben. Was immer die Evolution sich dabei gedacht hat, nehmen Sie sich für Ihr künftiges Leben vor, es genau umgekehrt zu machen: in Krisenzeiten nicht jeden Gedanken und jedes Gefühl allen mitteilen und in Zeiten der Glückseligkeit allen und immerzu danken und alle und immerzu daran teilhaben lassen, wie gut es Ihnen geht. Ihr Leben wird es Ihnen danken.

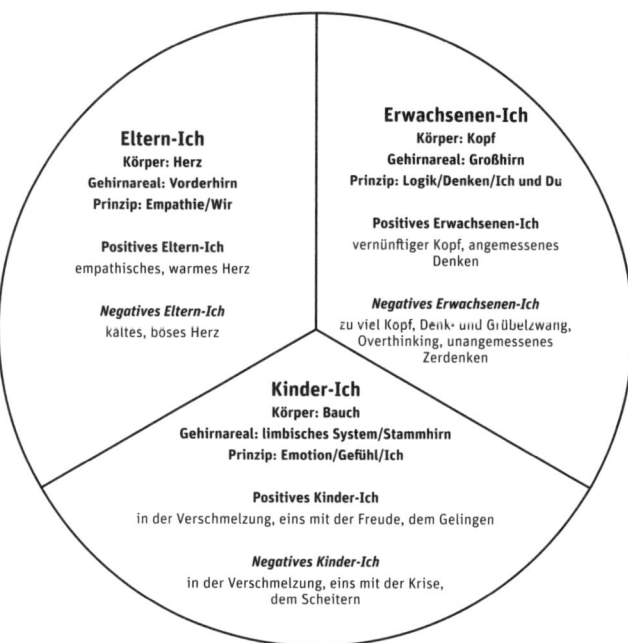

Alternative Bezeichnungen der Triade unserer Inneren-Ich-Zustände

Eltern-Ich
Körper: Herz
Gehirnareal: Vorderhirn
Prinzip: Empathie/Wir

Positives Eltern-Ich
empathisches, warmes Herz

Negatives Eltern-Ich
kaltes, böses Herz

Erwachsenen-Ich
Körper: Kopf
Gehirnareal: Großhirn
Prinzip: Logik/Denken/Ich und Du

Positives Erwachsenen-Ich
vernünftiger Kopf, angemessenes Denken

Negatives Erwachsenen-Ich
zu viel Kopf, Denk- und Grübelzwang, Overthinking, unangemessenes Zerdenken

Kinder-Ich
Körper: Bauch
Gehirnareal: limbisches System/Stammhirn
Prinzip: Emotion/Gefühl/Ich

Positives Kinder-Ich
in der Verschmelzung, eins mit der Freude, dem Gelingen

Negatives Kinder-Ich
in der Verschmelzung, eins mit der Krise, dem Scheitern

Bevor wir vertiefend mit den Inhalten und einigen Besonderheiten der Triade weitermachen, hier noch eine Übersicht alternativer Bezeichnungen für die Ich-Zustände.

Manche Menschen haben Probleme mit den Begriffen »Kinder-«, »Eltern-« und »Erwachsenen-Ich« und sagen dann: »Ich bin doch gar kein Elternteil«, »Ich will mich nicht als Kind bezeichnen« oder »Ich finde das Wort ›Erwachsenheit‹ blöd, und bei seiner Erwähnung schlafe ich sofort ein« – nehmen Sie diese Begriffe bitte primär als Metaphern. Ideal als hilfreiche Metaphern, da sie uns Assoziationsräume öffnen, in die wir uns hineindenken können. Wie gesagt: Um im Kinder-Ich zu sein, müssen Sie kein Kind sein. Um im Erwachsenen-Ich zu agieren, müssen Sie nicht erwachsen sein, und um aus dem Positiven Eltern-Ich zu handeln, müssen Sie weder Vater noch Mutter sein. Die Begriffe sind idealerweise Unterstützungen, die uns helfen, den richtigen Weg zu finden und zu gehen.

Sie können auch alles, was ich hier erläutere, in einer Triade von Bauch-Herz-Kopf-Zuständen betrachten, in einer Triade von Stammhirn-Vorderhirn-Großhirn-Aktivität, in einer Triade von Emotion-Empathie-Denken oder in einer Triade von Ich-wir/Ich-und-du-Unterscheidungen. Mir ist das letztendlich egal. Wenn es Sie erfreut, können Sie diese Triade auch »Rot-Grün-Blau-Zustände« nennen. Finden Sie die beste Variante für sich. Und eine, die in Ihnen lebendig wird und die Sie in Ihr Denken und Handeln übernehmen können. Das ist wichtig. Nicht, wie die Bezeichnungen lauten.

In Körperregionen und Zuordnungen entspricht die Unterscheidung von Kinder-, Eltern- und Erwachsenen-Ich einer Bauch-Herz-Kopf-Triade. Der Bauch als Ort unserer vermeintlichen, unmittelbaren Bedürfnisse, das Herz als Ort der Güte, des Schenkens und der Lebensweisheit und der Kopf als Ort des analytischen Verstandes unserer Logik und des reinen Denkens.

Wie ich im Kapitel »Hör mal, wer da hämmert« dargelegt habe, entspricht diese Körperunterscheidung auch unserer Gehirnunterscheidung. Ihr Stammhirn inklusive des limbischen Systems ist der Ort Ihrer Spontanität sowohl von Freude als auch von Angst. Unser Vorderhirn ist der Ort des Sozialen, des Miteinanders. Und das Großhirn ist der Ort der Logik, des Erinnerns, des Kompromisses, der Einordnung, aber auch der Ego-Abwägung vs. der Kollaboration und des Miteinanders aus dem sozialen Vorderhirn.

Deshalb die dritte Variante der Triade als eine Ich-wir/Ich-und-du-Triade. Das Kinder-Ich aus dem Bauch und unserem Stammhirnbereich denkt, fühlt und handelt immer nur aus der Unmittelbarkeit von Ich-Bedürfnissen heraus. Das Eltern-Ich agiert aus dem Herzen und dem Vorderhirnbereich immer mit einem Wir im Fokus: Mein Glück ist immer auch das Glück der anderen. Ohne Solidarität und Loyalität zu jenen um mich herum ist mein Erfolg wertlos. Das Erwachsenen-Ich ist eine Kopf- und Abwägungskategorie. Das Ich erlebt sich immer in einer Spaltung zum Du: Wenn mein Glück auch das Glück des anderen ermöglicht, soll es mir recht sein. Wenn mein Glück das Unglück des anderen bedeutet, kann mich das nicht davon abhalten, mein Glück zu leben. So denkt und handelt das Erwachsenen-Ich aus dem Antagonismus von Ich und Du.

Finden Sie Ihre bestmögliche Bezeichnung dieser Triade. Sie muss für Sie funktionieren, nicht für mich. Ich werde mit der Unterscheidung Kinder-, Eltern- und Erwachsenen-Ich weiterarbeiten, da sie im therapeutischen Kontext die etablierteste ist, und Ihnen auf den folgenden Seiten noch einige Konstellationen erläutern, die Ihnen helfen, sowohl Ihre Vergangenheit als auch Ihre Gegenwart besser zu verstehen, damit Sie Ihre Zukunft gut und besser gestalten können.

Die Triade unserer Inneren-Ich-Zustände mit den jeweiligen Verhaltensformen

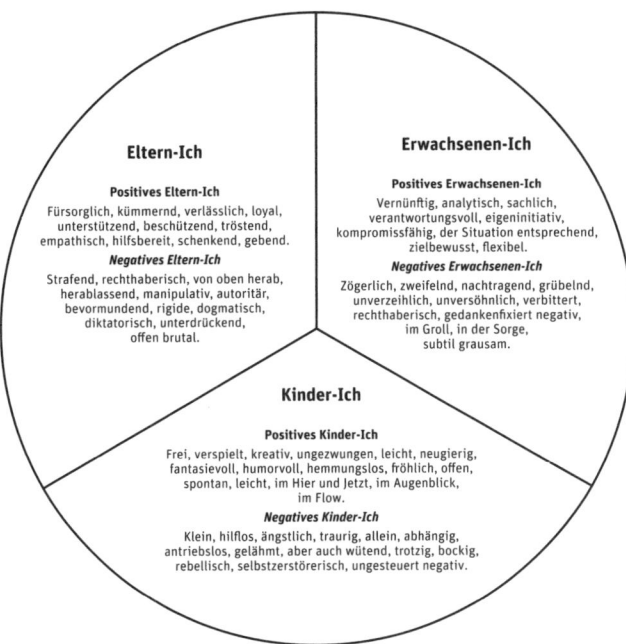

Hier die jeweiligen Zuordnungen/Inhalte/Verhaltensweisen der Ich-Zustände in der grafischen Übersicht.

In der Krise kreieren wir gern negative Kreisläufe. Wir sagen dann: »Ich fühle mich so wahnsinnig hilflos. Ich werde das niemals verzeihen, und ich werde das nie wieder zulassen.« Dann haben Sie innerhalb von fünfzehn Sekunden aus dem Negativen Kinder-Ich, aus dem Negativen Erwachsenen-Ich und dem Negativen Eltern-Ich gesprochen. Irgendwie sind wir alle darin Weltmeister. Selten begegne ich Menschen, die diese negativen Kreisläufe nicht beherrschen. Unser Verstand ist ein Meister darin. Negatives kann er ausschmücken, ausdrücken, variieren und alle daran teilhaben lassen. Erinnern Sie sich bitte an das Prinzip der Außenregulation aus dem Kapitel »Vor der Geburt war es doch am schönsten …«. Wir lernen mit unserer Geburt, dass über unser Wohlempfinden zu 100 Prozent ein wohlwollendes oder nicht wohlwollendes Außen entscheidet, und wir halten vehement an dieser Erzählung oft ein Leben lang fest, auch wenn sie mit zunehmendem Alter nicht mehr stimmt.

Unser Verstand ist glücklicherweise auch neugierig und will anhaltend neue Daten oder Eindrücke verarbeiten. Unser Verstand fällt deshalb auf fast jede Frage herein. Fragen Sie Ihren Verstand: »Was ist der Sinn des Lebens?«, und er fängt sofort an, nach einer Antwort zu suchen. Diese Lust am Nachdenken, die Lust, Rätsel lösen zu wollen, ist Ihre Chance. Fragen Sie Ihren Verstand zukünftig immer wieder: »Wer wäre ich, wenn ich jetzt aus dem Positiven Kinder-Ich statt aus dem Negativen Erwachsenen-Ich agierte? Was würde ich tun, wenn ich jetzt im Positiven Eltern-Ich statt im Negativen Kinder-Ich wäre? Welche Handlung würde ich jetzt durchführen, wenn ich die komplette Kontrolle meinem Positiven Erwachsenen-Ich statt meinem Negativen Eltern-Ich übergäbe?« Spielen Sie damit. Geben Sie sich der Beantwortung solch einer Frage ein, zwei Minuten hin. Visualisieren Sie sich konkret in Raum und Zeit. Führen Sie Ihren Verstand in die Versuchung, aus all Ihren positiven Anteilen zu denken, und schauen Sie, welche inneren Bilder, welche Handlungsvorschläge dabei in Ihnen aufsteigen. Starten Sie dabei gern mit Ereignissen aus Ihrer Vergangenheit, und spielen Sie alternative Verhaltensszenarien durch. »Was hätte ich damals getan, wenn ich ein anderer, in einem anderen Ich-Zustand gewesen wäre? Wie hätte ich mich anderen gegenüber verhalten? Wie hätte ich mich mir selbst gegenüber verhalten? Was hätte ich konkret anders gemacht?«

Es geht dabei in diesem ersten Schritt gar nicht darum, dass Sie diese inneren Bilder auch in Handlungen überführen. Es geht primär nur darum, Ihren Verstand innere Bilder von Alternativen produzieren zu lassen. Und Sie werden staunen: Irgendwann werden diese inneren Bilder auch reale gegenwärtige Handlungsmuster, die Sie im Moment des Erlebens abrufen und initiieren können. Das ist die Magie dieses Gedankenspiels. Sie müssen nur oft genug darüber nachdenken, und irgendwann haben Sie in sich das Potenzial gebildet, dies in real gelebte Handlung zu überführen. Aus einem Möglichkeitsraum wird Wirklichkeitsraum. Und dieser Wirklichkeitsraum führt Sie verlässlich aus der Krise.

Das Erleben unserer Kindheit und seine Folgen

Die Grafik nimmt die Erkenntnisse aus dem Kapitel »Vor der Geburt war es doch am schönsten …« auf. Achten Sie bitte bei diesem Diagramm darauf, dass hier eine äußere Beziehung (interpsychisch) und kein innerer Zustand (intrapsychisch) dargestellt wird.

Dem Kinder-Ich steht ein Eltern-Du gegenüber. Es handelt sich also um die regelhafte und normale Beziehung zwischen einem kleinen Kind und einem Erwachsenen, der in der Rolle des Beschützenden oder Strafenden aus dem Eltern-Ich agiert. Eine Rolle, die meist die Eltern einnehmen. Das Kind ist in diesem Stadium einzig in der Lage, zwischen Positivem und Negativem Kinder-Ich zu variieren. Wenn das Kind satt ist, ist es im Positiven Kinder-Ich. Hat das Kind Hunger, wechselt es ins Negative Kinder-Ich. Agiert ein Elternteil bestmöglich, verbleibt es immer im Positiven Eltern-Ich, erlaubt dem Kind, im Positiven Kinder-Ich verspielt und frei zu sein, und beschützt und befreit das Kind, sobald es in den Negativen-Kinder-Ich Zustand rutscht.

Als Kinder haben wir in uns selbst kein Bewusstsein eines Erwachsenen-Ich oder eines Eltern-Ich und auch kein Vermögen, diese beiden Ich-Zustände anzusteuern oder zu aktivieren. Das Kind besteht in seiner Kindheit nur aus dem Kinder-Ich. Das macht in einem wohlmeinenden Milieu die Schönheit unserer Kindheit aus. Oder das Grauen, wenn wir in einem feindlichen, gewalttätigen Umfeld schutzlos aufwachsen müssen.

Durch diese notwendige Grunderfahrung unserer Menschwerdung erleben der hilflose, überforderte Säugling und das Kleinkind, dass da draußen jemand ist, der sie liebt, unterstützt oder sie straft und verdammt. Und sie begreifen: Ich bin auf dessen Wohlwollen angewiesen, und nur das Außen kann mich retten. – Da uns dieser Gedanke seit unserer Geburt vertraut ist, hängen wir auch als erwachsene Menschen an ihm: Da draußen muss mich jemand retten. Die Welt, das Finanzamt, der neue Vorgesetzte, ein neuer Arbeitgeber, ein neuer Partner, ein Hund, ein Kind, ein Richter, ein neuer Pullover, eine neue Ausbildung, ein neuer Wohnort. All das sind Rettungsanker im Außen, auf die ich mich kapriziere und die mir ermöglichen sollen, dass ich ich bleiben darf und aus meinem Negativen wieder ins Positive Kinder-Ich komme.

Erleben Sie als Kind ein primär strafendes Eltern-Du, kann Ihre Reaktion auf diese Grunderfahrung aber auch vollkommener Rückzug aus sozialen Interaktionen sein. Sie verbleiben ebenfalls im Kinder-Ich, wollen nun aber keine Rettung durch ein Außen, sondern verweigern sich Gesprächen, Hilfsangeboten, Loyalitäten und Empathie, da Sie jeder Form des Außen misstrauen.

Ein Verharrungsmuster (klein, hilflos, abhängig) aus dem Kinder-Ich ist, dass ich nichts unternehme, um die Krise zu überwinden, und nur auf das Außen starre und Errettung einfordere. Ein anderes Verharrungsmuster (trotzig, bockig, selbstzerstörerisch) aus dem Kinder-Ich ist, deshalb strikt jede Hilfe, jede Unterstützung abzulehnen.

Egal, welche Variante wir in unserer Kindheit durchleben: Wir tragen ein Leben lang eine Innere-Kind-Prägung in uns, die uns davon abhält, in das Potenzial unserer ganzen Menschlichkeit zu kommen und alle drei Ich-Zustände selbstmächtig anzusteuern.

Die Entdeckung unserer Reifung in der Jugend

Hier ein kurzer Blick auf den wesentlichen Reifungsprozess in unserer Jugend: Wir entdecken durch unsere Pubertät, dass es neben unserem Kinder-Ich ein Erwachsenen-Ich in uns gibt. Wir beginnen erstmals selbstständig, Pläne, Entscheidungen, Abwägungen zu machen. Wir sind dann ganz begeistert von uns selbst: »Oh, ich kann denken. Ich kann Gestern und Morgen denken. Ich kann Probleme lösen. Ich kann gute Entscheidungen treffen.« Und wir entdecken, dass es auch im Außen ein Erwachsenen-Du gibt. Wir besprechen erstmalig unsere Themen mit anderen Menschen, fragen diese um ihre Meinung und integrieren ihre Antworten in unsere Entscheidungsfindung. Wir entdecken Erwachsene oder uns Gleichaltrige auf Augenhöhe, die uns und unsere Gedanken oder Fragen ernst nehmen, die uns in der Lösungsfindung, im Denken ein Gegenüber, Partner, Herausforderer sind. Unter diesem Aspekt ist unsere Jugend eine fantastische Menschwerdung, die uns in die Selbstwirksamkeit führt.

Das Versäumnis unserer Reifung in der Jugend und die daraus resultierende Selbstverpflichtung

Allerdings verpassen wir bei dieser Reifung einen ganz wichtigen Teil, nämlich uns auch selbst von nun an und für den weiteren Verlauf unseres Lebens aus einem wohlwollenden, loyalen und supportiven Positiven Eltern-Ich zu begegnen. So wie wir als Säuglinge und Kinder auf ein Positives Eltern-Du angewiesen waren, sind wir ab unserer Jugend und über unsere gesamte Erwachsenheit radikal auf ein Positives Inneres-Eltern-Ich angewiesen. Leider haben die wenigsten Menschen ein Bewusstsein davon, dass es diese innere Dimension überhaupt gibt und wie zentral wichtig sie für unsere Lebenszufriedenheit ist.

Das liegt auch daran, dass wir in unserer Jugend und frühen Erwachsenheit in der Regel wenig Krisenerfahrung machen. Wir nabeln uns einerseits von einem äußeren Eltern-Du ab, lernen über viele Jahre, dass wir mit unseren inneren Potenzialen von Kinder-Ich und Erwachsenen-Ich ziemlich gut im Leben klarkommen. Und wenn dann Jahre später eine richtige Krise eintritt, stehen wir allein da: Im Außen gibt es kein positives Eltern-Du mehr, das uns auffängt, und in uns haben wir diese Instanz nie aufgebaut, genährt oder wachgehalten.

Seien Sie sich von nun an primär immer ein wohlwollender, empathischer, loyaler Begleiter in Ihrem Leben. Sagen Sie sich immer wieder: »Wir finden einen Weg. Ich finde einen Weg. Auch wenn es gerade schwierig ist, werde ich auf die Herausforderungen meines Lebens gute Antworten finden. Ich tröste mich. Ich bin mir selbst der sicherste Hafen und Halt. Ich darf heute auch mal traurig sein. Wir schaffen das. Es wird gut werden, auch wenn ich aktuell noch nicht weiß, wie das aussehen wird.«

Das ist eine ganz andere innere Ansprache als aus dem Positiven Erwachsenen-Ich. Das Positive Erwachsenen-Ich sagt: »Ich muss optimistisch sein. Ich muss die Zähne zusammenbeißen. Ich werde das analysieren. Ich muss vernünftig bleiben. Ich werde jetzt Schritt für Schritt machen. Ich muss auch mit weniger zufrieden sein. Im Verlust liegt auch eine Chance. Das kann ich so nicht akzeptieren. Ich muss mein Ziel verfolgen. Ich muss dranbleiben.« Daran ist nichts falsch. Lange Passagen dieses Buches dienen nur dem Zweck, Sie in Ihr Positives Erwachsenen-Ich zu führen. Aber für ein erfülltes Menschenleben ist es zu wenig, wenn wir in uns nur das Erwachsenen-Ich und das Kinder-Ich leben.

Bedenken Sie bitte: Wir werden in unserer Gesellschaft total darauf trainiert, singulär aus dem Erwachsenen-Ich zu agieren. Das klappt aber nicht. Damit kann man kein erfüllendes und reiches Leben leben. Einerseits, weil das Kinder-Ich immer wieder seinen Raum will. Immerhin verdanken wir unserem Inneren Kind unser ganzes Leben. Das weiß Ihr Inneres Kind, und deshalb will es wahrgenommen und gewürdigt werden. Wenn sich Ihr Positives Inneres Kind dann nach vorn drängelt, lassen Sie das gern zu, und gehen Sie gemeinsam spielen. Wenn aber Ihr Negatives Kind-Ich immer die Hauptrolle spielen will, geht das nicht, weil das Funktionieren der Negativen Inneren-Kind-Rolle immer auf ein supportives, loyales Außen ausgelegt ist. Dieses Außen gibt es aber nicht mehr, wenn Sie in einem Erwachsenenkörper stecken. Entsprechend brauchen Sie unabdingbar das Potenzial Ihres eigenen Positiven Eltern-Ichs, um sich selbst zu trösten, zu unterstützen und sich aus der Krise zu führen.

Menschen, die nur im Kinder-Ich und im Erwachsenen-Ich sind, leben ein Leben der Zweidimensionalität. Sie fahren Fahrstuhl zwischen Kopf und Bauch. Damit kommen Sie aber nicht durch eine Krise. Integrieren und aktivieren Sie deshalb unbedingt Ihr Positives Eltern-Ich in Ihnen. Aktivieren Sie Ihre innere Herzens- und Gütedimension. Führen Sie sich selbst in die Dreidimensionalität Ihrer Existenz. Seien Sie sich selbst der wohlwollende, loyalste und beste Freund, die tröstende, supportivste und verständnisvollste Freundin. Begegnen Sie sich selbst mit Güte, Empathie und Liebe. Das haben Sie sich verdient, und drunter sollten Sie es nicht machen.

Die Triade unserer besten Inneren-Ich-Zustände

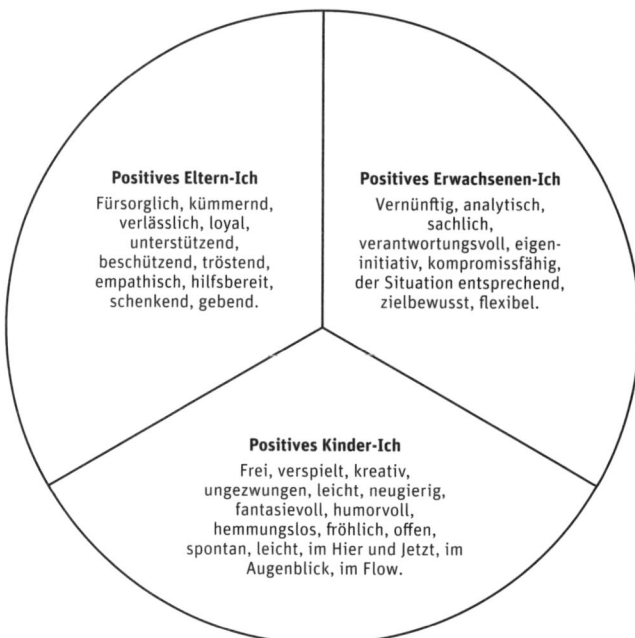

Entsprechend bitte ich Sie dringlich, sich selbst zukünftig so oft wie möglich in allen drei Positiven Ich-Zuständen zu begegnen und aus diesen Ich-Zuständen heraus Ihr Leben und Ihre Interaktionen mit Ihrer Umwelt zu gestalten.

Leben Sie das Positive Kinder-Ich, das Positive Erwachsenen-Ich und das Positive Eltern-Ich. Deshalb sehen Sie in der Abbildung die Übersicht der Positiven Ich-Zustände als Ansporn und Ziel. Das geht nicht immer, aber immer öfter. Das weiß ich.

Ein inneres Mantra könnte sein: »Ich schenke/gebe mir so oft wie möglich meine besten Inneren-Ich-Anteile. Das ist das größte und wichtigste Geschenk, das ich mir jederzeit selbst machen kann.«

Falls Sie Schwierigkeiten haben, diese Ich-Anteile beiläufig in sich zu leben oder zu aktivieren, können Sie auch ein Spiel mit sich selbst machen und sich selbst die Regel geben, von jetzt an jeden Tag 33 Prozent im Positiven Erwachsenen-Ich, 33 Prozent im Positiven Eltern-Ich und 33 Prozent im Positiven Kinder-Ich zu sein.

Realistischer für ein Leben im 21. Jahrhundert, aber immer noch toll wäre wahrscheinlich, wenn Sie sich selbst vornähmen, von jetzt an jeden Tag 60 Prozent im Positiven Erwachsenen-Ich, 20 Prozent im Positiven Eltern-Ich und 10 Prozent im Positiven Kinder-Ich zu sein. Variieren Sie die Prozentzahlen, wie es Ihnen gefällt und wie es Ihnen in der aktuellen Situation als sinnvoll erscheint.

Oder Sie tippen mit geschlossenen Augen auf eine Stelle der obigen Übersicht der drei Positiven Ich-Zustände und nehmen sich dann vor, zehn Minuten oder eine Stunde in dem von Ihnen zufällig bestimmten Ich-Zustand zu sein, danach zu denken und zu handeln. Egal, ob Sie Ihren Gedanken oder Handlungen in diesem Moment glauben oder nicht.

Die Triade unserer schlechtesten Inneren-Ich-Zustände = die Triade unserer Inneren-Ich-Zustände in der Krise

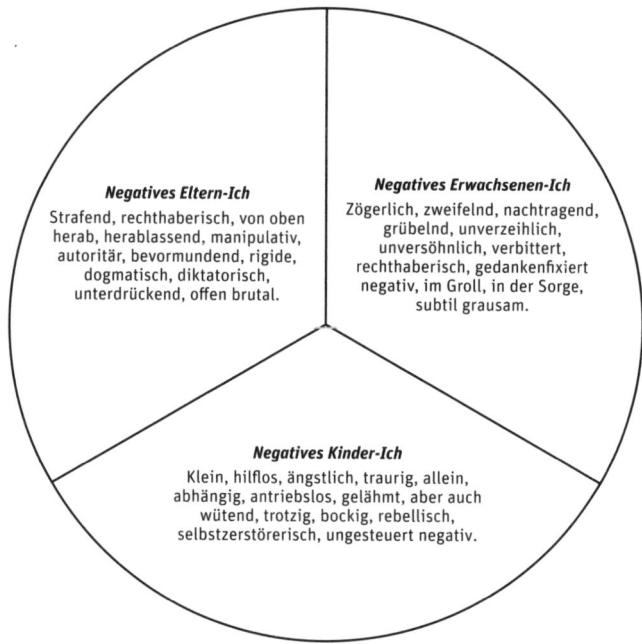

Der Gegenentwurf zu der vorherigen Triade ist die Triade der Inneren-Ich-Zustände in der Krise. Alles ist auf negativ gepolt. Falls wir in diesem Teufelskreis gefangen sind, gibt es gedanklich, emotional und in unseren Handlungen kein Entkommen: Alles ist Untergang, ohne Perspektive und sinnlos.

Der pädagogische Sinn dieser Darstellung ist einfach: Schauen Sie immer wieder auf diesen Kreis; und wenn Sie feststellen, dass Sie gerade einen der negativen Ich-Zustände praktizieren, hören Sie sofort damit auf. Oder sagen Sie sich innerlich sehr laut: »Das hilft nicht. Das unterstützt mich nicht auf meinem Weg aus der Krise. Vielmehr führt es mich noch mehr in die Krise. Ich sollte etwas anderes tun.«

Das ist schwierig, versuchen Sie es trotzdem immer wieder, bis es klappt.

Schwierig ist es, weil wir in diesen negativen Kreisläufen und Ich-Zuständen so viel Erfahrung haben. Und weil wir mit dem Negativen Kinder-Ich auch eine Menge Erfolge erzielt haben. Deshalb ist ein Teil von uns so verliebt in die Vorstellung, es immer wieder zu probieren und zu glauben, dass wir damit erfolgreich sein können. Die beiden anderen negativen Ich-Zustände spielen wir im Grunde genommen nur nach, weil wir Eltern oder andere Erwachsene in unserem kindlichen Umfeld hatten, die diese Rollen lebten, für sich selbst oder uns gegenüber, und weil deshalb ein Teil in uns denkt: »Wenn das damals erwachsene Menschen gemacht haben, muss es wohl richtig sein.« Sagen Sie sich selbst: »Nein, das war damals nicht richtig, und heute ist es auch falsch. Das kann ich anders und besser.«

Unsere zentrale Wachstumsverpflichtung in der Krise

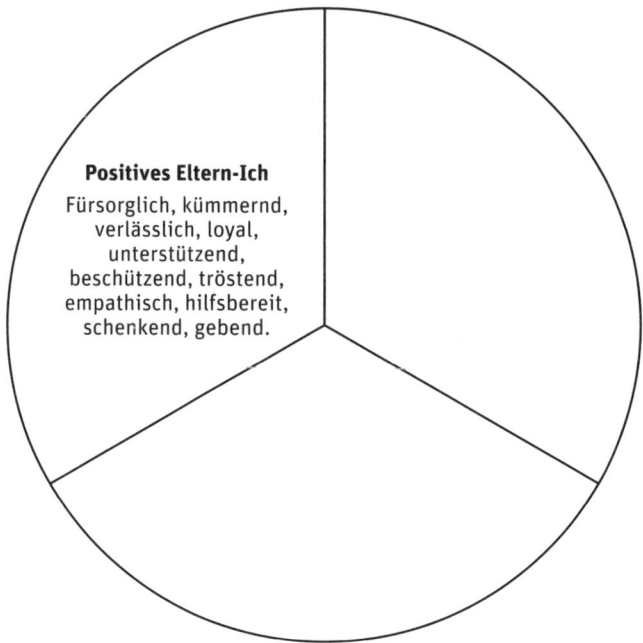

Vieles, was Sie vor wenigen Seiten zur Wachstumsverpflichtung in unserer Jugend gelesen haben, könnte ich hier noch einmal schreiben. Der einzige Unterschied: Sie sind jetzt zehn, zwanzig, dreißig, vierzig, fünfzig Jahre älter als in Ihrer Pubertät.

Die innere Krise ist Konsequenz einer verpassten Wachstumschance. Wir haben unsere innerpsychischen Hausaufgaben nicht gemacht. Wir dachten, wir könnten uns ausruhen und es dabei belassen, der Mensch zu bleiben, der wir schon immer waren oder in unserer Kindheit geworden sind. Das Leben hat uns durch die Krise gezeigt, dass wir damit nicht durchkommen.

Ja, wir haben eine äußere Krise erlebt, die auch außerhalb unserer Verantwortung oder Kontrolle liegen mag. Eine Arbeitslosigkeit, finanzielle Sorgen, den Tod eines geliebten Menschen, eine Scheidung, das eigene Altern, eine Krankheit. Wir stecken mitten in einer äußeren Krise, mit der wir nicht gerechnet hatten, die wir vielleicht nicht steuern können, die passiert ist, die sich nicht mehr rückgängig machen lässt und die sich in einem Menschenleben nicht vermeiden lässt. Aber als Folge dieser äußeren Veränderung erleben Sie jetzt eine innere Krise mit aller Härte. Und für dieses innere Erleben sind Sie ganz allein verantwortlich, und diesem inneren Erleben müssen Sie sich stellen.

Aktivieren und leben Sie also unbedingt Ihr Positives Eltern-Ich, wie in der Abbildung 6 und 7 beschrieben. Nur dadurch kommen Sie in einen höheren Frieden mit sich selbst. Nur dadurch werden Sie wieder handlungsfähig. Nur dadurch gibt es einen Weg aus der Krise. Nicht verlässlich aus der äußeren Krise, aber verlässlich aus der inneren. Und erst wenn die innere Krise überwunden ist, besteht auch im Außen wieder eine Chance, einen neuen Weg einzuschlagen.

Unsere Selbstrettung in der Krise, Schritt 1

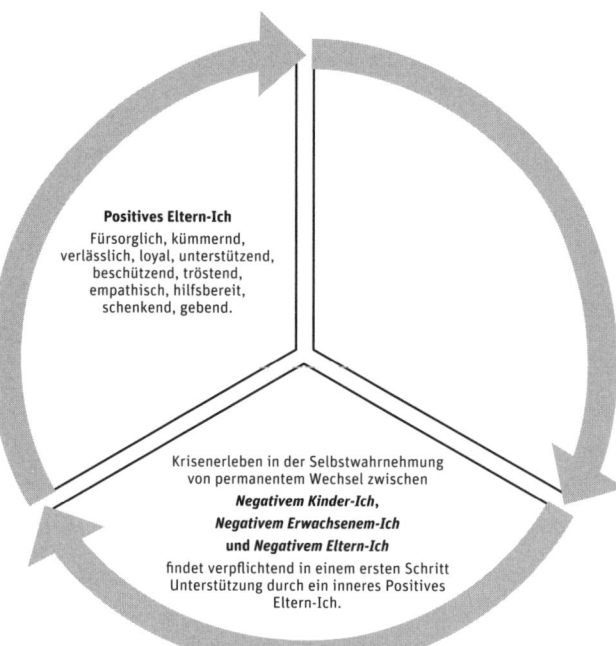

Deshalb müssen Sie unbedingt in einem ersten Schritt in der Krise Ihr Positives Inneres-Eltern-Ich wecken, aktivieren, leben. Und nicht Ihr Positives Inneres-Erwachsenen-Ich.

Unsere Selbstrettung in der Krise, Schritt 2

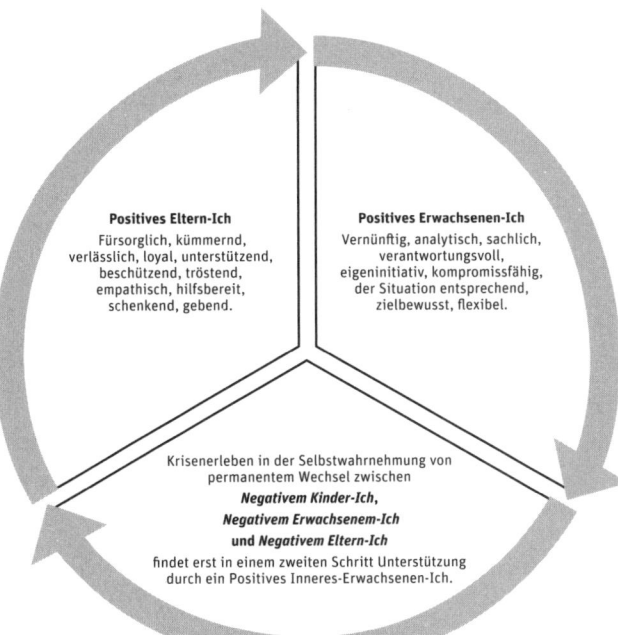

Das kommt nämlich erst als Schritt 2. Eine Aktivierung Ihres Positiven Inneren-Erwachsenen-Ichs ohne die vorherige Aktivierung und stabile Verstetigung Ihres Positiven Inneren-Eltern-Ichs wird immer scheitern. Ist viel zu vernünftig, viel zu analytisch, viel zu verkopft und verbindet Sie nicht mit der unbedingt notwendigen Tiefe und Weisheit Ihres Herzens, mit den Quellen Ihrer inneren Selbstfürsorge und Ihres sozialen und loyalen Vorderhirns, je nachdem, welche Zuschreibung für Sie hilfreicher ist.

Unsere Selbstrettung in der Krise, Schritt 3

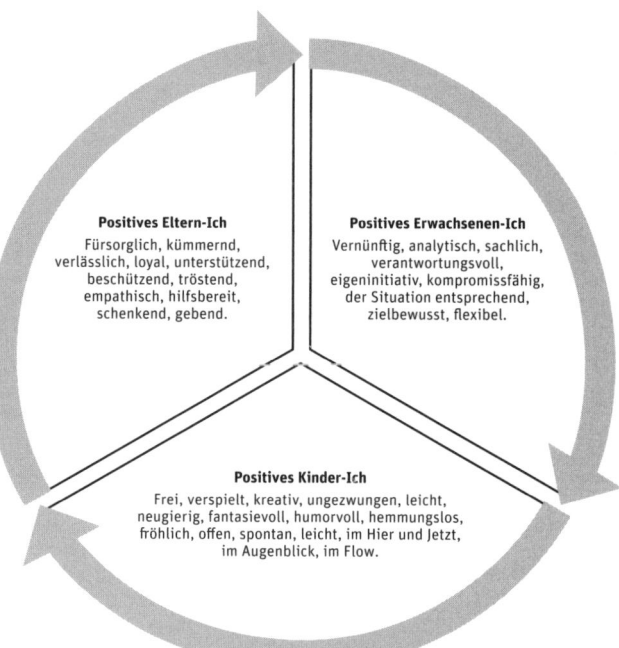

Und natürlich sollten Sie in der Krise nicht permanent und ausschließlich zwischen Positivem Eltern-Ich und Positivem Erwachsenem-Ich pendeln. Auch das wäre eine Zweidimensionalität, die Sie nicht lange aushalten und die Sie nicht bestmöglich dabei unterstützt, die Krise zu meistern. Sie brauchen auch in der Krise Zeiten und Orte der Erholung und der Abwechslung. Aktivieren Sie deshalb ganz bewusst die positiven Elemente Ihres Kinder-Ichs, auch wenn Ihr Negatives Kinder-Ich quengelt, können Sie trotzdem ins Kino gehen, etwas Leckeres kochen, sich in die Badewanne legen, Freunde treffen, eine Komödie schauen und Ihrem negativen Gedankenkarussell eine Auszeit gönnen und ins Fußballstadion oder in einen Club gehen.

Und damit sind wir am Ende dieses Kapitels angelangt. Ich mag diese grafischen Darstellungen sehr, da sie sofort ins Hirn gehen und uns schnell in die Veränderungskompetenz führen. Wenn ich mir etwas wünschen darf, dann, dass Sie diese Darstellungen mit Ihrem Smartphone abfotografieren, sie immer bei sich tragen, sich immer wieder vor Augen führen und konkretes anderes Verhalten als Ihr bisheriges davon ableiten. Das klappt ganz toll.

Die folgenden Kapitel brauchen nicht nur Ihre Aufmerksamkeit, sondern auch Ihre Disziplin, da Sie konkret während der Lektüre etwas tun müssen. Listen schreiben, intensiv auf Ihr eigenes Leben schauen, Vergangenes benennen, Abschied nehmen, Wünsche und Ziele formulieren, aber auch eigene Ressourcen und Werte finden. Ich empfehle entsprechend eine Lektürepause. Blättern Sie noch einmal durch die vergangenen fünf Kapitel: Was ist schon in Ihnen angekommen, präsent und aktiv? Wo wäre eine Wiederholung, eine Vertiefung sinnvoll? Und vergessen Sie nicht, die Handyfotos zu machen!

Die Krise unter dem Brennglas: Nimm Abschied und gesunde!
Warum Sie jetzt noch ein letztes Mal ganz genau auf Ihren Verlust, Ihren Schmerz und Ihre Trauer schauen sollten, um dann neu zu beginnen

Auf den folgenden Seiten werden wir Abschied nehmen. Abschied von dem, was war, Abschied von dem, was uns nicht mehr zur Verfügung steht, was an ein Ende gekommen ist, was nicht mehr ist, was nie wieder sein wird; und wir werden ganz genau hinschauen, welchen eigenen Anteil wir daran tragen. Sie werden sich fragen, warum dieses Kapitel überhaupt und dann so spät im Buch kommt. Warum wir damit nicht gestartet haben, um uns von dort einen Weg ins Licht und die Zuversicht zu bahnen. Ganz einfach deshalb, weil ich Ihnen diesen Blick zu Beginn der Lektüre nicht zumuten wollte. Und weil es trotzdem enorm wichtig ist, den Blick auf all das zu richten, wovon wir Abschied nehmen müssen. Dieses Kapitel wird schmerzhaft und anstrengend sein. Sie werden vielleicht weinen. Vertrauen Sie mir, und gehen Sie diesen Weg. Machen Sie diese Übung. Ich bin zuversichtlich, dass durch die bisherige Lektüre Ihre Möglichkeiten, in Ihren Schmerz, in Ihre Trauer und Angst zu schauen, gewachsen sind, dass Sie mit dem Wissen, den Begrifflichkeiten der vorhergehenden Kapitel stabilen Grund unter den Füßen haben, um diese Seiten zu lesen und die Übung zu machen.

Die Krise schreit nach Zukunft, doch die Zukunft antwortet nicht. Gäbe es in jeder Krise eine antwortende oder schon sichtbare Zukunft, gäbe es die Krise nicht. Das ist der Wesenszug und die Herausforderung der Krise: Die Vergangenheit scheint wertlos und verloren. Die Gegenwart schmerzhaft und belastend. Die Zukunft leer und schweigend. Je mehr Leben wir gelebt haben, desto wahrscheinlicher ist diese Zukunftsverschlossenheit in der Krise, weil sich einfach kein verheißungsvolles Morgen zeigen will. Und ganz besonders, wenn das Gestern ziemlich prall und toll war.

Tut sich mit dem Ende des Vergangenen auch eine neue Gegenwart und Zukunft auf, gibt es auch keine Krise. Meistens ist das aber nicht so. Wir befinden uns vielmehr in einem Transitraum unseres Lebenswegs, in dem uns momentan die Fantasie fehlt, wie wir diesen jemals wieder verlassen können. Wir hängen zwischen den Zeiten, zwischen Gestern und Morgen in der Leere, im Vakuum des Heute. Eine Leere, die den Verlust potenziert und manifestiert, da dort, wo jetzt Leere ist, eben noch Fülle war. Krisenkompetenz und Lebenskunst besteht auch darin, dieses momentane Schweigen, diese Leere auszuhalten und zu akzeptieren.

Gleichzeitig sind wir verpflichtet, Abschied zu nehmen. Dieser Abschied hat drei Seiten: Abschied von der Vergangenheit, Abschied von einer Gegenwart, Abschied von einer Zukunft. Wir müssen Abschied nehmen von einer bestimmten Vergangenheit, weil etwas, was war und bis vor Kurzem noch verfügbare Gegenwart, nicht mehr fortgeführt werden kann. Wir müssen uns in der Krise verabschieden von etwas Wichtigem, erhofft Dauerhaftem, von etwas, was wir gern fortgeführt hätten. Damit müssen wir aber auch Abschied nehmen von einer routinierten, vertrauten Gegenwart, da das Vergangene eben nicht mehr in die Gegenwart reicht. Und wir müssen Abschied nehmen von einer Zukunft, die aus dieser einen Vergangenheit heraus in eine spezifische Zukunft hätte fortgeschrieben werden können. In der Krise müssen wir uns deshalb immer in einer anstrengenden Gleichzeitigkeit von einem Gestern, einem Heute und einem Morgen verabschieden, um dann das andere Heute und das andere Morgen willkommen zu heißen.

Diese Verpflichtung besteht sowohl für jene, die die Krise durch das Außen erreicht hat, die unverschuldet zum Spielball der Entscheidung anderer oder von Ereignissen im Außen wurden, als auch für jene, die ein Ende selbst initiiert haben und dann überrascht feststellen, wie schlecht es ihnen geht, obwohl sie selbst es waren, die die Entscheidung, die nun zur Krise geführt hat, vorangebracht haben.

Ohne Loslassen kann kein Neubeginn gelingen. Abschied heißt nicht, dass der Schmerz, die Trauer vollkommen überwunden wird. Auch im Abschied werden wir über den Verlust teilweise ungetröstet bleiben, werden wir ab und an voller Wehmut und Melancholie an ein vergangenes Leben denken, einer verpassten Chance nachtrauern, werden wir wissen, dass wir aus heutiger Sicht uns vielleicht anders entscheiden würden, ohne zu vergessen, warum wir uns damals für diesen Weg, dieses Risiko entschieden haben. Je länger wir leben, desto größer ist auch der Raum unserer Sentimentalitäten. Das Leben ist so die Summe unserer gelebten wie auch unserer ungelebten Möglichkeiten.

Alles, was nach der Überwindung der Krise kommt, wird etwas anderes sein, auch wenn Sie das, was dann kommt, erfüllt, zufrieden und glücklich macht. Es wird immer etwas anderes sein als das, was wäre, wenn es den Verlust, den Schmerz, den Unfall, die Katastrophe, die Fehlentscheidung, die Krise nicht gegeben hätte. Wenn einfach alles weiter seinen ruhigen und immerwährenden Lauf genommen hätte.

In der Krise reagieren wir anfänglich mit Betäubung, Schock oder Leugnung. Dem folgt der Versuch des Festhaltens, des Rückgängigmachens oder die Verhandlung. Zeigt sich, dass die Krise nicht wieder in den Zustand vor der Krise zurückzuführen ist, wandelt sich unser innerer Fahrplan zu Wut, Zorn, Aggression und Verzweiflung. Das Leben scheint nur noch Chaos und Abgrund, bevor wir in eine Phase der Teilnahmslosigkeit, Lähmung und Apathie übergehen. Nur im Abschied kann wieder Neues, Jetziges, Heutiges, Morgiges, Belastbares entstehen. Abschied heißt nicht vergessen, heißt nicht, sich abzutrennen von der eigenen Vergangenheit. Abschied erlaubt, sich zu erinnern, zu entsinnen, und verpflichtet gleichzeitig anzuerkennen, dass ein Abschnitt unseres Lebens unwiederbringlich zu einem Ende gekommen ist. Abschied zeigt, dass wir die Realität anerkennen, uns reorganisieren. Abschied ist Ausdruck der Akzeptanz und der Reife. Abschied nehmen ist der zentrale Schritt zurück in eine neue Stabilität, ins Wachstum, zurück ins Leben und in den Fluss des Lebens.

Abschied muss man nehmen. Abschied passiert nicht von allein. Denn die Zeit heilt keine Wunden, das müssen und können Sie nur selbst machen. Wir nehmen Abschied in der Bewusstheit, dass es nie wieder so sein wird. Vielleicht und meist wird es wieder gut werden, aber niemals wieder so, wie es einstmals war.

Ihnen den Abschied zu erleichtern, Ihnen Abschied zu ermöglichen ist der Sinn der beiden folgenden Übungen. Lassen Sie sich darauf ein. Seien Sie ehrlich zu sich selbst. In der ersten Übung geht es um Ihre Anteile an der aktuellen Krise. Lesen Sie sich bitte vorab die Antwortbeispiele durch, bevor Sie empört sagen: »Ich habe keine Anteile an der Krise.« Es geht nicht um Schuld, sondern um Konsequenzen und Verantwortungen einer Entscheidung oder mehrerer Entscheidungen, die Sie vor Jahren aus guten Motiven und besten Gründen gefällt haben. Ihre aktuelle Situation ist immer die Summe Ihrer bisherigen Lebensentscheidungen. Nur wenn Sie sich selbstständig machen wollten, können Sie heute die Krise einer Insolvenz durchleben. Nur wenn Sie heiraten wollten, können Sie heute die Krise einer Scheidung erleben. Durch diesen Blick lernen Sie über die Übung Ihre damaligen Wünsche, Ziele und Bedürfnisse besser kennen. In der Liste der Antwortbeispiele finden Sie natürlich auch Unterlassungen. Wir sind auch in der Krise, weil wir bestimmte Dinge eben nicht getan haben, keine Grenzen gesetzt haben, zu nachgiebig waren. Unsere aktuelle Krise hat entsprechend nicht nur ihre Gründe in unserem früheren Wollen, sondern auch in unserem früheren Nicht-Wollen. Indem wir diese Ich-Anteile benennen, fällt uns der Abschied leichter.

Die zweite Übung hat dann wirklich nur den Abschied im Fokus. Lesen Sie auch hier vorab die Antwortbeispiele durch. Ich möchte Sie mit dieser Übung in die maximale Fähigkeit Ihrer eigenen Wahrhaftigkeit führen. Nur wenn wir dabei schmerzhaft ehrlich zu uns selbst sind, können wir wieder freier, flexibler, zuversichtlicher, offener und sowohl zukunftshungriger als auch zukunftsfähiger werden. Und all das wünsche ich Ihnen, und all das haben Sie sich verdient.

Übung

Warum gibt es diese Krise? Meine Eigenanteile, meine Ich-Anteile an dieser Krise:

_____
_____
_____
_____
_____
_____
_____
_____
_____
_____
_____
_____

Antwortbeispiele

- Weil ich mich damals für x oder y entschieden habe.
- Weil ich mich damals gegen x oder y entschieden habe.
- Weil ich nie um etwas gekämpft habe.
- Weil ich immer um alles gekämpft habe.
- Weil ich mich immer nur auf Geld/Prestige/Status/ auf mein Talent konzentriert habe.
- Weil ich mich nie auf Geld/Prestige/Status/auf mein Talent konzentriert habe.
- Weil ich heiraten wollte.
- Weil ich Kinder haben wollte.
- Weil ich Karriere machen wollte.
- Weil ich mich selbstständig machen wollte.
- Weil ich mein eigenes

Unternehmen führen wollte.
- Weil ich nicht in einer Hierarchie und Struktur versauern wollte.
- Weil ich auswandern wollte.
- Weil ich umziehen wollte.
- Weil ich immer den Weg des geringsten Widerstands gegangen bin.
- Weil ich mich nicht darum gekümmert habe.
- Weil ich pessimistisch und zögerlich war.
- Weil ich selbstverliebt war.
- Weil ich gierig war.
- Weil ich selbstlos war.
- Weil ich zu kritisch war.
- Weil ich nie auf Geld geachtet habe.
- Weil ich meine Hausaufgaben nicht gemacht habe.
- Weil ich unbedingt diesen Urlaub machen wollte.
- Weil ich betrunken Auto gefahren bin.
- Weil ich nicht verhütet habe.
- Weil ich unaufmerksam war.
- Weil ich zu viel geschnüffelt habe.
- Weil ich mich nicht an die Regeln gehalten habe.
- Weil ich meine eigenen Werte verraten habe.
- Weil ich kein Gespräch gesucht/zugelassen habe.
- Weil ich die Warnsignale nicht hören wollte.
- Weil mir die Arbeit wichtiger war.
- Weil ich keine Grenzen gesetzt habe.
- Weil ich unzugänglich war.
- Weil ich bequem war.
- Weil ich geliebt werden wollte.
- Weil ich gefürchtet werden wollte.
- Weil ich bewundert werden wollte.
- Weil ich anders sein wollte.
- Weil ich recht haben wollte.
- Weil ich Harmonie wollte.
- Weil ich der Stärkste sein wollte.
- Weil ich verstehen wollte.
- Weil ich ganz sicher sein wollte.
- Weil ich Spaß haben wollte.
- Weil ich meinen Eltern

- das Gegenteil beweisen wollte.
- Weil ich genau das getan habe, was meine Eltern von mir erwartet haben.
- Weil ich meine Arbeit wichtiger als meine Gesundheit/meine Beziehung/meine Freunde/meine Kinder/meine Familie genommen habe.
- Weil ich nie auf meine Bedürfnisse geachtet habe.
- Weil ich nie Ziele hatte.
- Weil ich nie Werte hatte.
- Weil ich zu idealistisch bin.
- Weil ich mir nie von anderen etwas sagen lassen wollte.
- Weil ich mir immer alles von anderen habe sagen lassen.
- Weil ich stolz war.
- Weil ich unverzeihlich war.
- Weil ich auf Rache aus war.
- Weil ich immer stark wirken wollte.
- Weil ich immer überlegen sein wollte.
- Weil ich immer kontrollieren wollte.
- Weil ich immer tolerant und verzeihend sein wollte.
- Weil ich nie um etwas gekämpft habe.
- Weil ich immer Frieden stiften wollte.
- Weil ich still und selbstzufrieden war.
- Weil ich immer kritisiert habe.
- Weil ich penetrant war.
- Weil ich moralisch war.
- Weil ich immer alles erst verstehen wollte.
- Weil ich ernst bin.
- Weil ich unauffällig bin.
- Weil ich Perfektionist bin.
- Weil mich meine Bedenken vom Handeln abhielten.
- Weil ich keine Zeit hatte.
- Weil ich Angst hatte.
- Weil ich mich nicht festlegen will.
- Weil ich Verpflichtung hasse.
- ...

Übung
Was ich verloren habe .../Ich nehme Abschied von ...

_____
_____
_____
_____
_____
_____
_____
_____
_____
_____
_____
_____

Und all das wird nie wieder so sein. Dieser Weg ist nun zu Ende. Ich werde diesen Weg so nie mehr weitergehen können.

Antwortbeispiele

Ich nehme Abschied von ...

- dieser Beziehung.
- einer intakten Bilderbuchfamilie.
- einer Patchworkfamilie.
- diesem Haus.
- dieser Wohnung.
- dieser Stadt.
- von diesem Land.
- von meiner Heimat.
- von dieser Karriere.
- den interessanten Gesprächen mit X.
- der inneren Verbundenheit mit Y.
- der Leichtigkeit der Unversehrtheit.
- der Sexualität mit X.
- diesem Humor.
- der Stärke von X.
- einer bestimmten Idee meines Lebens.
- der Gewissheit, jemals Frieden mit X zu finden.
- der Möglichkeit,

- mit Y ein Gespräch zu führen.
- meiner Unerschütterlichkeit.
- meiner bisherigen Lebenslust.
- der Idee, noch jung zu sein.
- der Vorstellung, nochmals bei null anfangen zu können.
- meinem ungebrochenen Selbstwertgefühl.
- meiner bisherigen Selbstbestimmtheit.
- meinem Vertrauen zu X.
- der Idee, recht zu bekommen.
- der Vorstellung, von X geliebt zu werden.
- der Idee, bewundert zu werden.
- meinem Anspruch, anders sein zu dürfen.
- meinem Wunsch, Harmonie zu haben.
- dem Vorhaben, stark zu sein.
- der Absicht, verstehen zu wollen.
- dem Bedürfnis, sicher zu sein.
- dem Wunsch, für Y wichtig zu sein.
- dem Bestreben, Eindruck zu machen.
- dem Irrglauben, unentbehrlich zu sein.
- der Vortäuschung, selbstsicher zu sein.
- der Fixierung darauf, erfolgreich sein zu müssen.
- der Fixierung darauf, herausragend sein zu müssen.
- der Idee, dass ich alles ungestraft oder folgenlos machen kann.
- der Vorstellung, einmal so wohlhabend zu sein, dass ich nicht mehr arbeiten muss.
- der Idee, berühmt zu sein.
- der Idee, bewundert zu werden.
- der Vorstellung, ein großes Team zu leiten.
- der Idee, einen Marathon zu laufen.
- der Vorstellung, Dankbarkeit zu empfangen.
- dieser Beziehung auf Augenhöhe.
- der Gewissheit, körperlich gesund zu sein.
- der Routine, meine

Kinder jeden Tag zu
sehen.
- meinen Bonuskindern.
- dem Glauben, für Alkohol/Drogenkonsum keinen Preis bezahlen zu müssen.
- dem Glauben, stärker als die Krankheit zu sein.
- der Hoffnung, je wieder gesund zu werden.
- der Annahme, je wieder laufen zu können.
- der Illusion, je wieder körperlich unversehrt zu sein.
- der Idee, ohne Schmerzen leben zu können.
- einem einfachen, nicht
- komplexen, leichten Leben.
- der Vorstellung, die gleichzeitige Belastung meiner aktuellen Arbeit und meines Privatlebens mental oder körperlich unversehrt und dauerhaft hinzubekommen.
- der Vorstellung, für mein Engagement Dankbarkeit zu erhalten.
- der Vorstellung, dass sich all das Warten, all der Kampf lohnt, weil es am Ende für mich gut ausgeht.
- der Vorstellung, dass mein Gegenüber einsieht, dass ich recht hatte.
- der Vorstellung, dass mein Gegenüber in das notwendige Wachstum kommt.
- der Vorstellung, noch fünf Jahre mit dieser Krankheit überleben zu können.
- der Perspektive, noch drei weitere Sommer zu erleben.
- der Vorstellung, dass mein Kind nach mir stirbt.
- der Vorstellung, dass meine Frau/mein Mann/ mein Bruder/meine Schwester diese Krankheit überlebt.
- der Perspektive, noch einmal das Meer/die Berge, New York, Los Angeles, Hongkong, Sydney, Peking, die Wüste, Feuerland zu sehen.
- …

Ein Hoch auf das Gestern und Morgen
Warum ein Leben im Hier und Jetzt nicht falsch, aber gänzlich sinnlos ist

In den letzten Jahrzehnten hat sich in der Verhaltenstherapie eine starke Gegenwartsschule etabliert. Wir lernen, im Hier und Jetzt zu sein, primär aus der Akzeptanz der Gegenwart zu denken und zu handeln. Dagegen ist nichts einzuwenden, wenn Sie in Groll- und Sorgenschleifen feststecken. Groll über Fehlentscheidungen in der Vergangenheit und Sorgen über endloses Scheitern in einer unbestimmten Zukunft.

In den Begrifflichkeiten des vorhergehenden Kapitels sind dies Eigenschaften des Negativen Erwachsenen-Ichs, negative Kopf- und Verstandeszustände. Aber auch wenn Sie zu Vergangenheitssucht (»Früher war mein Leben besser; ich will, dass es wieder so ist, wie es damals war«) und Zukunftssucht (»Ich will, dass das Gegenwärtige sofort vorbeigeht; ich will zwei Jahre nach vorn springen«) neigen, ist eine Hinführung zur radikalen Akzeptanz der Gegenwart hilfreich und wichtig.

Denn nur durch die Anerkennung meiner gegenwärtigen Situation ist Veränderung überhaupt möglich. Ich muss den Ort, an dem ich bin, ganz genau betrachten. Nur von dort kann ich erste Schritte in ein anderes Morgen gehen. Nicht, wenn ich ignoriere, wo ich mich gerade in meinem Leben befinde. Nur aus dem Hier und Jetzt lassen sich Handlungen initiieren, die mich in eine bessere Zukunft führen. Groll und Sorgen, Vergangenheits- und Zukunftssucht sind entsprechend lähmende und tatenlose Fantasieblasen einer erhofften Außenregulation, die uns von eigenverantwortlichen, sinnvollen und zielgerichteten Handlungen abhalten. Sinnvolle und zielgerichtete Handlungen jedoch sind unabdingbar, um den Weg aus der Krise zu gestalten. (Genau deshalb gibt es zum Beispiel die Abschiedsübung im Kapitel »Die Krise unter dem Brennglas: Nimm Abschied und gesunde!«.)

Ich will Sie also nicht aus der Wahrnehmung und Anerkennung Ihrer Gegenwart herausführen, sondern Ihren Blick erweitern und Sie einladen, im Hier und Jetzt auch gleichzeitig immer das Gestern und Morgen zu betrachten. Denn im Blick auf Vergangenheit und Zukunft liegen Schätze und Potenziale des Wohlempfindens, der Stabilisierung und der Sinnstiftung.

Kein Menschenleben ist eine Reihung von Versagen, Schmerz, Trauer, Freud- oder Sinnlosigkeit. Jede Krise ist immer nur relativ und nie absolut (siehe hierzu besonders das Kapitel »Auch in der größten Krise ist nicht *alles immer* und *total* katastrophal«). Wir haben in unserem Leben schon Gutes und Beglückendes, Freudvolles, Sinnvolles und Bereicherndes erfahren oder initiiert. Wir haben die Lust des Augenblicks gespürt, wir haben gelacht, wir waren euphorisch, wir waren zufrieden. Halten Sie diese vergangenen Momente wach wie einen Schatz, wie einen Speicher Ihrer einzigartigen und besonderen irdischen Existenz.

Seien Sie dankbar, und halten Sie diese Etappen Ihres Lebens in höchster Bewusstheit und Lebendigkeit, auch wenn heute alles verloren oder vergangen scheint. In Ihnen, in Ihrem Denken und Fühlen ist diese Information vorhanden, lebendig und abrufbar, wenn Sie es zulassen. Und nur durch die Akkumulation von Vergangenheiten in Ihnen erfahren Sie überhaupt erst die Würde und die Fülle Ihrer Menschlichkeit, die sich auch durch genau diese Dauer definiert.

Eine Kunst des Lebens und des Seins besteht eben darin, auch und besonders in der Krise die vergangenen Momente der Schönheit und der Zufriedenheit in uns zu tragen, sich daran zu erinnern, dankbar zu sein und in uns lebendig zu halten als Momente gelebten Lebens, die uns geformt haben, für die wir dankbar sind, von denen wir wissen, dass sich dafür jede Mühe, jeder Atemzug gelohnt hat. Die Vergangenheit, das Gestern ist so in Ihnen geborgen und voller Energie, Trost und Zuversicht, auch wenn in der aktuellen Krise nur noch wenig davon zur Verfügung stehen mag. Wir haben es gelebt, es war da, es war real, es war lebendig, und dafür müssen wir dankbar sein.

Unser vergangenes Leben wird aufbewahrt und kann nicht abhandenkommen, es ist unser eigener Schatz. Gelebte Werte, gelebter Sinn und erfüllte und erreichte Ziele sind der wahre Schatz und der wahre Reichtum des Lebens. Denn Erinnerung an Vergangenes ist immer Gegenwart, egal, ob das Erinnerte einen Tag oder vierzig Jahre zurückliegt. Erinnerung ist lebendig und flexibel, nicht tot oder starr. Wir erinnern uns an das, was und wie es uns aktuell hilfreich und unterstützend ist. Was unsere Geschichte kohärent macht. Unsere Vergangenheit lebt und wird immer einer neuen Bewertung unterzogen.

Doch nicht nur die Vergangenheit ist voller Energie in uns, auch unser innerer Blick auf die Zukunft gibt uns Kraft. Egal, wie mächtig uns die Krise gerade niederschmettert, wir haben noch Ziele, Wünsche, es gibt noch ein Sollen und Wollen in uns. Auch wenn vielleicht ein bestimmter Sinn eines Lebensabschnitts aufgezehrt ist, weil die Kinder aus dem Haus sind, weil die Karriere nicht mehr möglich ist, weil der Partner uns verlassen hat oder verstorben ist, weil die körperliche Unversehrtheit nie wiederkommt, weil wir bald sterben werden, vielleicht auch, weil in uns eine Leere wütet, da alles Gewünschte sich erfüllt hat. Wir müssen dann alte Ziele und alten Sinn verabschieden und neue Ziele, neuen Sinn, neue Werte in uns stiften. Was kann ich anderes tun, was gibt es noch, wenn das, was war, nicht mehr möglich ist oder sich erfüllt hat und damit auserzählt ist? Entlocken Sie auch der kürzesten Zukunft noch Wünsche und Möglichkeiten, die Ihrem Dasein Sinn geben.

Die Fülle Ihres bislang gelebten und das Potenzial Ihres zukünftigen Lebens sind Ihr wesentliches Gerüst zur Stabilisierung in der Krise. Die Würde und der Wert Ihres Lebens, Ihrer Biografie, bemisst sich eben nicht nur aus dem, was gerade im Hier und Jetzt ist, sondern sowohl und besonders aus den Dingen und Werten, die wir bereits verwirklicht haben, als auch aus jenen, die wir noch verwirklichen wollen. Gelebte Vergangenheit ist dadurch in uns genauso lebendig wie das Locken und die Wünsche der Zukunft. Lebenssinn entsteht nur aus der Gleichzeitigkeit von Gestern, Heute und Morgen.

Entsprechend schlage ich Ihnen sehr dringlich vor, Ihr Leben immer auch mit Blick auf die gelebte Vergangenheit und auf die Zukunft zu verstehen und zu betrachten und nicht nur aus dem Blick des Hier und Jetzt heraus. Nur dadurch erschließen Sie sich für Ihr Leben dauerhaft die zentrale und wichtige

Dimension Sinn. Sinn kann nur im Gleichklang von Gestern, Heute und Morgen gedeihen und Früchte tragen.

Dieses Kapitel und die entsprechende Übung haben Schnittmengen mit der Abschiedsübung aus dem vorhergehenden Kapitel sowie mit der Dankbarkeits- und Ressourcenübung und der Ziel- und Wertearbeit der folgenden drei Kapitel. Ich biete Ihnen deshalb alle Ansätze und Übungen an, da nicht in den Überschneidungen, sondern in den Unterschieden die Kraft der Veränderung liegt. Machen Sie alle sechs Übungen, und schauen Sie, mit welcher Sie die bestmöglichen Schritte aus der Krise finden. Welche Sie ideal stabilisieren und Ihre Veränderungsräume öffnen und in die Handlung, ins Tun, in Ihr Leben führen. Ideal macht es die Summe all dieser einander verwandten Formate, auch wenn manchmal eine bestimmte Anzahl gleicher Antworten auf Ihrem Zettel steht.

Übung
Danke für das Gestern

Meine bisher gelebte Vergangenheit als Ort der Fülle und des Gelingens, auch wenn ich gerade nicht in der bestmöglichen Verfassung bin, auf diese Erlebnisse und Veränderungen immer aktiv und dankbar zurückzugreifen.

Mögliche Leitfragen, die Ihnen helfen, Ihre besten Antworten zu finden:
Was habe ich bislang Schönes erlebt? Wofür kann ich dankbar sein? Welche bleibenden Begegnungen mit Menschen gab es? Wohin bin ich gereist? Welche guten Erfahrungen in der Liebe/im menschlichen Miteinander habe ich gemacht? Was habe ich beruflich Gutes und

Bleibendes erlebt oder erreicht, wofür ich dankbar bin? Welche positiven Veränderungen in meinem Leben habe ich initiiert? Wofür bin ich meinen Kindern, meinem Partner, meinen Eltern, meinen Geschwistern dankbar? Was habe ich Neues in mein Leben integriert? Welches äußere oder innere Wachstum habe ich in meinem bisherigen Leben initiiert? Was habe ich bislang gelernt?

Ich bin dankbar dafür, dass ich in der Vergangenheit schon Folgendes gelebt, erlebt, erreicht, verwirklicht habe:

_____
_____
_____
_____
_____
_____
_____
_____
_____
_____
_____
_____

Das ist die Fülle meines bisherigen Lebens, die immer in mir lebendig ist und an die ich mich immer in Dankbarkeit und Freude erinnere.

Antwortbeispiele

- Auf dem Land aufgewachsen zu sein.
- Auf einem Bauernhof großgeworden zu sein.
- In der Stadt großgeworden zu sein.
- Als Kind in tiefer Verbindung mit meinen Großeltern gewesen zu sein.
- In diesem bestimmten Jahrzehnt großgeworden zu sein.

- Analog ohne Computer und Smartphone gelebt zu haben.
- Meine Sommer im Freibad verbracht zu haben.
- Die Radtouren ohne meine Eltern.
- Wunderbare, liebende und unterstützende Eltern gehabt zu haben/zu haben.
- Die Geborgenheit meines Elternhauses.
- Die Sorglosigkeit meiner Kindheit.
- Als Jugendlicher im Sport, in der Musik, in der Freundschaft, in der Literatur, der Philosophie, der Religion Halt gefunden zu haben.
- Die Nächte im Zeltlager.
- Das wochenlange ziellose Reisen meiner Jugend.
- Die endlosen Sommerurlaube mit den Eltern.
- Den Trost/die Unterstützung durch meine Schullehrer.
- Den Schutz bei den Eltern meiner Freunde vor der Grausamkeit/Brutalität/Kälte/Verwahrlosung meines Elternhauses.
- Die Chancen, die mir meine Eltern eröffnet haben.
- Die Chancen, die mir meine Lehrer, die Universität, mein Arbeitgeber gegeben haben.
- Den schweren Unfall als Jugendlicher überlebt zu haben.
- Trotz meines Schulabbruchs Jahre später noch einmal einen Abschluss gemacht zu haben.
- Nach der Lehre den Mut aufgebracht zu haben, ein Studium zu beginnen/mich selbständig zu machen.
- Diesen einen verrückten Sommer in totaler Verliebtheit erlebt zu haben.
- Die Autofahrt quer durch Europa.
- Trotz der frühen Scheidung meiner Eltern später Heimat, Ankunft, Sicherheit gefunden zu haben.
- Meinen leiblichen Vater noch einmal getroffen zu haben.

- Als Erwachsener meine Halbgeschwister kennengelernt zu haben.
- Die Jahre im Chor.
- Ein Instrument gelernt zu haben, auch wenn ich heute nicht mehr spiele.
- Den Duft der Turnhalle aus Grundschulzeiten noch in meiner Nase zu haben.
- Beim Skiurlaub meinen Mann/meine Frau kennengelernt zu haben.
- Aus dem Unfall/aus der Trennung vor zwanzig Jahren viel für mich gelernt zu haben.
- Nicht mehr der/die zu sein, der/die ich vor dreißig Jahren war.
- Im Beruf Chancen und Förderung erhalten zu haben.
- Meine Jahre im Ausland.
- Immer in meiner Heimatstadt bleiben zu können.
- Seit dem Tod meiner Eltern in dem Haus meiner Kindheit leben zu können.
- Den Tod und das Erbe meiner Eltern gut mit meinen Geschwistern durchlebt zu haben.
- Das halbe Jahr totaler Verliebtheit mit X.
- Diese eine Nacht mit Y.
- Beruflich diese Chance bekommen zu haben.
- Meine sechsmonatige Reise durch Südamerika.
- Mit dem Fahrrad bis nach Istanbul gefahren zu sein.
- Drei Marathons/Triathlons absolviert zu haben.
- Zehn Jahre mit dem Hund/der Katze gelebt zu haben.
- Zehn Jahre den Porsche gefahren zu sein.
- Den Führerschein/Segelschein/Pilotenschein/Jagdschein/Angelschein gemacht zu haben.
- Diese Wohnung/dieses Haus gekauft zu haben.
- Keine Schulden (mehr) zu haben.
- Die drei Jobwechsel initiiert/gut überstanden zu haben.
- Meine Arbeitslosigkeit vor fünf Jahren überwunden zu haben.
- Geheiratet zu haben.
- Die Entscheidung für die Kinder.

- Durch Adoption Elternschaft erlebt zu haben.
- Die Scheidung eingereicht/überstanden zu haben.
- Mir finanzielle Sicherheit geschaffen habe.
- Auf dem höchsten Berg der Alpen gestanden zu haben.
- Im Roten Meer getaucht zu haben.
- In allen Weltmeeren gebadet zu haben.
- Work and Travel gemacht zu haben.
- Bei der Bundeswehr gewesen zu sein.
- Das Freiwillige Soziale Jahr gemacht zu haben.
- Das Aufbaustudium gemacht zu haben.
- Die Doktorarbeit abgeschlossen/abgebrochen zu haben.
- Eine Sandburg gebaut zu haben.
- Den dreißigsten/vierzigsten/fünfzigsten/sechzigsten ... Geburtstag gefeiert zu haben.
- Meine Kommunion/Jugendweihe/Konfirmation.
- Die Kommunion/Jugendweihe/Konfirmation der Kinder.
- Die Kinder begleitet zu haben in ihre Erwachsenheit.
- Meinem Kind trotz der Behinderung maximale Möglichkeiten eröffnet zu haben.
- Den Krebs überlebt zu haben.
- Die Drogen/den Alkohol hinter mir gelassen zu haben.
- Vor zehn Jahren zwanzig Kilo abgenommen zu haben.
- Die Essstörung überwunden zu haben, zehn Kilo zugenommen zu haben und mich normal zu ernähren.
- Mein Erbe abgelehnt zu haben.
- In der Nacht des Mauerfalls am Brandenburger Tor/an der Bornholmer Straße gewesen zu sein/aus Leipzig/Hannover einfach nach Berlin gefahren zu sein.
- Die vielen unbeschwerten Sommer.

- Das Buch geschrieben/ das Bild gemalt/die Platte aufgenommen zu haben.
- Meinem Vater/meiner Mutter beim letzten Atemzug die Hand gehalten zu haben.
- Eine geistig-spirituelle Lehre gefunden zu haben, die mich unterstützt, meinen Weg zu gehen.
- Durch die Therapie vor zehn Jahren meinem Leben eine bessere Richtung gegeben zu haben.
- Die Hauptstädte dieser Welt bereist zu haben.
- Michael Jackson/Prince/ George Michael live gesehen zu haben.
- Frieden mit meinen Eltern gefunden zu haben.
- In guter Kommunikation mit meinem Ex-Partner zu stehen.
- Den Geschmack dieses Gerichts/dieses Getränks in dieser Situation an diesem Abend.
- Bei dieser einen Party vor fünf Jahren dabei gewesen zu sein.
- …

Übung
Danke für das Morgen

Was ich unbedingt noch erleben, verwirklichen will, auch wenn es mir gerade nicht so gut geht, es mir an Kraft oder Fantasie fehlt, hätte ich doch noch totale Lust, diese Dinge, diese Veränderung, dieses Erleben zu einem Teil meines Lebens zu machen.

Mögliche Leitfragen, die Ihnen helfen, Ihre besten Antworten zu finden:
Was in mir ist noch ungelebt? Was will ich noch erleben, erreichen? Wovon träume ich? Was erfüllt mich bei der Vorstellung, es zu erfah-

ren, mit Freude, Tiefe, Euphorie? Wofür brenne ich? Welches Ereignis/ Erleben in der Zukunft würde mich ganz verrückt vor Glück machen? Welche positiven Emotionen, Gefühle und Gedanken will ich noch einmal erleben? Wofür möchte ich mich engagieren?

Was ich noch leben möchte/Was ich unbedingt noch verwirklichen möchte/Was mich zutiefst erfreuen würde/Das Wollen meines noch zu lebenden Lebens:

_____
_____
_____
_____
_____
_____
_____
_____
_____
_____
_____

Das ist das Potenzial und das Wollen meines zukünftigen Lebens. Ich werde diesen Ideen und Wünschen treu bleiben, sie nicht vergessen und mich bei guter Gelegenheit engagieren, sie in die Erfüllung zu führen.

Antwortbeispiele

- Einen Sommer voller Wärme und Lachen erleben.
- Zwei Wochen durch Schnee stapfen.
- Tiefe Freundschaft leben.
- Heimat und Ankunft spüren.
- In Vertrautheit mit meinen Kindern alt werden.
- Kinder zu haben.

- Enkelkinder zu haben.
- Ein Haus bauen.
- Einen Garten haben.
- Eine Weltreise machen.
- Keine Schulden mehr zu haben.
- Wissen, wer ich nach der Krankheit bin.
- Wissen, wer ich nach der Krise bin.
- Wissen, wer meine Kinder sind, wenn sie erwachsen sind.
- Wissen, wie mein Partner aussieht, wenn er alt ist.
- Wissen, wie ich aussehe, wenn ich fünfzig, sechzig, siebzig, achtzig ... bin.
- Wissen, wie es mir geht, wenn dieser Stress vorüber ist.
- Wissen, wer 2032 Fußballweltmeister wird.
- Heiraten.
- Noch mal heiraten.
- Eine Familie gründen.
- Noch mal eine Familie gründen.
- Nicht mehr arbeiten müssen.
- Einen runden Geburtstag feiern.
- Menschen in der Krankheit unterstützen.
- Mein Wissen, mein Können weitergeben.
- Elefanten in Afrika sehen.
- Wale sehen.
- Eine Nacht unter Sternen verbringen.
- Tanzen.
- Lachen.
- Verbundenheit spüren.
- In Harmonie und Frieden leben.
- Ruhig und gelassen sein.
- Ein Instrument lernen.
- Gesangsunterricht nehmen.
- Auf einer Wiese im Gras liegen.
- In einem Helikopter fliegen.
- Eine Sprache lernen.
- Ein Feuer in der Wildnis von Norwegen machen.
- Das Studium beenden.
- Die Doktorarbeit abschließen.
- Eine Arbeit finden, die mich erfüllt.
- Eine Arbeit finden, mit netten und wohlwollenden Menschen um mich.
- (Noch) einmal Liebe erfahren.
- Trotz der Behinderung die Zugspitze besteigen.

- In Freude und Unbekümmertheit leben.
- Herausfinden, was mir Spaß macht.
- Herausfinden, ob ich Männer oder Frauen liebe.
- Meinen Erzeuger finden.
- Frieden mit meinen Eltern finden.
- Einen Ort finden, an dem ich mich geborgen fühle.
- Ein geistiges, spirituelles, religiöses System finden, das mir Halt gibt.
- Eine lange Beziehung führen.
- Jemanden unterstützen.
- Champagner trinken.
- Austern essen.
- In einem Cabrio der Sonne entgegenfahren.
- Ein Pokalfinale im Stadion sehen.
- Als Zuschauer zu den Olympischen Spielen fahren.
- …

Banal, aber zentral: Zwei einfache Listen, die Ihr Leben von nun an begleiten und verändern
Die Magie von Ressourcen und Dankbarkeit

Wieder ein Kapitel ohne viel gesonderte Theorie mit zwei Übungen im Zentrum. Allerdings im Kontext all dessen, was Sie bisher gelesen haben, und nur so in seiner Bedeutung und Wichtigkeit zu verstehen.

Es ist ein Leichtes für Ihren kritischen Verstand, die ein oder andere Übung, das ein oder andere Kapitel in diesem Buch als unwichtig oder lächerlich abzutun. Folgen Sie diesem Impuls bitte nicht, nehmen Sie bitte all das, was Sie hier lesen, all die Übungen und Ratschläge sehr ernst. Alles, was ich Ihnen präsentiere, ist gut erforscht, die Wirksamkeit der Übungen ist empirisch belegt. Statt skeptisch darüber oder verwundert zu sein, wie wenig kompliziert so manche Unterbrechung oder Übung ist, freuen Sie sich doch lieber darüber, wie einfach der Weg in eine Veränderung ist. Um Gewissheit zu haben, müssen Sie alles Praktische, was in diesem Buch erwähnt ist, aber unbedingt tun und selbst erfahren. Nur dadurch kann es wirksam sein und Veränderung bringen.

Die beiden Übungen, die ich Ihnen hier empfehlen möchte, sind zwei einfache Listen. Einmal eine Liste, in der Sie festhalten, wofür Sie in diesem Leben dankbar sind, und einmal eine Liste, in der Sie Ihr Erlerntes, Ihre Talente und Fertigkeiten festhalten – es ist also eine »Könnens- und Ressourcenliste«.

Die Dankbarkeitsliste ist verwandt mit der Dankesliste aus dem vorhergehenden Kapitel, hat aber einen etwas anderen Fokus. Während Sie dort abgeschlossene Ereignisse und Erlebnisse aus Ihrer gelebten Vergangenheit aufführen sollten (wie zum Beispiel die Thailandreise oder die Geburt eines Kindes), wünsche ich mir, dass Sie in der aktuellen Dankbarkeitsliste gegenwärtig anhaltend verfügbare Erfahrungen und Erlebnisse notieren, für die Sie dankbar sind und die Sie bestmöglich immer wieder aktiv in Ihr Leben bringen können (wie zum Beispiel den Duft einer Tasse Kaffee, die Wärme eines Sonnenstrahls, den Geschmack von Brot, die Umarmung durch Ihren Partner, die Freude am Lesen oder am Sport).

Das Veränderungspotenzial und die Bedeutung dieser einfachen Liste verstehen Sie am besten, wenn Sie sich die Essenz des Gehirnkapitels »Hör mal, wer da hämmert« noch einmal vor Augen halten: Unser Gehirn neigt zu Katastrophen- und Angstdenken, bei kleinster Gefahr schaltet unser limbisches System in den Gefahren- und Sorgenmodus. Wir sind dann nicht mehr in unseren besten Ich-Zuständen. Unser Gehirn neigt zu Vereinfachungen und Wiederholungen. Einmal im Gefahrenmodus, sind wir Gefangene unserer neuronalen Muster und rasen wie auf einer Art Gehirnautobahn auf der immer gleichen Strecke in den gedanklichen Abgrund. Dieses Denkmuster, das aber gleichzeitig auch ein wirklich physiologisches Synapsenmuster im Gehirn ist, müssen wir durchbrechen. Das funktioniert, ist erforscht und nennt sich »neuronale Plastizität«. Neuronale Plastizität bedeutet, dass sich Nervenzellen, Synapsen, ja ganze Hirnareale je nach Art ihrer Nutzung ein

Menschenleben lang anpassen, neu vernetzen, optimieren und verändern. Alle Gedanken, Ausführungen und Übungen in diesem Buch dienen diesem Zweck. Wenn wir unser Gehirn mit anderen Daten und Erfahrungen füttern, verändert sich unser Denken. Wenn sich unser Denken ändert, verändert sich unser Handeln. Wenn sich unser Handeln ändert, verändert sich unser Leben. Drunter sollten Sie es nicht machen.

Zur Routine und Handhabung der beiden Listen finden Sie in verschiedenen therapeutischen Schulen unterschiedliche Empfehlungen. Eine Variante ist, über einen Zeitraum von dreißig oder hundert Tagen eine Art Tagebuch zu führen, in dem Sie jeden Tag drei Dankbarkeits- und drei Ressourcenaspekte notieren sollen. Ich empfehle meinen Klienten immer, zwei lange Dauerlisten anzulegen, entweder auf dem Rechner, im Smartphone oder in einem kleinen DIN-A5- oder DIN-A6-Heft, und in diese Listen auf einen Schwung gleich eine ganze Menge einzutragen und dann regelmäßig a) in die Liste zu schauen und b) bei jeder Gelegenheit wieder etwas nachzutragen. Sie können natürlich diese Listen auch hier im Buch führen und dann immer wieder in das Buch schauen.

Für manche Klienten ist die Selbstverpflichtung, jeden Tag etwas einzutragen, sinnvoller, weil sie dadurch in die Routine der Dankbarkeit kommen, für andere die Konzentration auf eine Stunde und dann das sukzessive Nachtragen. Was ich Ihnen aber unbedingt empfehle, ist, die beiden Übungen als ständige Listen zu führen und nicht an verschiedenen Orten oder auf unterschiedlichen Seiten in Ihrem Tagebuch jeden Tag drei Dinge aufzuschreiben. Dann verliert sich das. Das Format der Dauerlisten hat nach meiner Erfahrung mehr Kraft, da Sie dann immer auf einen Blick all Ihre Dankbarkeiten und Könnens- sowie Ressourcenaspekte sehen. Ich habe Klienten, die diese Listen über zehn, fünfzehn Jahren einfach anhaltend pflegen und nachtragen und die damit ganz wunderbare Erfahrungen sammeln und immer wieder aus der Fülle der Liste spontan viel Kraft, Inspiration und Freude ziehen.

Übung
Meine Dankbarkeit

Mögliche Leitfragen, die Ihnen helfen, Ihre besten Antworten zu finden:
Wofür schlägt mein Herz? Wann fühle ich mich wohl und angekommen? Was bringt mich vor Rührung oder vor Freude zum Weinen? Worüber lache ich? Wovon kann ich nicht genug bekommen? Was gibt mir Energie? Worin kann ich mich verlieren? Wann bin ich im Flow und verliere das Zeitgefühl? Wozu sage ich immer wieder Ja? Wozu sage ich: Ich will? Was macht mir Freude? Wofür engagiere ich mich? Wofür stehe ich gern früh auf? Wozu sage ich: Bitte mehr davon?

Wofür ich jeden Tag dankbar sein kann/Was mir im Erleben immer wieder Freude macht:

_____
_____
_____
_____
_____
_____
_____
_____
_____
_____

Antwortbeispiele

- Mit meinen Geschwistern über unsere Kindheit sprechen.
- Das Gespräch mit meinen Kindern.
- Mit Freunden zu verreisen.
- Mit meinem Partner allein zu sein.
- Mit meinem Partner zu verreisen.
- WhatsApp/SMS-Nachrichten von meinem Partner zu erhalten.
- Gemeinsam alte Bilder anzuschauen.
- Am Tisch zu sitzen mit vielen und zuzuhören.
- Schweigend in einer Gruppe zu sein.
- Im Auto mit einem Freund zu reden.
- Helfen zu können.
- Ein gutes Buch zu lesen.
- Einen klugen Gedanken zu haben/zu lesen.
- Innerhalb einer Struktur eine feste Rolle zu haben.
- Menschen in ihren Veränderungen zu unterstützen.
- Skifahren.
- Snowboarden.
- Kitesurfen.
- Karate.
- Rennradfahren.
- In den Bergen zu sein.
- Wandern.
- Tennis zu spielen.
- Golf zu spielen.
- Grillen.
- In einem See zu schwimmen.
- Feuer zu machen.
- In einen Kamin zu schauen.
- Ein Sonnenaufgang in den Bergen.
- Kalter Wind auf den Wangen.
- Die Gischt im klaren schwarzen Wintermeer zu sehen.
- Bei einem traurigen Lied zu weinen.
- In den blauen wolkenlosen Sommerhimmel zu schauen.
- Von einem klugen Gedanken ergriffen zu sein.
- Den Duft meiner Kinder zu riechen.
- Nachts in den Sternenhimmel zu blicken.
- Die Ewigkeit in den Armen eines geliebten Menschen zu spüren.
- Sexualität zu erleben.

- Die morgendliche eiskalte Dusche.
- Das abendliche warme Bad.
- Der Duft von Kaffee.
- Der Geschmack von Brot/ von Pommes bei McDonald's.
- Das Geräusch von knusprigem Baguette.
- Vanilleeis.
- Die frische Salzigkeit des Meeres.
- Barfuß am Strand zu laufen.
- Die Schönheit der Blumen.
- Das Rascheln der Blätter.
- Die Ruhe im Wald.
- Die Ekstase einer Clubnacht.
- Das Adrenalin einer Partynacht.
- Die Resonanz meiner Knochen bei einem lauten Konzert.
- Vicky Leandros/Helene Fischer/Deichkind/Bob Dylan/Bruce Springsteen.
- Deutschen Schlager, Deutsch-Rap, Jazz, klassische Musik, Ambient, Acid House zu hören.
- Der Duft frischer Bettwäsche.
- Eine Tüte Chips zu futtern.
- Meine Lieblingsserie zu schauen.
- Fußballspiele zu schauen.
- Fußball zu spielen.
- Immer wieder den Wechsel der Jahreszeiten zu bemerken, als hätte ich es nie zuvor erlebt.
- Das Gefühl, in ein offenes Feuer zu schauen.
- Die Wärme eines Kaminofens.
- Der Geruch eines Apfels, einer Zwiebel.
- Der Duft meiner Frau/ meines Mannes.
- Mich an schöne Dinge in der Vergangenheit zu erinnern.
- Pläne für die Zukunft zu schmieden.
- Mir zu überlegen, was ich mit einem Lottogewinn machen würde.
- Kinder auf einem Spielplatz zu sehen.
- Verliebte alte Paare auf der Parkbank.
- Vögel im Flug zu beobachten.
- Das Zwitschern der Vögel.
- Das Bellen des Hundes.
- Das Schnurren der Katze.

- Der Blick auf die Wolken aus einem Flugzeug.
- Klavier/Violine/Bratsche/Gitarre/Querflöte/Schlagzeug zu spielen.
- Singen.
- Malen.
- Tanzen.
- Den Rasen zu mähen.
- Gemüse zu pflanzen und zu ernten.
- Schneebälle zu werfen.
- Schneeflocken mit der Zunge aufzufangen.
- Nackt in einen See zu springen.
- Eine Bratwurst mit Senf zu essen.
- Holzarbeiten zu machen.
- Möbel zu bauen.
- Genau jetzt zu leben.
- Songs aus meiner Jugend zu hören.
- Mich erinnern zu können.
- Frieden mit meinen Eltern gefunden zu haben.
- Mich selbstständig gemacht zu haben.
- Vor dreißig Jahren meine Frau/meinen Mann kennengelernt zu haben.
- In einer festen Struktur zu arbeiten.
- Die Ruhe des Angelns.
- In Berlin zu leben.
- Auf dem Land zu leben.
- In den Bergen zu leben.
- Am Meer zu leben.
- In Deutschland zu leben.
- Die Schönheit meiner Wohnung/meines Hauses.
- Die Ruhe und Sicherheit meiner Wohnung/meines Hauses.
- Gesund zu sein.
- Mit meiner Krankheit bestmöglich umzugehen.
- Dass es meinen Kindern gut geht.
- Pläne zu haben.
- Neugierig zu sein.
- Zuversichtlich zu sein.
- Mutig zu sein.
- Klug zu sein.
- Optimistisch zu sein.
- Die Hilfsbereitschaft der Menschen zu sehen.
- Die Hilfsbereitschaft meiner Freunde zu erleben.
- Jung zu sein.
- Nicht mehr jung zu sein.
- Alt zu sein.
- …

Übung

Meine Ressourcen/Was ich kann/Meine Talente/Meine Kenntnisse/Meine Fertigkeiten/Was ich bislang in diesem Leben schon gelernt habe und mir anhaltend zur Verfügung steht:

_____
_____
_____
_____
_____
_____
_____
_____
_____
_____
_____
_____
_____
_____

Und auch hier wieder Antwortbeispiele aus meiner Praxis:

- Fahrrad fahren.
- Auto fahren.
- Motorrad fahren.
- Ski fahren.
- Skateboarden.
- Golf spielen.
- Tennis spielen.
- Tischtennis spielen.
- Skat spielen.
- Pokern.
- Zaubertricks.
- Jonglieren.
- Fußball spielen.

- Schweißen.
- Löten.
- Traktor fahren.
- Stricken.
- Nähen.
- Backen.
- Marmelade kochen.
- Word/Excel/PowerPoint/Datev/CAD.
- Tanzen.
- Schwimmen/Segeln/Surfen.
- Schreiben.

- Tippen.
- Malen.
- Singen.
- Ein Instrument spielen.
- Deutsch/Englisch/Französisch/Polnisch/Türkisch/Spanisch.
- Kochen.
- Ich bin beruflich sattelfest im Bereich X.
- Ich kenne mich privat, einfach aus Interesse, aus im Bereich Y.
- Ich bin belastbar.
- Ich bin flexibel.
- Ich bin lustig.
- Ich bin energetisch.
- Ich bin durchsetzungsstark.
- Ich bin friedlich.
- Ich bin ruhig.
- Ich kann frei sprechen und spontan Reden halten.
- Ich kann improvisieren.
- Ich kann Verbindungen herstellen.
- Ich kann Menschen verbinden/zusammenbringen.
- Ich kann Kontakt halten.
- Ich kann offen auf Menschen zugehen.
- Ich kann führen.
- Ich kann delegieren.
- Ich kann kontrollieren.
- Ich kann im Team gute Entscheidungen finden.
- Ich kann allein gute Entscheidungen finden.
- Ich kann eine Runde erheitern.
- Ich kann verspielt und offen sein.
- Ich kann feinfühlig und unterstützend sein.
- Ich kann sehr präzise arbeiten.
- Ich kann große Ideen und Visionen entwickeln.
- Ich kann Dinge anstoßen.
- Ich kann Dinge zu Ende führen.
- Ich kann repräsentieren.
- Ich kann Kunden gewinnen.
- Ich kann Kunden betreuen.
- Ich kann Projekte besser machen.
- Ich kann Smalltalk.
- Ich kann mit Sprache sehr gut umgehen.
- Ich kann mit Zahlen sehr gut umgehen.
- Ich kann mit Gefühlen und Beziehungen sehr gut umgehen.
- Ich kann die Klappe

halten, wenn es angebracht ist.
- Ich habe Charisma.
- Ich bin klug.
- Ich bin neugierig, lern- und wissbegierig.
- Ich kann Gespräche moderieren.
- Ich kann trösten.
- Ich bin ein guter Vater/ eine gute Mutter.
- Ich bin ein guter Partner.
- Ich kann Liebe schenken und zeigen.
- Ich kann mich in neuen Situationen zurechtfinden.
- Ich bin sportlich.
- Ich bin intuitiv.
- Ich bin romantisch.
- Ich bin hilfsbereit.
- Ich bin verlässlich.
- Ich schaffe Ordnung.
- Ich bin treu.
- Ich bin ein harter Arbeiter.
- Ich bin anpassungsfähig.
- Ich bin fantasievoll.
- Ich habe ein gutes Gedächtnis.
- Ich bin dankbar.
- Ich bin demütig.
- Ich bin offen.
- ...

**Auch in der größten Krise ist nicht
alles immer und *total* katastrophal**
Werden Sie wieder zukunftshungrig,
da ohne konkrete Ziele das Leben einfach so
vor sich hin plätschert und das Zufriedenheit und
Zuversicht verhindert

Wir befinden uns mittlerweile auf der Zielgeraden von *Das Leben ist einfach, wenn du verstehst, warum es so schwierig ist*. Die ersten Kapitel waren der Komplexität innerer Vorgänge auf physiologischer, neurologischer und psychologischer Ebene gewidmet wie auch der Anerkennung von Belastungen und Zumutungen des äußeren Daseins. Dann folgte strenge Theorie-, Vokabel- und Methodenarbeit, die Sie in Ihren Veränderungsmöglichkeiten, in Ihrer psychologischen Flexibilität unterstützt. In den vorangegangenen drei Kapiteln haben Sie arbeitsintensive, aber eher einfache und theoriefreie Listenarbeit kennengelernt. Auch dieses Kapitel hat diesen Charakter. Lassen Sie sich davon aber nicht blenden oder zu der Idee verführen, dass die komplexeren Kapitel letztendlich wenig Relevanz hätten.

Die aktuellen Kapitel funktionieren und erschließen sich in ihrer Wichtigkeit und Kraft nur durch die Einbettung in die

Theorie- und Methodenkapitel davor. Sie können mit den Listenarbeiten nichts erreichen, wenn Ihnen nicht die theoretische, methodische Einbettung aus den ersten zehn Kapiteln permanent und aktiv bewusst sind. Wenn Sie nicht anhaltend Ihre psychologische Flexibilität, Ihre innere Veränderung praktizieren und bisherige Muster, alte Handlungen, tradiertes Denken durch Neues ersetzen. Ich rate Ihnen deshalb sehr, diese Kapitel immer wieder zu lesen und Ihr entsprechendes Aktivwissen dieser Kapitel permanent zu vertiefen und zu festigen.

Im Zentrum des aktuellen Kapitels steht die sogenannte Zielarbeit. In den vorangegangenen drei Kapiteln haben Sie kennengelernt: Abschiedsarbeit, Sinnarbeit, Dankbarkeitsarbeit und Ressourcenarbeit. Im kommenden Kapitel werden Sie dann noch Wertearbeit kennenlernen.

Zielarbeit ist in einem ersten Schritt konkrete Benennung attraktiver und wichtiger Ziele. In einem zweiten Schritt ist Zielarbeit dann To-do-Arbeit und wird zu einer ganz konkreten Landkarte von Handlungen, die Sie initiieren können und müssen, um Ihre Lebens- und Veränderungsziele zu erreichen. Zielarbeit ist also gegenwarts- und zukunftsorientierte Arbeit. Zielarbeit führt Sie aktiv in Handlungen aus der Krise heraus und definiert die bestmöglichen Schritte, die Sie sowohl zur Überwindung der Krise als auch zur Ermöglichung der Erfüllung Ihrer Ziele benötigen.

Gute Ziele erkennen Sie daran, dass sich von ihnen immer Selbstverpflichtungen oder eine To-do-Liste ableiten lassen. Ziele sind realistisch, erreichbar, attraktiv und belebbar. Wenn ich ein Ziel formuliere, kann ich auch immer Handlungen beschreiben, die notwendig und durch mich initiierbar sind, um mich diesem Ziel zu nähern. Ziele sind nicht bedingungs- und zusammenhangslos, sondern immer im Kontext Ihres Lebens, der Gesellschaft, in der Sie leben, Ihrer Talente und Fähigkeiten und der aktuellen Zeitläufte. Magisches Denken oder Erlösungswünsche an ein Außen oder das Universum sind keine Ziele. Ziele sind aktive Selbstverpflichtungen und keine passiven Wehklagen an die Ungerechtigkeit der Welt. Ich habe nichts gegen überraschende Geschenke des Lebens, die ich Ihnen von Herzen gönne. Sie sind aber für unsere Arbeit hier wertlos, da Sie nichts aktiv zu ihrer Erfüllung beitragen können. Bemühen Sie sich deshalb, nur solche Ziele zu formulieren, bei denen Sie auch in der Lage sind, Ihren notwendigen Beitrag zur Ermöglichung oder Erreichung präzise definieren und leisten zu können.

Zielarbeit ist der Zukunftsarbeit aus dem Kapitel »Ein Hoch auf das Gestern und Morgen« verwandt. Die dortige Übung »Danke für das Morgen« ist träumerischer, ideeller und im besten Sinne schwelgerischer angelegt. Deren Ergebnisse dürfen auch mal eine Weile ruhen, und Sie können sich sagen: »Das ist jetzt nicht sofort dringlich, es wäre aber toll, und ich will mein Bestes geben, diese Ideen und Projekte noch anzugehen und zu verwirklichen.« Die jetzige Zielübung ist konkreter, deutlich lebenspraktischer und vordergründig befreit von der Kategorie Sinn, die dort zentral war. Unterschwellig ist diese aber natürlich immer präsent, denn Sie werden nur Ziele benennen, die Ihnen sinnvoll und attraktiv erscheinen. Gute Ziele nach diesem Verständnis erkennen Sie auch daran, dass diese in Ihrer aktuellen Gegenwart nach einer Lösung, Veränderung rufen und Sie sofort etwas initiieren können, um dem Erreichen des Ziels näher zu kommen.

In der Unterscheidung zu der Wertearbeit im anschließenden Kapitel sind Ziele immer konkret und theoretisch erreichbar (zum Beispiel in einer Beziehung leben, einen neuen Job finden, die Chemotherapie durchführen, in die Privatinsolvenz gehen). Werte hingegen stellen für uns eine Art Kompass oder Leuchtturm dar, dem wir ein Leben lang folgen möchten (zum Beispiel wahrhaftig, solidarisch, verlässlich, engagiert sein). Werte sind im eigentlichen Sinn nicht erreichbar, sondern müssen permanent gelebt werden (zur präziseren Unterscheidung und Definition von Werten siehe das folgende Kapitel »Wertearbeit«). Und es gibt unmittelbare Ziele zur Überwindung der Krise, die in der Wiederholung zu Werten werden können, zum Beispiel offen sein, ehrlich sein, klar sein, verlässlich sein.

Man kann die Wertearbeit vor der Zielarbeit machen oder umgekehrt. Ich habe mich entschieden, erst die Zielarbeit zu präsentieren, da diese mit den vergangenen drei Kapiteln enger verwandt ist und damit einen inhaltlichen Block bildet und Ihnen an dieser Stelle möglicherweise leichter fällt. Falls Sie glauben, Sie kommen mit der Zielarbeit besser voran, wenn Sie zuerst die Wertearbeit machen, springen Sie jetzt einfach ein Kapitel nach vorn und widmen sich danach wieder der Zielarbeit. Falls Sie, wie vorgesehen, die Wertearbeit im Anschluss machen und dann merken, dass einige der hier formulierten Ziele an Dringlichkeit verlieren oder nicht mit Ihren inneren Werten zu verbinden sind, verabschieden Sie sich einfach wieder von diesen Zielen.

Was lernen Sie durch diese Übung?

1. Sie werden durch die Formulierung Ihrer Ziele schnell merken, dass selbst in der größten Krise nicht immer alle Be-

reiche Ihres Lebens total schlecht sind. Wenn Sie gerade verzweifeln, da Sie keine Berufsperspektive sehen, sind Sie vielleicht noch in der Sicherheit von Familie und Freundschaften eingebettet. Falls Sie in Ihrer gegenwärtigen Krise um einen Menschen oder eine Beziehung trauern, haben Sie vielleicht noch die Sicherheit von Arbeit oder eigener Gesundheit. Die Krise ist immer relativ und nie absolut. Das mag in diesen Zeilen sehr hölzern oder wie ein schwacher Trost wirken, dann machen Sie entsprechend bitte die Zielarbeitsübung für eine differenzierte Betrachtung Ihrer spezifischen Situation. Ich erlebe immer wieder Klienten in meiner Praxis, für die diese Zielarbeit ein echter Augenöffner ist, da sie durch die Fokussierung und Verschmelzung mit der Krise eine spezifische Herausforderung oder ein spezifisches Drama ihres Lebens mit ihrem Leben in der Gesamtheit verwechselt hatten. Zielarbeit ist also eine Seinsarbeit und fragt: »Was steht an? Wo gibt es Handlungsbedarf?« Und sagt uns gleichzeitig: »Ah, da oder dort ist ja alles okay. Das hatte ich in meiner Trauer, in meiner Verzweiflung, in meiner Wut, in meiner Angst ganz übersehen. Wie schön.«

2. Sie unterscheiden äußere und innere Ziele. Äußere Ziele sind solche, deren Erfüllung nicht allein in unserer Hand liegen, da es dafür ein wohlwollendes Außenmilieu braucht. Innere Ziele stehen komplett in meiner Verfügbarkeit. Ich kann diese allein durch eigenes Handeln erreichen, auch wenn ich es vielleicht nicht immer diszipliniert schaffe, weiß ich doch, dass die Erfüllung ganz und gar in meiner Macht liegt. Innere Ziele sind zum Beispiel zehn Kilo abnehmen, eine Fortbildung besuchen, die eigene Wut besser regulieren, weniger shoppen, Geld sparen, beim nächsten Treff liebevoll sein, sich entschuldigen, einen Heiratsantrag machen, eine Schuld eingestehen, verantwortlich für die

Kinder da sein, den Urlaub planen, mich um meine Gesundheit kümmern, die Arbeitslosigkeit ertragen, die Trauer bewusst leben, einen Therapeuten aufsuchen. All das kann ich ohne äußere Reaktionen, Bedingungen, Muster, Strukturen, Rückmeldungen oder Milieus voranbringen. Äußere Ziele sind zum Beispiel heiraten, eine preiswertere oder größere Wohnung bekommen, einen neuen Job finden, mehr Geld verdienen, den nächsten Karriereschritt gehen, in Frieden mit der Familie leben, sich mit der Mutter/dem Vater aussöhnen, die Scheidung ohne Rosenkrieg schaffen, die Arbeitslosigkeit überwinden. Für die Erfüllung dieser Wünsche benötigen Sie immer ein Außen, das mitspielt. – Viel Leid und Verzweiflung herrschen oftmals in uns, da wir diese Unterscheidung nicht aktiv in uns tragen. Wir denken dann: »Ich kann alles richtig machen und werde dafür Lob, Lohn und Gerechtigkeit erfahren.« Die Wahrheit lautet: Leider ist das nicht so. Sie können alles richtig und bestens machen und trotzdem dafür weder Dank noch Lohn oder Erfüllung erhalten. – Holen Sie das bitte schnellstmöglich und für den Rest Ihres Lebens in Ihr Aktivwissen. Es macht Ihr Leben sofort sehr viel einfacher. Das darf Sie aber niemals davon abhalten, trotzdem immer engagiert zu sein, das Richtige und das Beste zu tun.

3. Verfolgen Sie innere wie äußere Ziele bitte mit der gleichen Konsequenz und Hartnäckigkeit. Ärgern Sie sich gern, wenn Sie Ihre inneren Ziele nicht erreichen. Justieren Sie nach, um es doch noch zu schaffen, oder verabschieden Sie sich von ihnen, weil sie Ihnen nicht mehr relevant erscheinen. Falls Sie äußere Ziele nicht erreichen, dürfen Sie enttäuscht und auch traurig sein. In einem ersten Schritt sollten Sie sich dann fragen: »Kann ich noch etwas tun, um diesem Ziel, das mir wichtig ist, näher zu kommen? Bin ich bereit, weitere Anstrengungen dafür zu unternehmen?« Und falls

Sie alle Bemühungen, alles Engagement aufgebracht haben, zu dem Sie bereit sind, und Ihr Ziel doch nicht erreicht haben, sollten Sie sich immer sagen: »Ich habe alles mir Vorstellbare und Mögliche getan, um dieses Ziel zu erreichen, aber die aktuellen äußeren Gegebenheiten lassen es nicht zu, dass ich dieses Ziel erreiche. Ich muss deshalb Frieden und Ruhe in mir finden, mich von diesem Ziel ganz verabschieden oder es eine Weile ruhen lassen und es vielleicht in einem anderen Moment meines Lebens noch einmal versuchen.«

4. Werden Sie wieder zukunftshungrig. Zufriedenheit und Zuversicht brauchen Ziele. Auch wenn Ihnen gerade gar nicht danach ist: Der Mensch will und braucht ein Morgen. Alles in uns drängt nach Zukunft, nach künftiger Erfüllung und Veränderung. In uns staut sich schon immer das Kommende, eine Idee von uns selbst, wer wir sind oder sein möchten. Wir sind nie in unserem Sosein erlöst, sondern nur in einem Dasein, das immer auch schon ein Dortsein, ein Anderssein mitdenkt, projiziert. Wir sind anhaltend progressive Wesen, und das macht unser Menschsein aus. Und wenn dieses Zukünftige, das sich in uns regt, lautet: »Ich will ruhiger/gelassener/demütiger/dankbarer sein«, ist auch das ein Zukunftshunger, der uns treibt.

5. Denken und handeln Sie in kleinsten Schritten und in höchster Präzision. Erinnern Sie sich bitte noch einmal an meine kurzen Ausführungen im Kapitel »Wie Sie Ihre Ohnmacht und Hilflosigkeit austricksen, indem Sie Geschirr spülen und Ihre Bücher nach Farben sortieren«. Die Grundlage der praktischen Hinweise in diesem Kapitel war die empirische Erkenntnis, dass wir uns selbstmächtig und wirkungsmächtig erleben wollen. Ein zentrales Erleben in der Krise aber ist Ohnmacht, die wir entsprechend überwinden müssen. Um von der Ohnmacht wieder in die Selbst- und

Wirkungsmächtigkeit zu gelangen, dürfen wir uns allerdings nicht überschätzen, sondern müssen in kleinen, planbaren, beschreibbaren und überschaubaren Schritten agieren. Wir schaffen uns dadurch ein eigenes und notwendiges Belohnungssystem, nicht im Wissen, dass wir unser großes Ziel verlässlich erreichen, sondern in der Gewissheit, dass wir zur Ermöglichung dieses Zieles ganz viele kleine, überprüfbare Schritte getan haben, die uns im besten Fall dem Ziel näher bringen beziehungsweise die Voraussetzungen erst schaffen, dass dieses Ziel überhaupt erreicht werden kann. Egal, ob das dann am Ende gelingt oder nicht.
6. Sie müssen immer vom Ziel her rückwärts denken. Ähnlich wie in der »Notfallintervention: Vorauseilender gelungener Rückblick« besteht eine gute Zielarbeit darin, zuerst das große und gleichzeitig realistische und attraktive Ziel zu benennen und dann die kleinen Schritte zu beschreiben, die Sie diesem Ziel näher bringen können. Nur dadurch führen Sie Ihren Verstand auf den Pfad des Gelingens und Ihr limbisches System weg von den vertrauten Katastrophen-, Angst- und Sorgenautomatismen.

Übung

Meine Ziele, die mir helfen, die Krise zu überwinden
Leitfragen, die Sie dabei unterstützen, bestmögliche Antworten zu finden:
Was soll sein? Wo will ich hin? Was will ich haben? Was will ich erreichen? Wer will ich sein? Wann wäre mein aktuelles Leben besser? Welche Veränderungen möchte ich erreichen? Was hilft mir aus der Krise? Durch welche Veränderung verbessert sich mein Krisenerleben massiv?

Meine *Ziele*, die ich leider nur erreichen kann, wenn es ein existentes, wohlmeinendes, unterstützendes Außen gibt
Lebensbereiche, für die auch das Verhalten/die Möglichkeiten eines Außen relevant sind, zum Beispiel: Anbindung, Wohnen, Gesundheit, Familie, Geld, Status, Einfluss, Wirkung, Gestaltung, Arbeit, Sicherheit, Anerkennung, Erfolg, Wertschätzung, Bestätigung, Liebe, Verbundenheit, Nähe, Verständnis, Freiheit, Freundschaften:

_____
_____
_____
_____
_____
_____
_____
_____
_____
_____
_____
_____
_____
_____
_____
_____
_____

Antwortbeispiele

- In einer engeren Verbindung mit meinen Geschwistern, Eltern, Kindern leben.
- In einer anderen Stadt/ einem anderen Land leben.
- Mehr Ruhe.
- Weniger Arbeit.
- Ein neuer Job.
- Eine neue Wohnung.
- Das Haus/die Wohnung verkaufen.
- Ein Haus/eine Wohnung kaufen.

- Ein Zimmer mehr/nur für mich.
- Ein höheres Einkommen.
- Ein neues Auto.
- Die Umschuldung organisieren.
- Einen günstigeren Kredit finden.
- Den Leasingvertrag loswerden.
- Um Verzeihung bitten.
- Die Entscheidung rückgängig machen.
- Eine tiefere Verbindung mit meinem Mann/meiner Frau.
- Eine erfüllendere Sexualität.
- Eine neue Liebe finden.
- Bis an mein Lebensende mit diesem Partner zusammen sein.
- Mehr Ordnung in unserer Familienwohnung.
- Dass mein Partner nicht mehr trinkt/raucht/Drogen nimmt.
- Weniger Streit.
- Die Krankheit besiegen.
- Den Tumor besiegen.
- Die Bestrahlung erfolgreich machen.
- Mehr Freunde haben.
- Verstanden werden.
- Gehalten werden.
- Sein dürfen.
- Intensive tiefe Gespräche.
- Mehr Lob.
- Mehr Erfolg.
- Mehr Anerkennung.
- Mehr Frieden.
- Frieden mit meinen Kindern/Eltern finden.
- Meine Kinder auf einen guten Weg bringen.
- Gesund sein/werden/bleiben.
- Meinen Lebensstandard halten.
- Mehr Freiheit in meiner Arbeit.
- Mehr Gestaltungsmöglichkeiten in meinem Job.
- Eine konstruktive Scheidung in unserer Verantwortung als Eltern.
- In Kommunikation mit meinem Ex-Partner bleiben.
- Recht bekommen.
- Harmonie.
- Gerechtigkeit.
- Fairness.
- Eine Religion/eine spirituelle Praxis finden, die mir Halt und Zuversicht gibt.

- Einen Therapeuten finden.
- Einen Lehrer finden.
- Einen Platz da draußen im Leben finden.
- Ein Teil der Welt sein.
- In der Szene integriert sein.
- Dass mein Vater mir endlich mal sagt: »Du bist okay. Ich bin stolz auf dich.«
- Meine Eltern loben mich.
- Mein Chef lobt mich.
- Eine Chance bekommen.
- Die Prüfung bestehen.
- Den Studienplatz bekommen.
- Das Stipendium bekommen.
- Den Auftrag bekommen.
- Die neue Stelle bekommen.
- Den nächsten Karriereschritt gehen.
- Die Wahl gewinnen.
- …

Meine *Ziele*, die ich aus mir selbst heraus erreichen kann
Lebensbereiche, die ich aus mir selbst regulieren und steuern kann, sind zum Beispiel: mein Körper, mein Verhalten, meine Ernährung, meine Routinen, meine Zuwendung, meine Verpflichtungen, mein Wachstum, meine Erholung, meine Inspiration, meine Freizeit, meine Naturerfahrungen, mein Sport:

_____
_____
_____
_____
_____
_____
_____
_____
_____
_____

Antwortbeispiele

- Jeden Tag eine Stunde Sport machen.
- Mich vegetarisch ernähren.
- Keinen Alkohol, keine Drogen mehr nehmen.
- Nicht mehr rauchen.
- Mich meiner Verantwortung stellen.
- Eine Wohnung suchen.
- Das Haus zum Verkauf anbieten.
- Das Gespräch suchen.
- Meine Bereitschaft signalisieren.
- Klar Ja oder Nein sagen.
- Die Wahrheit sagen.
- Zehn Kilo abnehmen.
- Zehn Kilo zunehmen.
- Muskulatur aufbauen.
- Ausdauersport machen.
- Signale senden.
- Klar sein.
- Eindeutig sein.
- Verständlich sein.
- Ruhig sein.
- Verlässlich sein.
- Unterstützend sein.
- Eine Fortbildung besuchen.
- Die eigene Wut besser regulieren.
- Weniger shoppen.
- Geld sparen.
- Weniger Geld ausgeben.
- Meinem Denken und Fühlen nicht immer glauben und folgen.
- Ein Treffen vorschlagen.
- Beim nächsten Treff liebevoll sein.
- Mich entschuldigen.
- Einen Heiratsantrag machen.
- Eine Schuld eingestehen.
- Verantwortlich für die Kinder da sein.
- Den Urlaub planen.
- Selbst initiativ werden.
- Mich um meine Gesundheit kümmern.
- Die Arbeitslosigkeit ertragen.
- Die Trauer bewusst leben.
- Die Trauer zulassen.
- Die Trauer beenden.
- Einen Therapeuten suchen.
- Ein Buch lesen.
- Das Gespräch mit meinen Mitarbeitern führen.
- Mich für die Prüfung anmelden/vorbereiten.
- Lernen.
- Wachsen.
- ...

To-do-Liste/Aktionsliste/Handlungsverpflichtung

Was kann/muss ich zur Erreichung dieses/dieser Ziele tun? Welche Schritte muss ich initiieren, um diese Ziele zu erreichen/um den Zielen näher zu kommen/um überhaupt die Möglichkeit einer Zielerreichung wachzuhalten?

Beachten Sie bitte, dass Sie auch einige der Ziele erreichen, indem Sie einfach tun, was Ihr Ziel ist (zum Beispiel »eine Stunde Sport machen« oder »einen Therapeuten suchen«), andere Ziele oder das gleiche Ziel brauchen begleitende Handlungen (»mir Joggingschuhe kaufen«, »meine Sportzeiten als Termine in den Kalender eintragen«, »Freunde um Empfehlungen für einen Therapeuten fragen«). Und umgekehrt könnten einige der Handlungsverpflichtungen auch Ziele sein.

_____

_____

_____

_____

_____

Antwortbeispiele

- Signale an meine Eltern, Geschwister, Kinder senden.
- In einer anderen Stadt/in einem anderen Land nach Möglichkeiten recherchieren.
- Mein Auto verkaufen.
- Den Führerschein abgeben.
- Den Arzt kontaktieren.
- Mich um einen neuen Job kümmern.
- Das Gespräch mit meinem Vorgesetzten suchen.
- Nichts mehr mit der Kreditkarte kaufen.
- Nur noch im Bio-Markt einkaufen.
- Nur noch im Discounter einkaufen.
- In diesem Jahr keine

- Klamotten mehr kaufen.
- Die kommenden beiden Jahre nur noch Urlaub in Europa machen.
- Selbst kochen.
- Das Telefonat führen.
- Die Post öffnen.
- Meine Mails beantworten.
- Eine Präsentation machen.
- Mir Zeit nehmen.
- Eine Tagesplanung machen.
- Mir im Kalender Zeiten blocken.
- Mich an die Vereinbarungen halten.
- Die Entscheidung fällen, ohne jemals sicher zu sein, ob es nicht vielleicht ein Fehler sein könnte.
- Akzeptieren, dass ich für diesen Gewinn einen Preis bezahlen muss.
- Akzeptieren, dass ich mit dieser Entscheidung Menschen verletzen werde.
- Akzeptieren, dass ich damit Lebensbiografien beeinflusse.
- Zur Abifeier gehen.
- Mich bei einer Partei/einem Projekt engagieren.
- Ein Ehrenamt übernehmen.
- Mir ein Fahrrad kaufen.
- Mir einen Trainingsplan erstellen.
- Mich bei dem Kurs anmelden.
- Den Termin wahrnehmen.
- Die Fortbildung starten.
- Veränderung zulassen.
- Mich bei Tinder/Parship anmelden.
- Mich bei Tinder/Parship abmelden.
- Mir Hilfe suchen.
- Um Unterstützung bitten.
- Hilfe annehmen.
- Jeden Morgen um sechs Uhr aufstehen.
- Meinen inneren Schweinehund überwinden.
- Eine bindende Tages-/Wochen-/Monats-/Jahresplanung machen.
- Wiederholen.
- Nein sagen.
- Grenzen setzen.
- Ja sagen.
- Grenzen auflösen.
- Lernen.
- Wachsen.
- …

Aus diesem Kapitel kann ich Sie trotz meiner dringlichen Einladung, sich mit ganzer Energie der Zielarbeit sowohl in der Übung als auch in der Umsetzung zu widmen, nicht entlassen, ohne Ihnen eine zentrale Erkenntnis der pyrrhonischen Skepsis mit auf den Weg zu geben, die auf den griechischen Philosophen Pyrrhon von Elis und seine Schüler zurückgeht:

Sosehr wir auch glauben, unsere Ziele zu kennen und zu wissen, was uns zufrieden und glücklich macht, sollten wir doch dabei

a) nie vergessen, auf das zu schauen, was schon ist, und unserer Gegenwart die Chance geben, uns bereits glücklich und zufrieden zu machen. – Deshalb gab es im Kapitel zuvor die Dankbarkeits- und Ressourcenübungen im Buch.

Und wir sollten

b) nichts in der Welt unter allen Umständen, gegen alle Widerstände und gegen jede Realität zu verwirklichen trachten. Da wir immer damit rechnen müssen, gerade auf dem falschen Weg zu sein. – Deshalb gibt es im kommenden Kapitel die Werteübung.

Wertearbeit
Warum am Ende nur zählt, was Ihnen von Anfang an wichtig ist

Das Wort »Wert« respektive »Werte« geht uns relativ häufig über die Lippen. Entsprechend wirkt der Begriff auf den ersten Blick vertraut, und viele meiner Klienten sagen schnell: »Weiß ich. Kenne ich.« – Aber Vorsicht, so einfach oder leicht ist das mit den Werten nicht, beziehungsweise wir machen es uns mit den Werten viel zu einfach; und das ist ein großer Fehler und eine verpasste Chance für die Überwindung einer Krise und eine verpasste Chance für Ihr Leben. Lassen Sie mich entsprechend ein paar Zeilen über Werte nach meinem und dem Verständnis vieler meiner Kollegen sprechen.

Was sind Werte? Werte sind Aussagen über die Art und Weise, wie wir unser Leben leben wollen. Werte drücken aus, wofür wir uns einsetzen, wofür wir stehen wollen: »Ich will offen sein«, »Ich will ehrlich sein«, »Ich will es versuchen«, »Ich will nicht aufgeben«, »Ich will hilfreich sein«, »Ich will in jeder Lebenssituation mein Bestes geben«, »Ich will auch in einer Krise engagiert und offen sein« – sie stellen unsere inneren Leitmotive dar, nach denen wir unser Leben ausrichten und organisieren. Werte sind wie Leuchttürme, an denen wir uns orientieren, oder wie ein Kompass, der uns jederzeit Auskunft darüber gibt, ob wir auf unserer Lebensreise noch auf dem für uns eigenen, richtigen Weg sind. Ein Kompass zeigt mir die Richtung. Auch wenn ich noch lange nicht am Ziel bin, kann ich zu jeder Zeit durch einen Blick auf den Kompass wissen, in welche Richtung ich zu gehen habe, wie mein nächster Schritt ist, um im Einklang mit meinen Werten zu agieren und zu leben.

Leben wir nach unseren Werten, so haben wir das Gefühl, ein reiches und erfülltes Leben zu leben, egal, zu welchem Ziel wir gelangen. Werte, und das ist zentral, können uns in der Krise nicht verloren gehen. Wir haben jederzeit Zugang zu unseren Werten. Vergessen Sie das nie.

Was sind Werte nicht? Werte sind keine Moral. Werte sind kein Gefängnis. Ich rede hier nicht von Gut und Böse, Richtig und Falsch, nicht von Normen, einem Wertekanon oder einer vermeintlich objektiven Moral. Ich spreche also nicht von einer sozialen Wahrheit, etwas, worauf sich eine Gruppe von Menschen zum Beispiel geeinigt hat und woran Sie sich nun zu halten haben, sondern ganz individuell von Ihren inneren, eigenen, durch und durch subjektiven Werten, von den Dingen, die Ihnen gehören und Ihnen ganz allein sehr wichtig sind.

Werte sind keine Bedürfnisse. Ein Bedürfnis ist ein Wunsch an ein Außen. Die Aussagen »Ich will geliebt werden«, »Ich will Sicherheit«, »Ich will erfolgreich sein« oder »Ich will einen Job« sind keine Werte, sondern Bedürfnisse oder Wünsche. Die Erfüllung von Bedürfnissen liegt oft in der Hand Dritter. In der Krise werden oftmals oder immer unsere zentralen Bedürfnisse nicht mehr erfüllt. Wir können und müssen trotz der Krise die Bedingungen für Bedürfniserfüllung durch aktives

Handeln verändern oder verbessern und hoffen, dadurch der Erfüllung von Bedürfnissen näher zu kommen. Eine Gewissheit haben wir dafür allerdings nie. Bedürfnisse werden immer nur in wohlwollenden und günstigen Milieus erzielt. Die Erfüllung eines Bedürfnisses obliegt nicht unserer eigenen Gestaltungskraft.

Werte sind keine Motivationen oder Ziele. Motivationen zeigen uns oft, was hinter unseren Bedürfnissen steht. Ziele sind häufig konkrete Handlungspläne mit Ergebnissen. Ziele können erreicht werden. Ein Partner, zwei Kinder, drei enge Freunde, ein Auto, ein Haus, Vermögen, der perfekte Job, einen Marathon laufen, einen Baum pflanzen, ein Buch schreiben, die Schulden abbauen, die Arbeitslosigkeit überwinden, die Midlife-Crisis als Chance sehen, trotz der Trennung den Kindern ein gutes Schuljahr/einen Sommerurlaub ermöglichen, die Chemotherapie abschließen, ein Jahr Trauerarbeit, mit der Amputation bestmöglich leben – all das sind Ziele, keine Werte.

Sobald etwas erreicht werden kann, ist es immer ein Ziel und kein Wert. Werte sind Wegweiser, Orientierungspunkte, niemals ein fester Ort. Ein Wert wird durch das Erleben desselben nicht obsolet. Ein Wert hat immer Bestand, ist immer auch eine Herausforderung an den kommenden Tag, an die nächste Begegnung. Ein Wert beschreibt eine fortdauernde Qualität des Handelns. »Heiraten« ist ein Ziel, »lieben« oder »liebevoll und verständlich sein« ist ein Wert. »Das morgige Krisengespräch führen« ist ein Ziel, »wahrhaftig sein«, »offen sein«, »ehrlich sein«, »bereit sein« sind Werte. Die Summe vieler Ziele kann Ihnen helfen, einen Wert formulieren zu können. Ziele können sich umgekehrt aus Werten ableiten.

Werte sind immer an Handeln gebunden. Nur wenn Sie stets etwas dafür tun können, ist es ein Wert. »Anerkannt werden« ist kein Wert, da Sie es nicht tun können. »Geliebt werden« ist kein Wert, da Sie es nicht tun können. »Gewinnen«, »recht behalten«, »bewundert werden«, »gefürchtet werden«, »geachtet werden«, »respektiert werden«, »wirksam sein« sind alles keine Werte, sondern Wünsche oder Bedürfnisse, für deren Erfüllung Sie immer ein äußeres Milieu benötigen, das Ihnen dies ermöglicht. In Begriffen, die Sie bereits kennengelernt haben, wäre das der Versuch einer Außenregulation. Werte sind aber ein wichtiger Bestandteil einer Binnenregulation, die Sie in selbstverantwortliches Handeln führen können. »Anhaltend nach einem Milieu zu schauen, in dem ich Wirksamkeit erfahren kann« ist ein Wert. »Aufrichtig sein«, »offen sein«, »realistisch sein«, »wahrhaftig sein«, »engagiert sein«, »zuversichtlich sein«, »neugierig sein«, »gelassen sein« »mutig sein«, »friedlich sein«, »liebevoll sein«, »wohlwollend sein«, »empfindsam sein« sind Werte, da Sie stetig aus sich selbst heraus dazu beitragen können, auch noch in den herausforderndsten, schwierigsten, kritischsten, belastendsten Situationen offen, aufrichtig, realistisch, wahrhaftig, friedlich liebevoll, wohlwollend zu sein und auf Ihr Leben, Ihre Krise und Ihre Möglichkeiten zu blicken. Selbstverständlich können Sie sich Gedanken darüber machen, welcher Werte es Ihrer Überzeugung nach bedarf, um »anerkannt« oder »geliebt zu werden«, und ob Sie bereit sind, Ihr Leben an diesen Werten auszurichten und zu führen. Dies wird Ihre Chancen erhöhen, das Ziel »Anerkennung« zu erreichen; eine Garantie, dass dies gelingt, gibt es allerdings nicht.

Werte sind deutlich kraftvoller und stärker als Ziele. Werte stehen uns allzeit zur Verfügung. Wir können uns in jeder Situation entscheiden, nach unseren Werten zu leben. Wir haben immer die Wahl, uns für unsere Werte zu entscheiden. Bei Zielen ist dies nicht der Fall. Wir können nicht garantieren, dass wir das Ziel, Sicherheit zu finden, zu heiraten oder den Traumjob zu bekommen, jemals erreichen. Aber wir können jederzeit im Sinne unserer Werte leben und zum Beispiel liebevoll und offen oder zuversichtlich und neugierig sein, selbst wenn wir gerade mitten in einer Krise stecken.

Vergessen Sie in der Krise nie: Auch wenn die Erfüllung zentraler Bedürfnisse oder wichtiger Ziele aktuell in die Ferne gerückt scheint, auch wenn Sie zur Erfüllung Ihrer Bedürfnisse und Ziele ein wohlwollendes Außenmilieu benötigen und Sie darauf wenig Einfluss haben – Sie haben anhaltend Zugriff auf Ihre Werte. Diese stehen Ihnen auch im tiefsten Tal Ihrer Krise immer zur Verfügung.

Verwechseln Sie deshalb Werte und Ziele nicht, und konzentrieren Sie sich während der Krise in einem ersten Schritt auf Ihre Werte und nicht zentral auf Ihre Ziele. Indem ich mich meinen Werten verpflichte und nicht der Unerfülltheit meiner Bedürfnisse und Ziele, erlebe ich mich trotz der Krise in meiner bestmöglichen Selbstwirksamkeit. Deshalb ist es so wichtig, gerade in der Krise in engem Kontakt und hoher Bewusstheit meiner Werte zu stehen.

Werte beziehen sich auf die unterschiedlichsten Lebensbereiche wie Arbeit, Beruf, Lernen, Bildung, Herkunftsfamilie, Elternschaft, Partnerschaft, Freundschaften, Körper, Erholung, Freizeit-Engagement oder Spiritualität.

Überschätzen Sie sich bei der Übung nicht: Es genügt vollkommen, wenn Sie sich an einem Tag nur mit einem Bereich beschäftigen.

Übersicht Werte

Werte sind oder bestehen zum Beispiel aus der Spezifizierung und Präzisierung folgender möglicher Ausdrucksformen ihrer selbst. (Weiter unten soll »Folgendes« etwas zwischen »alles« und »nichts« ausdrücken, zum Beispiel: »Ich möchte meiner Karriere meine Gesundheit/meine Familie unterordnen.«):

- Die Welt zu einem besseren Ort machen.
- In Verbundenheit mit den Mitmenschen leben.
- Humorvoll sein, witzig sein – ernsthaft sein.
- Sich treu bleiben – sich verändern und wachsen.
- Die gleichen Fehler gern immer wieder machen – aus seinen Fehlern lernen und keinen Fehler zweimal machen.
- Das Leben anderer Menschen bereichern – vom Leben anderer Menschen profitieren.
- Nehmen – geben.
- Inspirierend sein – langweilig sein.
- Gedankenlos sein – mitdenkend/vorausdenkend sein.
- Die eigenen Bedürfnisse in den Mittelpunkt stellen – die eigenen Bedürfnisse zur Seite stellen, die Bedürfnisse anderer Menschen in den Mittelpunkt stellen.
- Durchsetzungsfähig sein – variabel sein.
- Durchlässig sein – hart sein.
- Beredt sein – schweigsam sein.
- Verschwiegen sein – offen sein.
- Abwägend, vorsichtig sein – mutig sein.
- Neugierig sein – desinteressiert sein.
- Kompromissbereit sein – kompromisslos sein.
- Tolerant sein – intolerant sein.
- Frei sein, autark sein – in Verbindungen leben.
- Nehmend sein – gebend sein.
- Empfangend sein – schenkend sein.

- Stark sein – schwach sein.
- Stoisch sein – nervös sein.
- Pessimistisch, fatalistisch sein – optimistisch sein.
- Vorsichtig sein – mutig sein.
- Still, leise sein – laut sein.
- Wahrhaftig, ehrlich sein – verlogen sein.
- Lustvoll und genießend sein – lustlos und asketisch sein.
- Sparsam sein – großzügig, verschwenderisch sein.
- Neidisch sein – gönnend sein.
- Körperlich und sexuell sein – unkörperlich und asexuell sein.
- Zukunftsorientiert sein – gegenwärtig sein – vergangenheitsfixiert sein.
- In Beziehungen denken – in Dingen denken, in Geld denken.
- Sportlich aktiv sein – faul sein.
- Denkend sein – handelnd sein.
- Fröhlich sein – melancholisch sein.
- Sichtbar sein – unsichtbar sein.
- Einen Unterschied machen – keinen Unterschied machen.
- Hedonistisch, egoistisch sein – altruistisch, selbstlos, aufopfernd, umsorgend sein.
- Geheimnisvoll, unnahbar, verschlossen sein – nahbar, offen sein.
- Naiv sein – realistisch sein.
- Sorglos sein – voller Sorgen sein.
- Romantisch sein – routiniert sein.
- Idealistisch sein – abgezockt sein.
- Verspielt sein – vernünftig sein.
- Anderen helfen – mir selbst helfen, mir helfen lassen.
- Fatalistisch sein – kämpferisch sein.
- Grob und brutal sein – zart und feinsinnig sein.
- Kritisch sein – wohlwollend sein.
- Anderen mit Wärme,

- Offenheit und Interesse begegnen – anderen mit Kälte, Abwehr und Desinteresse begegnen.
- Geduldig sein – ungeduldig sein.
- Schroff sein – zart sein.
- Ausreden lassen – unterbrechen.
- Besser zuhören – besser wissen.
- Lieben – indifferent sein – hassen.
- Lernend sein – abwehrend, mauernd sein.
- Verschlossen sein – offen sein.
- Freude haben – Gedanken haben – Sorgen haben.
- In geistigem und materiellem Wachstum denken und handeln – in Bestandswahrung denken und handeln.
- Affirmativ sein – kritisch sein
- Beschützend, hilfreich, unterstützend, solidarisch, verlässlich, verantwortlich sein – verlogen, hinterhältig, unfair sein.
- Immer an das Gute glauben.
- Immer in Möglichkeiten denken und handeln.
- Im Einklang mit der Natur und Ihren Ressourcen leben.
- Den eigenen Körper pflegen und gesund erhalten.
- Ich möchte meine Werte an meinen Zielen orientieren – meine Ziele an meinen Werten orientieren.
- Ich möchte meinen Bedürfnissen alles/Folgendes/nichts unterordnen.
- Ich möchte meiner Karriere alles/Folgendes/nichts unterordnen.
- Ich möchte meiner Familie alles/Folgendes/nichts unterordnen.
- Ich möchte meiner Partnerschaft alles/Folgendes/nichts unterordnen.
- Ich möchte meinen Kindern alles/Folgendes/nichts unterordnen.
- Ich möchte meiner Selbstverwirklichung alles/Folgendes/nichts unterordnen.

All das sind Werte beziehungsweise Ausgangspunkte, um Ihre Werte zu formulieren. Und Sie merken schon: Da sind auch ein paar Werte dabei, die nicht sonderlich kompatibel mit Zielen oder Bedürfnissen sind. Wichtig ist bei der Wertearbeit aber genau diese strikte Offenheit zu sich selbst, Sie müssen wahrhaftig sein und sich mit Ihrer eigenen Wahrheit konfrontieren. Sonst verpassen Sie Ihr Leben. Deshalb finden Sie in dieser Liste auch das Aussagenpaar »Ich möchte meine Werte an meinen Zielen orientieren – meine Ziele an meinen Werten orientieren«. Beide Wege sind zulässig, Sie müssen sich nur entscheiden und diese Entscheidung dann auch leben.

Was Werte nicht sind: »nicht auszurasten« oder »nicht egoistisch zu sein«. Grundsätzlich gilt: Verneinungen sind keine Werte beziehungsweise sind Werte von Toten. Tote können ebenfalls nicht ausrasten, nicht egoistisch sein und so weiter. Bemühen Sie sich entsprechend, Verneinungen aufzulösen, und konzentrieren Sie sich stattdessen darauf, was Sie alternativ machen können. Also statt »nicht ausrasten« besser »ruhig sein« oder »gelassen sein«, statt »nicht egoistisch sein« besser »selbstlos sein« oder »schenkend sein«, statt »nicht schwach sein« besser »engagiert und energetisch sein«.

Haben wir unsere Werte definiert und gefunden, dann sollten diese auch verbindlich sein. Das bedeutet: Sie sollten danach leben und handeln. Falls Sie sich dabei ertappen, Werte formuliert zu haben, an die Sie sich nicht halten, denen Sie sich nicht verpflichtet fühlen, haben Sie die falschen Werte für sich definiert und sich selbst und Ihr Leben belogen. Dann müssen Sie da noch mal ran und Ihr Leben entsprechend den formulierten Werten ändern oder die Werte finden, für die Sie auch wirklich einstehen wollen und können. Bevor Sie die nicht gefunden und formuliert haben, ist diese Übung nicht beendet und Ihr Leben ohne bewusste Richtung. Und nur wenn Sie Werte haben, nach denen Sie leben, fühlen Sie sich selbstwirksam und selbstmächtig. Dieses Erleben ist aber notwendig und zentral für die Überwindung einer Krise.

Werte sind jederzeit lebbar, beziehen sich also immer auf das Hier und Jetzt. Werte bedürfen keiner Begründung oder Rechtfertigung. Werte sind ganz schlicht Aussagen darüber, was uns in unserem Leben sinnvoll erscheint. Werte sind frei gewählt. Sie dürfen wählen, Sie bestimmen ganz allein Ihre Werte.

Natürlich können und sollten wir unsere psychologische Flexibilität, unsere inneren Freiheitsräume nutzen, unsere Werte immer wieder zu reflektieren und gegebenenfalls zu verändern. Und natürlich besteht die Chance, dass ein ausgemachter Egoist nach einem Lebensjahrzehnt als Egoist die Freuden von Kooperation, Altruismus, Geben und Schenken entdeckt und sich von seinen egoistischen Ursprungswerten löst, weil er in einer Liebes- oder Freundschaftsbeziehung oder in ehrenamtlicher Tätigkeit etwas Größeres und Schöneres entdeckt als in den begrenzten Möglichkeiten des Egoismus.

Ziele geben uns Auskunft darüber, *was* wir erreichen wollen (ein Haus, zwei Kinder, eine Heirat, ein Vermögen, Heimat, Ankunft, Frieden, einen Ort der Ruhe und Sicherheit, Zeiten der Freude). Werte geben uns Auskunft darüber, *wie* wir etwas erreichen wollen (freundschaftlich, auf Augenhöhe, brachial, egoistisch, rücksichtslos, kooperativ, beschützend, stetig, zugewandt, offen). Werte lassen uns entsprechend ganz tief in unsere Herzen, unsere Seele, unseren Charakter schauen.

Werte sind wichtig. Wichtiger als alles andere, wenn wir uns ihnen verpflichten und nach ihnen leben. Denn Werte münden in Handlungen, und Handlungen sind sichtbarer, fühlbarer, spürbarer Ausdruck unseres Selbst in Interaktion mit unserer Umwelt. Wir wollen für unsere Handlungen geliebt, respektiert, gefürchtet oder bewundert werden. Besonders für die Handlungen, die im Einklang mit unseren Werten stehen; denn dort zeigen wir uns ja in unserem Wesen, in unserer Essenz. Unsere Handlungen sollen gesehen, gespürt, wertgeschätzt werden. Wir müssen uns selbst an unseren Handlungen und nicht an unseren Potenzialen oder Idealen messen lassen. Ungelebte Werte sind keine Werte, sondern Selbstbetrug und Lügen.

Die Beschäftigung mit Werten ist keine oberflächliche Spielerei. Bei Werten geht es immer ums Ganze, es geht um die Tiefe, es geht um die Wurst. Deshalb initiiere ich die Wertearbeit mittlerweile immer im letzten Drittel einer Krisentherapie und hier im Buch an einem Ort, an dem ich mir sicher bin, dass Sie durch die Lektüre des Bisherigen so viel über sich, über die Krise, über das Leben, über psychologische Flexibilität, über Ihre inneren Freiheitsräume, über Binnen- und Außenregulation, über Ihre Ich-Zustände, über bislang schon Erreichtes, über Ihre Ressourcen und Ziele gelernt und mitgenommen haben, dass Ihnen diese Übung jetzt besser und leichter von der Hand geht.

Beantworten Sie diese Fragen wirklich nach Ihrer eigenen inneren Wahrheit. Und nicht nach den Maßstäben, die eine äußere Umwelt an Sie stellt. Das ist schwieriger, als Sie glauben, und die Antworten gefallen Ihnen vielleicht selbst nicht.

Falls Sie Werte formulieren, die vielen Setzungen dieses Buches widersprechen, prüfen Sie bitte Ihre Möglichkeiten, sich neuen, eventuell besseren Werten zu verpflichten. Falls Ihnen das nicht möglich ist, müssen Sie unbedingt der Tatsache ins Auge schauen, dass Sie sich Werten verpflichten, die eine Krise verstärken oder aufrechterhalten (wie zum Beispiel »Ich will Ungerechtigkeiten nicht vergessen« oder »Ich will meine Emotionen und Gefühle immer unmittelbar zum Ausdruck bringen«).

Während der Schreibarbeit können Sie immer wieder mal die Augen schließen und sich das, was Sie gerade aufgeschrieben haben, vorstellen. Wo sind Sie? Was tun Sie gerade? Wie fühlt sich das an? Wie riecht die Luft? In welche Gesichter blicken Sie? Wie verhalten Sie sich? Wie verhalten sich die anderen? Fällt Ihnen dadurch noch ein weiterer Aspekt ein? Und so weiter. Ihrer Fantasie sind keine Grenzen gesetzt.

Seine Werte zu finden dauert lange und ist anstrengend. Überschätzen Sie sich nicht. Unterschätzen Sie aber auch nicht die positive Kraft, die die Wertearbeit entwickelt, wenn Sie sich damit beschäftigen. Die Übung sieht auf den ersten Blick sehr harmlos aus, da sie nur aus wenigen Fragen besteht, anhand deren Sie aber in die Tiefe Ihrer eigenen Gedanken, Wünsche, Haltungen steigen sollen. Arbeiten Sie konzentriert vielleicht nur an einem Lebensbereich, mit einer Frage, oder springen Sie zu Beginn der Arbeit von Frage zu Frage, von innerem Bild zu innerem Bild, von einer gedachten oder erlebten Situation zur nächsten, um zumindest die erste Schicht Ihres inneren Wissens abzutragen. Sie können jederzeit unterbrechen und wieder fortfahren. Manchmal fällt uns Tage später ein weiterer Aspekt ein, den wir nachtragen wollen, und dadurch kommt noch einmal eine ganze Schicht von zusätzlichen Aspekten in Bewegung.

Pausieren Sie immer wieder. Lassen Sie sich Zeit. Es besteht keine Eile. Das Ergebnis wird lohnend sein und Ihr Leben bereichern. Viele Klienten arbeiten mit dieser Vorlage mehrere Wochen, Monate, manche ein Jahr; und andere begleitet die Frage nach den Werten ihr ganzes weiteres Leben, indem sie immer wieder Ergänzungen vornehmen und detaillierter werden. Alles ist erlaubt. Es lohnt sich. Das verspreche ich Ihnen.

Übung

Werte in meinem Leben
Die folgenden Leitfragen kreisen immer um dieselbe Perspektive, Sie können gern weitere Fragen dieser Art formulieren, um Ihre eigenen besten Ergebnisse bei dieser Übung zu erzielen, und Sie müssen nicht konsequent die Fragen einzeln beantworten. Sie sollen Ihnen nur helfen, in die richtige Haltung zu kommen, um Ihre Werte beschreiben zu können:

Wie möchte ich sein? In welcher Art von Beziehung als Freund/ Kollege/Mitarbeiter/Vater/Mutter/Sohn/Tochter möchte ich mich wie einbringen? Worum geht es mir in meinen Beziehungen? Wer bin ich in den besten meiner Möglichkeiten zu mir selbst? Wie will ich mit meinen Mitmenschen umgehen? Wie will ich andere behandeln? Welche meiner Qualitäten und Stärken soll die Welt permanent und in ganzer Fülle tagtäglich spüren und sehen? Welche Eigenschaften von mir sollen anderen auffallen? Welche Eigenschaften von mir sollen andere zu meinem fünfzigsten/siebzigsten/achtzigsten Geburtstag bei einer Rede über mich hervorheben? Was sollen meine Freunde/ meine Frau/mein Mann/meine Kinder/meine Geschwister später einmal über unsere gemeinsame Zeit erzählen? Was soll mein Partner unseren Kindern über mich als Partner in einer Beziehung erzählen? An welche Eigenschaften von mir als Partner soll sich mein Partner erinnern, wenn er auf dem Sterbebett liegt/wenn ich auf dem Sterbebett liege? Wer soll auf meiner Beerdigung eine Rede mit welchem Inhalt über mich halten? Wen sollen andere in mir sehen, wenn sie unsere Beziehung betrachten? Welche Talente möchte ich in meinem Leben weiter nutzen/ausbauen/zum Blühen/zum Strahlen bringen? Was möchte ich unbedingt noch in mein Lebensrepertoire an Verhalten aufnehmen, was ich bislang noch nicht so gut kann? Was möchte ich noch für andere oder für mich stetig tun, was ich bisher nicht gemacht habe? Für welches Verhalten anderer Menschen habe ich Bewunderung und möchte gern auch so sein? Welchen Orden für welche Eigenschaft hätte ich gern als Dank für mein Verhalten? Worin möchte ich andere noch unterstützen in deren Leben?

Bereich diese aktuelle Krise

Wie will ich in fünf Jahren auf mich und diese Krise blicken und was über mich in dieser Krise erzählen? Was sollen andere über mein aktuelles Verhalten in der Krise in fünf Jahren sagen?

_____
_____
_____
_____
_____
_____
_____
_____
_____
_____

Bereich Herkunftsfamilie

Wie will ich mit den Mitgliedern meiner Herkunftsfamilie umgehen? Wie möchte ich als Schwester/Bruder sein? Als Sohn, als Tochter? Wie sollen meine Geschwister sich an mich erinnern? An welche Eigenschaften von mir als Sohn/Tochter sollen sich meine

Eltern erinnern, wenn sie auf dem Sterbebett liegen? Worum geht es mir in meinen verwandtschaftlichen Herkunftsbeziehungen?

_____
_____
_____
_____
_____
_____
_____
_____

Bereich Elternschaft

Wie und wer möchte ich als Mutter/Vater sein? Wie will ich mit meinen Kindern umgehen? Wer will ich meinen Kindern sein? Was sollen meine Kinder später einmal über unsere gemeinsame Zeit erzählen? Welche meiner Eigenschaften sollen meine Kinder zu meinem siebzigsten/achtzigsten Geburtstag hervorheben? Wer möchte ich sein, wenn ich andere in dieser Aufgabe unterstütze?

_____
_____
_____
_____
_____
_____
_____
_____
_____

Bereich Partnerschaft

Wie möchte ich als Partner sein? Was für eine Art von Paarbeziehung möchte ich haben? Wie will ich meinen Partner behandeln?

Welche meiner Eigenschaften sollen meinem Partner auffallen? Welche meiner Eigenschaften soll mein Partner zu meinem fünfzigsten/sechzigsten/siebzigsten Geburtstag hervorheben? Wer will ich sein in einer Paarbeziehung?

_____
_____
_____
_____
_____
_____
_____
_____
_____

Bereich Freundschaften

Wie möchte ich sein als Freundin oder Freund? Was bedeutet Freundschaft für mich? Wie will ich mich meinem besten Freund gegenüber verhalten? Ist mir Freundschaft wichtig? Wieso? Welche meiner Eigenschaften sollen meine Freunde zu meinem dreißigsten/fünfzigsten/sechzigsten/siebzigsten/achtzigsten Geburtstag hervorheben? Wer will ich sein in der Gestaltung von Freundschaften?

_____
_____
_____
_____
_____
_____
_____
_____
_____
_____

Bereich Arbeit/Beruf

Was ist mir wichtig an meiner Arbeit (Geld, Sicherheit, Herausforderungen, Unabhängigkeit, Prestige, Kontakt zu Menschen, Menschen helfen)? Worauf kommt es mir bei der Ausübung meiner Tätigkeit an? Wofür möchte ich stehen in meinem beruflichen Umfeld? Was muss meine Arbeit ausmachen, damit ich auch in Zeiten extremer Belastung oder Überforderung dranbleibe und mein Bestes gebe? Wie will ich mit Mitarbeitern/Kollegen umgehen? Wie möchte ich sein als Vorgesetzter oder Kollege? Worum soll es in meinem Beruf gehen? Welche Eigenschaften von mir sollen meine Kollegen zu meinem dreißigsten/fünfzigsten/fünfundsechzigsten Geburtstag hervorheben?

_____
_____
_____
_____
_____
_____
_____

Bereich Lernen/Bildung

Ist Lernen wichtig für mich? Wieso? Wieso nicht? Wie begegne ich neuen Dingen, neuen Erfahrungen? Welche Kenntnisse/Fähigkeiten möchte ich noch erwerben? Was will ich für ein lernender Mensch sein? Was möchte ich in diesem Bereich meines Lebens machen? Bin ich gern und schnell zufrieden? Will ich immer neugierig sein? Will ich mir treu bleiben oder wachsen und mich verändern?

_____
_____
_____
_____
_____
_____
_____

Bereich körperliches Wohlbefinden

Wie und warum achte ich auf meinen Körper und meine Gesundheit? Wie will ich mich ernähren, wie für Bewegung sorgen, wie mich körperlich fit halten? Welches Bild habe ich von mir und meinem Körper? Was sollen andere bemerken, wenn sie mich sehen?

_____
_____
_____
_____
_____
_____
_____
_____
_____
_____

Bereich Erholung/Freizeit

Wie sorge ich für mich? Welchen Hobbys/Aktivitäten gehe ich nach? Welchen Sport mache ich? Was gefällt mir daran? Wie lade ich meine Batterien auf? Was gibt mir Energie? In welchen Situationen fühle ich mich wohl in meiner Freizeit?

_____
_____
_____
_____
_____
_____
_____
_____
_____
_____
_____

Bereich Engagement/Sinn

Was kann ich dazu beitragen, diese Welt ein wenig besser zu machen? Will ich dazu beitragen? Wie? Möchte ich mich gesellschaftlich in einem Verein/in einer Partei/für ein Projekt engagieren? Was gibt meinem Leben Sinn? Wann erachte ich mein Dasein als sinnvoll? Wie mache ich einen Unterschied? Möchte ich einen Unterschied machen? In welcher Form möchte ich Mitglied einer Gesellschaft sein und mich engagieren? Oder ist mir das egal?

_____
_____
_____
_____
_____
_____
_____
_____
_____

Bereich Spiritualität/Glaube

Was sind die Geheimnisse des Lebens, die mich zum Staunen bringen? Bringt mich etwas zum Staunen? Wenn ja, was? Welche Vorstellungen, die über mich und mein Leben hinausweisen, inspirieren mich? Woran glaube ich, wenn ich an etwas glaube? Gibt mir etwas Göttliches oder Spirituelles Trost? Fühle ich mich von einer Religion oder spirituellen Praxis angezogen, angesprochen? Wünsche ich mir oder beruhigt mich Trost in einem System, das über meine Existenz hinausgeht?

_____
_____
_____
_____
_____

Antwortbeispiele

Achten Sie bitte darauf, dass dies keine Zustandsbeschreibungen sind, wie Sie gerade sind, sondern Werte und damit die Leitbilder, nach denen Sie sich verhalten wollen und dann auch verhalten. Die folgenden Antwortbeispiele sind mehrheitlich im Geiste dieses Buches formuliert. Sie formulieren Werte, die eine Überwindung der Krise ermöglichen. Das müssen nicht Ihre Werte sein. Formulieren Sie wirklich nur die Werte, nach denen Sie leben oder von jetzt an leben wollen:

- Ich will in allen Herausforderungen des Lebens exzellent sein. Ich will der beste Krisenüberwinder der Welt sein.
- Ich werde innere Hoffnungslosigkeit nie akzeptieren und immer nach Varianten und Alternativen des Handelns und Erlebens suchen.
- Ich glaube an die Veränderbarkeit von äußeren Umständen und innerem Erleben.
- Ich will mein Leben nutzen, um meinen Teil dazu beizutragen, dass diese Erde ein besserer Ort wird. Dies tue ich, indem ich mich sozial, politisch, ehrenamtlich engagiere, meine Kinder in diesem Geist erziehe, meinen Mitmenschen ein gutes Vorbild bin.
- Ich glaube, dass Gerechtigkeit nur durch Wehrhaftigkeit zu erreichen ist, und werde deshalb für meine Rechte oder die Rechte anderer kämpfen.
- Ich glaube an die Kraft von Utopien und Visionen. Ich werde deshalb Träume bewahren und anhaltend versuchen, diese zu manifestieren.
- Ich werde immer nur Geld ausgeben, das ich auch habe.
- Für meine Schulden stehe ich ein, und ich werde den Menschen, die mich finanziell unterstützt haben, immer für Ihre Unterstützung danken und ihnen das Geld zurückzahlen.

- Meine wichtigste Eigenschaft ist die Neugier. Ich will immer wissbegierig und erfahrungsbegierig bleiben und anhaltend Neues in meinem Leben zulassen.
- Mein wichtigstes Bedürfnis ist Stetigkeit und Dauer. Ich werde deshalb alles tun, um Beziehungen, Strukturen, Verbindungen zu halten und immer wieder zu verlängern.
- Ich will mir treu sein und einen einmal eingeschlagenen Weg längstmöglich verfolgen.
- Mein wichtigstes Bedürfnis ist finanzielle Sicherheit. Ich werde deshalb meinen Fokus aufs Geldverdienen legen und sparsam sein.
- Ich bin verliebt ins Vergnügen und die Abwechslung und bemühe mich, ein Leben in der Freude ohne Verantwortung zu leben.
- Ich glaube an Disziplin und Rituale und werde mich verpflichten, bestmöglich dafür zu sorgen, dass ich in Wiederholungen leben kann.
- Ich glaube an Wissen und Weisheit. Mein Leben ist ein stetiges Wachsen und ein dauernder Erkenntnisprozess.
- Ich benötige Ruhezeiten, und ich sorge für Abgeschiedenheit und Entspannung.
- Lebe lieber ungewöhnlich. *I will travel the road less taken.* Umwege erhöhen die Ortskenntnisse. Ich will da sein, wo sonst wenige sind. Für mich gelten die Ausnahmen, nicht die Regeln.
- Ich möchte unbedingt gewinnen. In der Arbeit, im Privaten, beim Spiel. Dafür engagiere ich mich.
- Ich glaube an die Veränderung durch stetige Konfrontation. Ich werde anhaltend auf Fehler, Ungerechtigkeiten, Probleme hinweisen.
- Wissen ist Macht. Nichtwissen Ohnmacht.

Ich will lernen, besser werden und noch mehr lernen.
- Niemand sorgt für mich, das muss ich selbst tun. Ich bin der Meister meines Lebens und deshalb in der Verpflichtung, aktiv und gestaltend die Dinge in die Hand zu nehmen.
- Nichts geschieht ohne Grund und Verbindung. Deshalb agiere ich umsichtig und ohne anderen Leid zuzufügen.
- Ich werde immer regelmäßig in Kontakt mit der Natur gehen. Rad fahren, schwimmen, joggen, bergsteigen, kitesurfen, surfen, segeln, Ski fahren und dabei die Schönheit der Verbindung mit der Natur genießen.
- Schönheit ist mir wichtig, und ich werde mich für ein schönes Zuhause engagieren.
- Ich halte mich an Versprechen und Zusagen, die ich gebe.
- Ich gebe niemals eine Idee oder ein Projekt eines anderen für mein Projekt aus.
- Ich hintergehe niemanden und arbeite niemals mit einer versteckten Agenda.
- Ich akzeptiere immer alle Verantwortlichkeiten und Strukturen und arbeite in meiner Funktion immer vorbildlich und zum Besten Nutzen aller und gemäß den Vorgaben.
- Ich werde nicht lügen und nicht stehlen, niemanden hintergehen, betrügen oder Gewinn aus dem Leid anderer ziehen.
- Ich trinke immer nur so viel Alkohol, dass ich stets die Kontrolle über meinen Körper oder meine Sprache behalte.
- Ich trenne Arbeit und Privates. Und priorisiere Privates (oder Arbeit).
- Ich bin in meinen Zusagen gegenüber meinen Kindern mehr verpflichtet als gegenüber meiner Arbeit.
- Ich bin pünktlich und verlässlich; wenn ich mal unpünktlich bin, gebe ich

via SMS umgehend Bescheid.
- Ich nehme keine Anrufe entgegen oder lese keine SMS, wenn ich mit Freunden, meiner Frau, meinem Mann im Gespräch bin.
- Ich werde mich um meine Eltern kümmern, wenn diese alt sind und meine Hilfe benötigen.
- Ich bin der Mensch, der seine Freunde auch in Krankheit und Sorge unterstützt und da ist, wenn es schwierig wird. Ich will meinen Freunden das geben, was diese sich von mir wünschen. Ich kann und will trösten oder Rat geben, je nachdem, was ihnen gerade hilft.
- Ich möchte mit Menschen in Kommunikation stehen. Ich will offen und kommunikativ sein. Ich möchte mit Menschen in Verbindung stehen.
- Ich möchte unterstützen, da sein, durch meine Arbeit einen Unterschied machen. Ich möchte Geld verdienen mit meiner Arbeit. Ich möchte unmittelbar wirken. Ich will unabhängig agieren. Ich möchte in meinem Beruf gefordert sein und anhaltend wachsen können.
- Ich habe einen ritualisierten Tag, in dem Arbeit, Lernen, Freizeit, Erholung klar geordnet sind und ihre festen Zeiten, Räume und Orte haben.
- Ich möchte jeden Tag etwas anderes tun. Ich bin offen und kommunikativ. Ich gehe mit offenen Armen auf die zu, die sich an mich wenden.
- Bei Veranstaltungen lächle ich und bin gesprächsbereit. Ich bin jemand, der auf jedem Meeting ein vertiefendes Gespräch mit jemanden führt, den er bislang noch nicht kannte. Ich suche bei Arbeitsessen offen die Kommunikation mit einem Tischnachbarn. Immer.
- Ich möchte mich auf die Dinge konzentrieren, die

mir wichtig sind, und mich nicht dauernd durch Ablenkungen davon abbringen lassen.
- Ich möchte, dass man später sagt: Er war konzentriert und produktiv. Er hat in allem, was er angegangen ist, eine Tiefe und einen Erfolg gesucht. Er hat die Dinge zu Ende gemacht. Er hatte ein Talent für Arbeit.
- Ich möchte jenseits meiner Partnerschaft regelmäßig allein oder mit meinen drei besten Freunden Zeit/Urlaube verbringen.
- Ich will eine gute Schwester/ein guter Bruder und meinen Geschwistern ein verlässlicher Beistand sein.
- Ich werde meine Liebe und meine Verbindung zu meinen Geschwistern immer über meinen Stolz setzen und deshalb immer zur Überwindung von Missverständnissen friedvoll beitragen.
- Ich werde der Trauer um den Verlust einen festen Platz in meinem Herzen, in meinen Gedanken, in meinem Leben geben und niemals die Freude vergessen, die es zuvor gab, und die Traurigkeit und die Leere und die Einsamkeit, die dann war, als Preis des Lebens akzeptieren.
- Ich habe keine Liebe erlebt und werde deshalb Liebe schenken und denen, die mir nahe sind, meine Aufmerksamkeit und Güte geben.
- Ich will immer zuhören, akzeptieren, anerkennen. Ich will ruhig, geduldig und gelassen sein.
- Ich will einmal im Jahr etwas Neues, eine neue Erfahrung in mein Leben integrieren.
- Wenn mein Mann/meine Frau weint, werde ich ihn/sie immer in den Arm nehmen und trösten, auch wenn er/sie im Streit und in Wut über mich weint.
- Ich werde nie im Streit ohne Aussöhnung mit meinem Mann/meiner Frau einschlafen. Ich

werde alles dafür tun, damit wir jeden Abend wieder in den Frieden finden, auch wenn wir uns tagsüber hier und da uneins waren.
- Ich bin ein zugewandter, offener, humorvoller Partner. Ich bin in einer Partnerschaft jederzeit ehrlich und aufrichtig. Auch wenn ich zu leichter Panik neige, trete ich meiner Frau/meinem Mann gegenüber von jetzt an ruhig und gelassen gegenüber und habe jederzeit ein offenes Ohr für seine Sorgen und Themen.
- Ich akzeptiere, dass ich als Partner einen Preis für eine Beziehung bezahle, aber der Gewinn ist mir wichtiger. Ich komme damit klar, dass ich Autonomie verliere, wenn ich als Partner meine Aufgabe in unserer Beziehung ernst nehme.
- Ich bin verständnisvoll, verlässlich, stark und unterstützend. Ich bin liebevoll. Ich mache Dinge möglich. Ich bin ansprechbar. Ich bin wertschätzend. Ich bin kommunikativ. Ich bin humorvoll.
- Ich bin ein zugewandter Vater/eine zugewandte Mutter. Meine Kinder können sich mit ihren Anliegen jederzeit an mich wenden.
- Ich möchte meinen Kindern Türen öffnen. Meine Kinder dürfen auch einen dritten Versuch starten, und ich werde sie dabei unterstützen.
- Ich gehe zu Elternabenden. Ich lasse mich bei Bedarf für ein Schulamt wählen, wenn ich damit meinen Kindern Gutes tue. (Obwohl ich Elternabende und Schulämter hasse!)
- Ich spreche mit meinen Kindern regelmäßig über Geld und zeige ihnen, dass man für viele materielle Dinge auch arbeiten muss. Ich zeige meinen Kindern, dass es viele immaterielle Dinge

> gibt, die man ohne Geld genießen kann.
> ◻ Ich übernehme die Verantwortung in dieser Krise und mache, was notwendig ist, um diese Krise zu überwinden, auch wenn einiges davon schwierig, unangenehm, schamhaft ist.

Und damit sind wir am Ende dieses Kapitels.

Die Wertearbeit ist intensiv, wichtig, und ich kenne niemanden, der ohne die Bewusstheit seiner Werte ein sinnvolles und zielgerichtetes Leben leben kann. Nehmen Sie die Herausforderung ernst, Ihre Werte zu formulieren, und investieren Sie sowohl viel Zeit als auch viel Energie in diese Übung.

Und leider muss ich Ihnen zum Abschluss noch zwei unangenehme Wahrheiten dieser Wertearbeit präsentieren.

Erstens: Sie realisieren durch diese Übung vielleicht, dass Sie zwar gute und hilfreiche Werte formuliert haben, aber nicht nach ihnen handeln. Wie schon erwähnt: Das geht nicht. Werte müssen gelebt werden, sonst sind es keine. Es gibt keine theoretischen Werte, sondern nur praktische, lebbare, sichtbare. Sichtbar, praktisch, gelebt sind Werte nur dann, wenn andere das wahrnehmen. Nicht, wenn ich glaube, dass ich so oder so sei, aber mein Umfeld nichts davon spürt oder sieht. Deshalb gilt als Gradmesser immer die Frage: Was würden andere über mich diesbezüglich erzählen?

Die zweite wichtige Wahrheit der Wertearbeit ist, dass ich dabei auch auf Werte stoßen kann, die mir in Kenntnis der Inhalte des Buches, das Sie gerade lesen, sagen: Kein Wunder, dass du eine Krise hast. Deine Werte sorgen für die Krise, befeuern und füttern die Krise. – Das ist ähnlich schmerzhaft wie die Übung »Warum gibt es diese Krise? Meine Eigenanteile, meine Ich-Anteile dieser Krise« aus dem Kapitel »Die Krise unter dem Brennglas: Nimm Abschied und gesunde!«. Ja, die Krise ist die Summe unserer Entscheidungen wie auch die Summe unserer bisherigen Werte.

»Ich will immer offen meine Meinung sagen.« »Ich glaube an die Kraft wertfreier Sachinformation.« »Ich mache meine Themen mit mir selbst aus.« »Wer mich verletzt oder belügt, wird aus meinem System verbannt.« »Wer sich mir gegenüber nicht immer hundertprozentig loyal verhält, gehört nicht in mein System.« »Ich werde gegen viele Widerstände versuchen, meine Interessen durchzubringen.« »Ich gehe Menschen auch direkt an, weil ich an die Notwendigkeit das Richtige zu tun glaube.« »Ich will immer die Ausnahme und nicht die Regel für mich in Anspruch nehmen.« »Ich will recht behalten.« »Ich will verstehen.« »Ich will mir ganz sicher sein.« »Ich will immer das beste Ergebnis.« »Ich will Spaß haben.« »Ich will Harmonie haben.«

Ich hatte dies vor einigen Seiten schon einmal kurz erwähnt: All diese Werte können Ihnen helfen, ein erfülltes und schönes Leben zu leben. Sie können aber auch der Grund Ihrer Krise sein (wie übrigens die gegenteiligen Formulierungen auch). Ich möchte nur, dass Sie sich genau dieser Frage stellen: Ist dieser Wert ein Teil meiner Krise oder hilft mir dieser Wert aus der Krise? Und wenn Sie dabei bemerken, dass ein Wert Teil Ihrer Krise ist, dann müssen Sie Ihre innere psychologische Flexibilität, Ihre binnenregulatorischen Kräfte maximal aktivieren und einen andern, besseren Wert formulieren, einen, der Sie darin unterstützt, einen und viele Schritte aus der Krise zu finden. Würden Sie das nicht tun, wäre die gesamte Lektüre von *Das Leben ist einfach, wenn du verstehst, warum es so schwierig ist* sinnlos und konsequenzlos gewesen, und das darf nicht sein.

DU MUSST DEIN ÄNDERN LEBEN!

Schlusswort
Das Leben bleibt anstrengend, bleiben Sie zuversichtlich

Das Leben ist anstrengend. Jeden Tag. Das ist auch ohne Krise so. Das Leben ist wunderschön. Nicht jeden Tag. Aber immer wieder. Die Überwindung einer Krise braucht Zeit. Die Krise ist nicht nach einem Tag vorüber. Die Krise ist wie ein langer Marsch durch die Wüste. Seien Sie bitte nachsichtig und liebevoll zu sich selbst. Die Krise hat Sie schon genug gebeutelt, jetzt müssen Sie nicht noch strafend oder ungeduldig mit sich selbst sein.

Wollen wir die Krise erfolgreich überwinden, stehen wir nicht an einer Kreuzung, und durch die Lektüre dieses Buches entscheidet sich, ob wir links oder rechts abbiegen und dann spontan und radikal alles anders und besser wird.

Die Lektüre von *Das Leben ist einfach, wenn du verstehst, warum es so schwierig ist* gleicht dem Stellen einer Weiche. Wir bemerken am Anfang gar nicht, dass sich schon Veränderung eingestellt hat. Erst nach einigen Kilometern, nach einigen Tagen oder Wochen auf unserem weiteren Lebensweg bemerken wir plötzlich am Wegesrand die ersten zarten Pflanzen, viele Kilometer später sehen wir erstmalig wieder grünes Gras, Auen, Wälder, Fülle, Zufriedenheit, Zuversicht, Zukunftshunger, Lebenslust. Stellen Sie sicher, dass Sie Ihre Weiche stellen. Immer wieder.

Ich weiß, wenn Sie nur 50 Prozent des Wissens, der Erkenntnisse, Modelle, Ideen dieses Buches in Ihr Leben holen, hat die Krise keine Chance. Geben Sie sich in einem ersten Schritt aber auch mit 10 Prozent zufrieden. Das macht schon einen Unterschied.

Manche der Denkfiguren oder Übungen, die ich Ihnen hier vorgestellt habe, lagen jahrelang bei mir in der Schublade, und ich fand sie weder sonderlich interessant noch wichtig. Bis ich selbst in eine Krise geriet und bemerkte, welches Potenzial, welch tiefe kluge Hilfe und Unterstützung in dieser oder jener Ausarbeitung lag. Bei anderen bemerkte ich durch die therapeutische Praxis, wie intensiv und positiv meine Klienten darauf reagierten und wie zentral sie für die Krisenbegleitung sind. Bei einigen Erkenntnissen hatte ich das große Glück, den richtigen Lehrer zu finden, der mir eine längst bekannte Wahrheit so näherbrachte, dass ich nur dadurch das ganze Potenzial dieses Wissens erkennen konnte. Hin und wieder war ich unaufmerksam und fahrig bei der Lektüre eines Aufsatzes, beim Besuch eines Vortrags; und erst als ich Jahre später die Seiten oder meine Anmerkungen dazu noch einmal las, erkannte ich die Wichtigkeit. Wieder anderes erhält seine Energie ausschließlich durch Lebenserfahrung oder im Zusammenspiel mit anderen Erkenntnissen.

Geben Sie sich also einerseits Zeit. Nehmen Sie aber bitte auch alles, was Sie hier gelesen haben, maximal ernst, und bemühen Sie sich bestmöglich, die Kenntnisse dieses Buches in Ihr Leben zu integrieren. Immerhin wollen Sie eine Krise überwinden und haben das Buch ja nicht gelesen, nur weil gerade kein Kriminalroman zur Hand war.

Wenn ich wüsste, dass Sie nur eine Begrifflichkeit aus diesem Buch mitnähmen:
Nehmen Sie die Unterscheidung »Binnenregulation *vs. Außenregulation*«. Allein mit dieser Unterscheidung und der Konzentration auf Ihre binnenregulatorischen Superkräfte initiieren Sie einen wichtigen Unterschied für Ihr Leben.

Wenn ich wüsste, dass Sie nur einen Satz aus diesem Buch mitnähmen:
Nehmen Sie den Satz: »Wenn Sie schon Ihre Emotionen, Gefühle und Gedanken nicht kontrollieren können, können Sie immer noch Ihre Handlungen kontrollieren.« Und denken Sie immer daran, dass niemand Sie zwingt, zu resignieren oder zu verzweifeln. Das tun Sie selbst, und das müssen Sie nicht, auch wenn Ihre Gefühle und Gedanken Ihnen immer wieder vorgaukeln, Sie müssten das.

Wenn ich wüsste, Sie könnten nur wenige Seiten in diesem Buch lesen:
Dann nehmen Sie die Seiten des Kapitels »Wie Sie Ihre Ohnmacht und Hilflosigkeit austricksen, indem Sie Geschirr spülen und Ihre Bücher nach Farben sortieren«. Ich hatte das ja auch schon am Ende dieses Kapitels geschrieben. Die Erfahrung von Selbstwirksamkeit in den Ritualen des Alltags ist einfach zu integrieren und essenziell für die Verbesserung Ihres Wohlbefindens in der Krise.

Wenn ich wüsste, dass Sie nur ein Kapitel in diesem Buch läsen:
Dann lesen Sie das Kapitel »Eine Art Vokabeltest«. Ganz einfach deshalb, weil Sie dort eine große inhaltliche Vielfalt

ganz unterschiedlicher Ansätze finden und in diesem Kapitel unendlich viel kognitives Veränderungspotenzial allein durch die Differenzierung von Sprache und Wörtern steckt.

Wenn ich wüsste, dass Sie nur ein Werkzeug/Modell aus diesem Buch in Ihr Leben integrierten:
Dann nehmen Sie ganz klar die »Inneren-Ich-Zustände« aus dem Kapitel »Ich ist ein Anderer – und am besten immer öfter!«. Die Arbeit mit diesen Inneren-Ich-Zuständen macht richtig Spaß, bringt massive Veränderung, und Ihr Handy mit den abfotografierten Grafiken haben Sie immer bei sich.

Wenn ich wüsste, Sie könnten nur ein Set an Übungen aus diesem Buch machen:
Dann machen Sie aus dem Kapitel »Ein Hoch auf das Gestern und Morgen« bitte die Übungen »Danke für das Gestern« und »Danke für das Morgen«. Sie führen uns aus der krisenverstärkenden singulären Fokussierung auf das herausfordernde Heute wieder in das Bewusstsein eines gelungenen Gestern und eines erstrebenswerten Morgen. Die Gestern- und die Morgen-Übung machen deshalb meist schnell den größten Unterschied bezüglich unserer inneren Selbstwahrnehmung und lassen uns wieder die gesamte positive Breite und Tiefe unserer Existenz spüren und sehen.

Ich weiß: Sie finden auf die Herausforderungen Ihres Lebens gute Antworten. Halten auch Sie dieses Wissen und diese Zuversicht in Ihnen jeden Tag lebendig und gehen Sie damit jeden Tag einen weiteren, guten Schritt aus Ihrer momentanen Krise. Das haben Sie sich verdient. Sie sind ein einmaliger und ganz wunderbarer Mensch. Die Welt braucht Sie und die Welt freut sich auf Sie.

Weiterführende Literatur

Alfred Adler: *Der Sinn des Lebens*, Frankfurt/Main 1973.
Hannah Arendt: *Vita activa oder Vom tätigen Leben*, München 1981.
Hannah Arendt: *Vom Leben des Geistes. Das Denken. Das Wollen*, München 1993.
Roberto Assagioli: *Die Schulung des Willens. Methoden der Psychotherapie und der Selbsttherapie*, Paderborn 1998.
Julian Baggini: *Der Sinn des Lebens. Philosophie im Alltag*, München 2005.
Julian Baggini: *Ich denke, also will ich. Eine Philosophie des freien Willens*, München 2017.
Joachim Bauer: *Das Gedächtnis des Körpers: Wie Beziehungen und Lebensstile unsere Gene steuern*, München 2013.
Joachim Bauer: *Selbststeuerung. Die Wiederentdeckung des freien Willens*, München 2014.
Zygmunt Bauman: *Flüchtige Zeiten. Leben in der Ungewissheit*, Hamburg 2013.
Ulrich Beck: *Risikogesellschaft. Auf dem Weg in eine andere Moderne*, Frankfurt/Main 1986.
Christina Berndt: *Individuation. Wie wir werden, wer wir sein wollen*, München 2020.
Eric Berne: *Spiele der Erwachsenen. Psychologie der menschlichen Beziehungen*, Reinbek 2002.

Murray Bowen: »Toward the Differentiation of Self in One's Family of Origin«, in: Francis D. Andres und Joseph P. Lorio: *Georgetown Family Symposia*, Volume I, S. 70–86, Washington, D. C., 1974.

Murray Bowen: *Family Therapy in Clinical Practice*, Northvale 1978.

John Bowlby: *Frühe Bindung und kindliche Entwicklung*, München 2016.

John Bowlby: *Bindung*, München 2006.

John Bowlby: *Verlust. Trauer und Depression*, München 2006.

John Bowlby: *Trennung, Angst und Zorn*, München 2006.

Heinz Bude: *Gesellschaft der Angst*, Hamburg 2014.

Bertolt Brecht: *Geschichten vom Herrn Keuner*, Frankfurt/Main 1972.

John T. Cacioppo und William H. Patrick: *Einsamkeit. Woher sie kommt, was sie bewirkt*, Heidelberg 2011.

Albert Camus: *Der Mythos des Sisyphos*, Reinbek 2000.

Erika J. Chopich und Margaret Paul: *Aussöhnung mit dem inneren Kind*, Berlin 2009.

Antonio Damasio: *Selbst ist der Mensch. Körper, Geist und die Entstehung des menschlichen Bewusstseins*, München 2013.

Alain Ehrenberg: *Das erschöpfte Selbst. Depression und Gesellschaft in der Gegenwart*, Frankfurt/Main 2008.

Georg H. Eifert und John P. Forsyth: *Mit Ängsten und Sorgen erfolgreich umgehen. Ein Ratgeber für den achtsamen Weg in ein erfülltes Leben mit Hilfe von ACT*, Göttingen 2010.

Georg H. Eifert et al.: *Mit Ärger und Wut umgehen: Der achtsame Weg in ein friedliches Leben mit der Akzeptanz- und Commitmenttherapie/ACT*, Göttingen 2013.

Epiktet: *Handbüchlein der Moral*, Stuttgart 1984.

Epikur: *Philosophie der Freude*, Stuttgart 1973.

Julia Fischer: *Die Medizin der Gefühle*, München 2020.

Viktor E. Frankl: *Ärztliche Seelsorge: Grundlagen der Logotherapie und Existenzanalyse. Mit den ›Zehn Thesen über die Person‹*, München 2015.

Viktor E. Frankl: *Der Mensch vor der Frage nach dem Sinn*, München, 2008.

Viktor E. Frankl: *Das Leiden am sinnlosen Leben. Psychotherapie für heute*, Freiburg/Breisgau 1991.

Viktor E. Frankl: *… trotzdem Ja zum Leben sagen. Ein Psychologe erlebt das Konzentrationslager*, München 1992.

Erich Fromm: *Haben oder Sein. Die seelischen Grundlagen einer neuen Gesellschaft*, München 1976.

Ben Furman: *Es ist nie zu spät, eine glückliche Kindheit zu haben*, Dortmund 2008.

Klaus E. Grossmann und Karin Grossmann: *Bindung und menschliche Entwicklung. John Bowlby, Mary Ainsworth und die Grundlagen der Bindungstheorie*, Stuttgart 2020.

Thomas A. Harris: *Ich bin o. k. – Du bist o. k. Wie wir uns selbst besser verstehen und unsere Einstellung zu anderen verändern können – Eine Einführung in die Transaktionsanalyse*, Reinbek 1975.

Steven C. Hayes et al.: *Akzeptanz- und Commitment-Therapie. Ein erlebnisorientierter Ansatz zur Verhaltensänderung*, München 2011.

Steven C. Hayes et al.: *Akzeptanz- & Commitment-Therapie. Achtsamkeitsbasierte Veränderungen in Theorie und Praxis*, Paderborn 2014.

Steven C. Hayes et al.: *In Abstand zur inneren Wortmaschine. Ein Selbsthilfe- und Therapiebegleitbuch auf der Grundlage der Akzeptanz- und Commitment-Therapie (ACT)*, Tübingen 2007.

Hermann Hesse: *Siddhartha. Eine indische Dichtung*, Frankfurt/Main 1984.

Malte Hossenfelder: *Antike Glückslehren. Kynismus und Kyrenaismus, Stoa, Epikureismus und Skepsis*, Stuttgart 1996.

David Hume: *Ein Traktat über die menschliche Natur*, Hamburg 1989.

Gerald Hüther: *Biologie der Angst. Wie aus Stress Gefühle werden*, Göttingen 2012.

William James: *Der Sinn des Lebens*, Darmstadt 2010.

Jochen Jülicher: *Midlife. Ich lerne wieder neu zu leben*, Würzburg 2011.

Daniel Kahnemann: *Schnelles Denken, langsames Denken*, München 2016.

Verena Kast: *Was wirklich zählt, ist das gelebte Leben. Die Kraft des Lebensrückblicks*, Freiburg 2010.

Verena Kast: *Trauern. Phasen und Chancen des psychischen Prozesses*, Freiburg 2013.

Sören Kierkegaard: *Die Krankheit zum Tode – Furcht und Zittern – Die Wiederholung – Der Begriff der Angst*, München 2005.

Kurt Kortschal: *Mensch. Woher wir kommen, wer wir sind, wohin wir gehen*, Wien 2019.

Holger Kuntze: *Lieben heißt wollen. Wie Beziehung gelingen kann, wenn wir Freiheit neu denken*. München 2018.

Joseph LeDoux: *Das Netz der Gefühle. Wie Emotionen entstehen*, München 2004.

Joseph LeDoux: *Das Netz der Persönlichkeit. Wie unser Selbst entsteht*, München 2006.

Chad Lejeune: *The Worry Trap. How to Free Yourself from Worry & Anxiety Using Acceptance & Commitment Therapy*, Oakland 2007.

Emmanuel Lévinas: *Totalität und Unendlichkeit. Versuch über die Exteriorität*, Freiburg 2002.

Peter A. Levine: *Sprache ohne Worte. Wie unser Körper Trauma verarbeitet und uns in die innere Balance zurückführt*, München 2011.

Peter A. Levine: *Trauma und Gedächtnis. Die Spuren unserer Erinnerung in Körper und Gehirn*, München 2016.

Brian R. Little: *Me, Myself, and Us. The Science of Personality and the Art of Well-Being*, New York 2014.

Elisabeth Lukas: *Auch dein Leben hat Sinn. Logotherapeutische Wege zur Gesundung*, Freiburg 1991.

Matthew McKay et al.: *ACT for Interpersonal Problems. Using Mindfulness, Acceptance, and Schema Awareness to Change Interpersonal Behaviors*, Oakland 2012.

Matthew McKay et al.: *Mind and Emotion. A Universal Treatment for Emotional Disorders*, Oakland 2011.

Candace B. Pert: *Moleküle der Gefühle. Körper, Geist und Emotionen*, Hamburg 2005.

Kevin L. Polk et al.: *Praxishandbuch ACT-Matrix. Schritt für Schritt zur Anwendung in der klinischen Praxis*, Heidelberg 2019.

John K. Pollard: *Self Parenting*, Malibu 1987.

Adolf Portmann: *Biologie und Geist*, Frankfurt/Main 1973.

Werner Rautenberg und Rüdiger Rogoll: *Werde, der du werden kannst. Persönlichkeitsentfaltung durch Transaktionsanalyse*, Freiburg 2010.

Andreas Reckwitz: *Die Gesellschaft der Singularitäten. Zum Strukturwandel der Moderne*, Berlin 2017.

Paul Ricœur: *Wege der Anerkennung*, Frankfurt/Main 2006.

Fritz Riemann: *Grundformen der Angst*, München 2013.

Carl R. Rogers: *Entwicklung der Persönlichkeit. Psychotherapie aus der Sicht eines Therapeuten*, Stuttgart 2018.

Heinz-Peter Röhr: *Vom Glück, sich selbst zu lieben. Wege aus der Selbstentfremdung*, Zürich 2002.

Hartmut Rosa: *Resonanz. Eine Soziologie der Weltbeziehung*, Berlin 2016.

Gerhard Roth und Nicole Strüber: *Wie das Gehirn die Seele macht*, Stuttgart 2014.

Babette Rothschild: *Der Körper erinnert sich. Die Psychophysiologie des Traumas und der Traumabehandlung*, Essen 2002.

Erich Schechner: *War's das? Die Sinnfrage in der zweiten Lebenshälfte.* München 2013.

Wilhelm Schmid: *Mit sich selbst befreundet sein. Von der Lebenskunst im Umgang mit sich selbst,* Frankfurt/Main 2007.

Arthur Schopenhauer: *Die Welt als Wille und Vorstellung,* Frankfurt/Main 1986.

Christina Schües: *Philosophie des Geborenseins,* Freiburg 2008.

Steve de Shazer und Yvonne Dolan: *Mehr als ein Wunder. Die Kunst der lösungsorientierten Kurzzeittherapie,* Heidelberg 2016.

Steve de Shazer: *Der Dreh. Überraschende Wendungen und Lösungen in der Kurzzeittherapie,* Heidelberg 2015.

Adam Smith: *Theorie der ethischen Gefühle,* Hamburg 1994.

Reinhard K. Sprenger: *Die Entscheidung liegt bei dir! Wege aus der alltäglichen Unzufriedenheit,* Frankfurt/Main 2004.

Kirk Strosahl et al.: *Brief Interventions for Radical Change. Principles & Practice of Focused Acceptance & Commitment Therapy,* Oakland 2012.

Charles Taylor: *Quellen des Selbst. Die Entstehung der neuzeitlichen Identität,* Frankfurt/Main 1996.

Peter Titelman: *Differentiation of Self. Bowen Family Systems Theory Perspectives,* London 2015.

Michael Tomasello: *Mensch werden. Eine Theorie der Ontogenese,* Berlin 2020.

Robyn D. Walser und Darrah Westrup: *Acceptance & Commitment Therapy for the Treatment of Post Traumatic Stress Disorder & Trauma Related Problems,* Oakland 2007.

Jürg Willi: *Wendepunkte im Lebenslauf. Persönliche Entwicklung unter veränderten Umständen – die ökologische Sicht der Psychotherapie,* Stuttgart 2013.

Anmerkungen

1. Zitiert nach Julia Keller: »The mysterious Ambrose Redmoon's healing words«, *Chicago Tribune*, 29.3.2002, Übersetzung durch den Autor, https://www.chicagotribune.com/news/ct-xpm-2002-03-29-0203290018-story.html, abgerufen am 2.11.2020.
2. Bertolt Brecht: *Geschichten vom Herrn Keuner*, Frankfurt/Main 1972, S. 26.

Fundierte Psychologie zeitgemäß präsentiert

Bestsellerautor Russ Harris zeigt in seinem smarten Taschentherapeuten, wie wir aus immer gleichen Teufelskreisen ausbrechen, altbekannte Probleme überwinden und die Weichen für ein neues, sinnvolles Leben stellen. Das etwas andere Glücksbuch: einfache, auf den Punkt gebrachte Schlüsselsätze, veranschaulicht durch geniale Illustrationen.

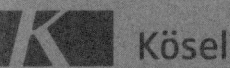

www.koesel.de

Vom verletzten Kind zum selbstbewussten Erwachsenen

Dieses Buch ist für alle, die das Gefühl haben, nicht »richtig« zu sein, die an unerklärlichen Schuldgefühlen leiden, keine Grenzen setzen können oder ihren Körper nicht spüren. Die erfahrene Traumatherapeutin Dami Charf hilft, Verständnis für sich selbst zu entwickeln und innere Stabilität und Freiheit zu erfahren.

www.koesel.de

Paarbeziehung – die großartigste Zumutung des Universums

Fast jedes Paar kommt einmal an den Punkt, an dem die Verliebtheit vergangen ist und sich die Frage stellt: Bleiben oder gehen? Der Paartherapeut Holger Kuntze zeigt, dass die Qualität einer Beziehung von der inneren Haltung abhängt, und wie wir Wege finden, miteinander glücklich zu sein.

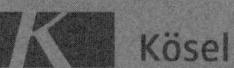

www.koesel.de